中国脊梁

他们才是我们要追的星

张明林◎编著

内蒙古文化出版社

图书在版编目（CIP）数据

中国脊梁：他们才是我们要追的星 / 张明林编著.

呼伦贝尔：内蒙古文化出版社，2025. 5. -- ISBN 978

-7-5521-2619-8

Ⅰ．K826.1-49

中国国家版本馆 CIP 数据核字第 202507E680 号

中国脊梁：他们才是我们要追的星

张明林 编著

责任编辑	朝 日 赵佳禹	
装帧设计	胡椒书衣	
出版发行	内蒙古文化出版社	
地　　址	呼伦贝尔市海拉尔区河东新春街 4 付 3 号	
直销热线	0470—8241422　　邮编　　021008	
印刷装订	天津中印联印务有限公司	
开　　本	710mm × 1000 mm　1/16	
字　　数	291 千字	
印　　张	22.75	
版　　次	2025 年 5 月第 1 版	
印　　次	2025 年 5 月第 1 次印刷	
书　　号	ISBN 978—7—5521—2619—8	
定　　价	79.80 元	

序 言

弘扬脊梁精神，共筑中国脊梁

山无脊梁要塌方，人无脊梁难直身，国无脊梁难立世。国家有脊梁，民族有希望。

在中国浩瀚的历史长河中，有这样一群人，他们以"天下兴亡，匹夫有责"为己任，高擎爱国主义的大旗，心怀强烈的民族责任感与使命感，自觉地把个人的理想和国家的前途紧密相连，把个人的命运与民族的兴亡紧密联系，勇挑重担，开拓进取，用自己的青春和汗水、智慧和才华乃至热血和生命，谱写了一首首鞠躬尽瘁、死而后已、无私奉献、精忠报国的壮丽史诗。

他们如同巍峨的山峦，挺立于时代的风浪之巅，为祖国抵御外族的侵袭；如同金色的种子，将根深埋于祖国大地之下，努力开花、结实，为祖国奉献累累的果实；如同精湛的工匠，为祖国铸造一件件无价的镇国之宝；如同雄健的航船，载着中华民族劈波斩浪，向前疾行；如同璀璨的星辰，散发熠熠的光辉，照亮了中华民族前行的道路。

他们是大众的榜样，是社会的楷模，是时代的先锋，是民族的精英，是国家的脊梁。他们创造了非凡的业绩，建立了不朽的功勋，让人民看到了希望，让民族增强了自信，让国家挺直了脊梁。

每一位脊梁人物，都有一段感人肺腑的报国故事，都有一条闪光的人生轨迹。他们倾尽毕生心血为祖国保驾护航、添砖加瓦，生命不息，奉献不止，锲而不舍、默默无闻地奉献自己的光和热。

李四光，面对外国的"中国贫油"论，挺身而出，不辞劳苦，跋山涉水，足迹遍布祖国大地，探寻出了油脉，为中国摘掉了"贫油"的帽子。

郭永怀，为表明自己报效国家的决心，当众焚毁了自己的手稿，回国后担负国防科研业务领导工作，为发展中国核弹、导弹和卫星实验事业作出了重大贡献。在一次飞机事故中，他舍命护住装有核武器技术研究报告的绝密资料，用生命书写了一曲荡气回肠的报国华章。

钱学森，在异国遭受恐吓，身陷囹圄，却始终心怀祖国，冲破重重阻碍返回祖国，为中国航天、国防事业呕心沥血，奋斗八年研制出"四弹"，使中国的航天、国防技术迅速赶上了世界水平，为中国的长治久安、稳定发展奠定了稳固的技术基础。

邓稼先，放弃国外的优厚待遇，毅然返回祖国，扎根大漠，隐姓埋名研制核武器，为中国原子弹、氢弹的原理突破和试验成功及其武器化立下了卓越功勋，因身体长期遭受核辐射侵袭，患病去世，以身殉职。

于敏，隐姓埋名28载，长期领导并参与核武器的理论研究，提出了独具一格的氢弹构型——"于敏构型"，打破了西方国家对氢弹技术的封锁，为中国氢弹的成功爆炸奠定了基础，使中国成为世界上第四个拥有氢弹的国家。

孙家栋，一生勤奋钻研，勇于创新，主持研制了我国第一颗人造卫星"东方红一号"，并成功将其送入太空，让《东方红》乐曲在太空奏响，使我国成为继苏、美、法、日之后世界上第五个独立发射卫星的国家。

袁隆平，一生扎根稻田，勤奋钻研，发明了"三系法"籼型杂交水稻，研究出"两系法"杂交水稻，创建了超级杂交水稻技术体系，为中国乃至全世界的粮食安全作出了巨大贡献。

屠呦呦，在60多年的漫长岁月中，孜孜不倦地从事中药和寄生虫病研究，带领团队攻坚克难，甚至冒着生命危险以身试药，最终发现了青蒿素这一极其有效的抗疟疾药物，挽救了全球无数疟疾患者的生命，开辟了中医药治疗史的新纪元。

……

当今社会，"追星""崇拜偶像"成为一种潮流，不少青少年崇拜歌星、影视明星、网红等人物，将他们当作自己的人生偶像去学习、去模仿，在无形中陷入了一种思想误区。追星无可非议，但追什么样的星事关一个人的人生理想、奋斗目标，甚至事关国家的前途、民族的命运，是值得每个青少年深思的问题。一个有希望的民族不能没有榜样，一个有前途的国家不能没有脊梁。将祖国命运与个人追求紧密联系在一起，时刻想着要为国分忧、为民谋利、不计名利、无私奉献的脊梁人物才是我们要追的星，才是我们要学习的榜样。

阅读脊梁人物故事，感受脊梁人物的报国志向、家国情怀、高尚品格、进取精神，有助于青少年纠正思想偏见，树立正确的人生观、世界观和价值观，励志向上，坚定理想，投身于振兴中华的伟大事业中。

本书选取了近现代以来在中国地质、物候、生物、数学、医学、天文、航天、核武器等领域作出过重大贡献的30位脊梁人物，以精练的语言和丰富的栏目，生动讲述了他们忠于祖国、矢志报国、无私奉献、勇攀高峰的人生经历，带领广大读者回到那个激情燃烧的岁月，感受脊梁人物为国家荣誉、民族尊严不懈拼搏的豪情壮志，激发自己为祖国的发展、强大持续奋斗的决心与勇气。

脊梁群星耀华夏，榜样精神代代传。李四光、竺可桢、侯德榜、张钰哲、童第周、谈家桢、何泽慧、黄旭华……一个个闪闪发光的名字，一位位功勋卓著的脊梁！让我们一起仰望中国历史天空中这些最闪亮的星星，向为中华民族伟大复兴事业付出辛勤努力甚至宝贵生命的国家脊梁致以最崇高的敬意，纯粹且坚定、热烈而勇敢地追随他们的步伐，共同构筑中华民族的脊梁，让中华民族永远屹立于世界民族之林！

目录
CONTENTS

李四光：摘掉中国"贫油"的帽子

李四光（1889—1971），原名李仲揆，湖北省黄冈市团风县人。

身份：地质学家，中国科学院院士。

成就贡献：中国现代地球科学和地质工作的主要领导人和奠基人之一，推进了中国石油工业的发展；对䗴科化石进行了深入研究并提出了新的分类方法，指出中国东部历史上存在第四纪冰川，建立了新的边缘学科"地质力学"和"构造体系"概念；科学预测了松辽与华北平原有丰富的石油资源，为中国进行石油勘探和开发指明了方向；开创了活动构造研究与地应力观测相结合的预报地震途径。

荣誉奖项：苏联"卡尔宾斯基"金质奖章，国家自然科学奖一等奖与二等奖，"100位新中国成立以来感动中国人物"之一。

喜欢追根究底的男孩

1889 年 10 月，李四光出生于湖北省黄州府黄冈县团风镇张家湾村（今湖北省黄冈市团风县）的一个贫寒的私塾教师家庭，从小就养成了勤奋读书、深思好问的好习惯，每当遇到不理解的事物，他总是追根究底，不弄明白决不罢休。

一次，李四光的父亲李卓侯前往湖北省黄冈市团风县团风镇办理公务。为了让儿子增长见闻，李卓侯就带上儿子一道来到团风镇。团风镇坐落在长江边上，江水湍急，奔涌向前，李四光被眼前宏伟壮观的景象深深吸引了，内心惊叹不已。江中往来行驶的轮船让李四光产生了极大的兴趣，从出生到现在，他还是第一次看见这么大的船。他好奇地问父亲："轮船是用什么材料做成的？"父亲告诉他："是用钢铁制造的。"

李四光更加好奇了，不解地问父亲："钢铁那么沉，轮船怎么还能浮在水面上呢？"

父亲笑了笑，解释道："这个嘛，船舱是空心的，所以能浮起来。"

李四光追问道："这船没有人摇橹，也没有船帆，它是怎么跑起来的呢？还跑得这么快！"

父亲想了想，指着船上一根冒着浓烟的"大烟囱"说："这根大烟囱下面有个大锅炉，锅炉里装满了水，工人们用煤炭把锅炉里的水烧开，水就变成了蒸汽，蒸汽累积越多，压力就越大，然后推动机器旋转，就能带动大船在水面上行驶了。"

李四光似懂非懂地点了点头，心想这轮船里竟然藏着这么多学问。

生活中让李四光感到好奇的事情实在太多了，他的脑袋转个不停，嘴巴也总是问个不停，但并不是所有事情都能从大人那里得到确切的答案，这些疑问也就成了他后来探索不止的课题。

在李四光的家乡张家湾村的坪坝上，有一块巨大的石头，小时候的李四光和其他孩子一样，平时很喜欢在这块石头上爬上爬下。一次，他在石头上玩耍时，心里产生了疑问："这块大石头是从哪里来的呢？为什么周围没有这种石头？"

李四光百思不得其解，于是就去找自己的启蒙老师陈二爹，希望能从他那里找到答案。陈二爹从来没有深入思考过李四光所问的问题，望着李四光充满期待的眼神，他只能说："也许是从天上掉下来的"。

陈二爹含糊的答案无法让李四光满意，于是他又去问父亲，并把陈二爹的回答告诉了父亲。但父亲也说不上来，只能根据陈二爹的看法再深入解释一下："这是流星，天上的星星掉下来就变成了石头，也就是陨石。"

李四光看出陈二爹和父亲都解释不了他的问题，只能先把疑问放在心里。后来他去英国留学学习了地质学，了解到冰川能够推动巨大的石头"旅行"成百上千里。再后来，他回到家乡对那块大石头进行了仔细的研究，发现它是一种名叫"片麻岩"的岩石，而非陨石。通过进一步的调查，李四光发现周围一带几乎没有片麻岩，而距离此处最近、岩石具备片麻岩结构特征的地方在秦岭，片麻岩没有长腿，怎么会从那么远的地方"跑"到这边来呢？李四光认为，只有一种解释，那就是片麻岩是在冰川的推动下，才"流落"到此地的。

1933年，李四光在他的论文《扬子江流域之第四纪冰期》中指出，家乡这块孤独的巨石是冰川漂砾，不是从天上掉下来的，而是由冰川从远方送过来的。

这件事说明，从少年时代开始，李四光便产生了探索大自然奥秘的兴趣。在这一兴趣的引领下，他刻苦钻研地质学知识，孜孜不倦地探索大地上下的秘密，最终解决了一系列困扰前人的地质学难题，并且在中国境内找到了石油、铀矿等重要矿藏，成为一位闻名中外的地质学专家。

摘掉"贫油国"帽子

新中国成立前，我国只有新疆独山子、甘肃老君庙、陕西延长 3 个小型油田，年产原油仅 10 万吨左右，石油基本上依靠国外进口。1915—1917 年，美国美孚石油公司的一名煤油技师率领钻井队在我国陕西北部一带一连打了 37 口钻井，花费巨大，但收获甚微。1922 年，美国斯坦福大学教授布莱克·威尔德又来中国进行地质调查，回国后撰文说："中国是贫油国家，在中国东南部找到石油的可能性不大，在西南部找到石油的可能性更是渺茫，西北部不存在重要的油田，东北地区不会有大量石油。"

布莱克·威尔德的观点在国外产生了很大的影响，当时国外的地质学家一致认为中国没有什么石油储藏，是一个"贫油国"。国内一些地质学家也不看好中国的石油资源，认为中国境内没有发现大规模油田的希望，于是"中国贫油论"就此流传开来。

李四光坚信中国地下蕴藏着丰富的石油，他根据自己对中国地质的多年研究，对"中国贫油论"进行了有力的驳斥。1928 年，他在《燃料的问题》一文中指出："美孚的失败，并不能证明中国没有油田可开……中国西北方出油的希望最大，然而还有许多地方并非没有希望。热河据说也有油苗，四川的大平原也值得好好研究，和四川赤盆地质上类似的地域不少，都值得一番考察。"

1949年新中国成立后，工业、农业、国防建设都面临着石油短缺的问题，各项事业的建设都受到影响，毛主席和周总理等党和国家领导人对此感到十分着急。

1953年，时任地质部部长的李四光被毛主席和周总理请到中南海。毛主席用恳切的语气对李四光说："新中国要进行建设，石油是不可缺少的。空中飞的、地上跑的、水里航行的，没有石油都转不动！外国的学者和我国的某些学者多年来一致认定我国是个贫油国，他们说只有海相地层才有具备开采价值的油田，而我国大部分地区是陆相地层……李教授，中国到底有没有石油？"

"主席，问题不在于是'陆相'还是'海相'，而在于有没有储油的条件。"李四光根据自己几十年来对地质力学的研究，滔滔不绝地向毛主席分析我国石油燃料的分布与蕴藏状况："在我国，第三沉降带的呼伦贝尔—巴音和硕盆地、陕北—鄂尔多斯盆地、四川盆地，第二沉降带的松辽平原，包括渤海湾在内的华北平原、江汉平原和北部湾，第一沉降带的黄海、东海和南海，都储藏了具有经济价值的沉积物。这些话都是我过去在外国讲的，所以故意说得含糊些。其实，它们就是天然石油和天然气……我国天然石油远景辉煌，我们地下石油的储量确实是丰富的。"

李四光建议先找油区，再找油田，因为油区的范围较大，区域内的生油和储油条件比较好，油田则是储油条件特别好的地区。他还建议把地质部和燃料工业部尤其是石油管理局等相关部门联合起来，集中人力、物力进行石油勘探，以避免出现各自为政的局面。

毛主席和周总理非常赞成李四光的建议，当即定下在全国开展石油勘探的战略决策。后来周总理在一份报告中说："地质部部长很乐观，对我们说，地下蕴藏量很大，很有希望。我们很拥护他的意见。"

1954年2月，李四光在石油管理总局做了报告《从大地构造看我国石油勘探远景》，全面系统地阐述了我国大地构造的特点及含油远景，指出3个远景最大的可能含油区，即青、康、滇地带，阿拉善—陕北盆地，东北平原—华北平原，并提出应该首先把柴达木盆地、四川盆地、伊陕台地（今内蒙古鄂尔多斯地区）、阿宁台地、华北平原、东北平原等地区作为普查找油的对象。这次报告极大地鼓舞了石油战线上的广大工作者。

1955年1月20日，地质部召开第一次全国石油普查工作会议，成立了新疆、柴达木、鄂尔多斯、四川、华北5个石油普查大队。同年7月，李四光派孙殿卿带队前往地质部西北地质局632地质队所在地——位于青藏高原柴达木盆地中南部的格尔木进行勘探。

10月中旬，勘探终于有了收获。孙殿卿带领一个小组在冷湖地区东北中部进行勘探时，发现这里的每一块砂岩几乎都带着油味，另一个小组也从另一处带回一盆黑黝黝的油砂。大家兴奋不已，孙殿卿马上把实地考察的资料寄给李四光。李四光据此推测盆地西部、西南部可能存在一个较大的油田。地质队经过钻探，果然在这一带打出了工业油流，建立了冷湖油田。

紧接着，地质部派出93支地质队、430多名地质人员，奔赴12个地区进行普查和细测。1956年3月，地质部、石油工业部和中国科学院联合成立了全国石油地质委员会，李四光任主任委员，由此拉开了全国石油勘探大潮的帷幕。

经过多次勘探，勘探团队发现松辽平原的新生代沉积厚度竟达四五千米，进而断定这里蕴藏着大量石油。1958年2月，中央决定将松辽平原作为石油勘探的主阵地，提出"三年攻下松辽"的口号。松辽平原勘探队随即开展了大规模的石油勘探工作，短时间内便捷报频传：1958年2月，在吉林省扶余市和前郭尔罗斯蒙古族自治县的钻井中，发现了厚达50厘米和70厘米的含油砂岩层；6月17日，在长春附近的公主岭西北场大城子镇的钻井中，发现了厚达3米以上的砂岩层，而且将岩芯取出后竟有原油渗出；9月24日，在黑龙江省肇州县高台子钻井中喷出了工业油流；9月26日，勘探队发现大庆油田，这是我国东部找油工作的一个重大突破。

这一年，除了东北的石油勘探工作成绩喜人外，全国其他地方的石油勘探工作也有所收获，四川南充、华北地区、中原地区、江汉平原、广东等地也陆续发现油田。

经过3年的石油普查、勘探工作，我国地质队员在新疆、青海、四川、江苏、贵州、广西及华北、东北等李四光认为的含油远景区，相继找到了几百个可能的储油构造区。在辽东半岛和华北平原，相继打出了当时国内产量最高的一批油井，彻底摘掉了中国"贫油"的帽子！到1963年底，中国的石油基本达到自给自足。

1964—1965年第三届全国人民代表大会期间，毛主席特地会见了李四光，风趣地对他说："李老，你的太极拳打得不错啊！"

李四光一时没有明白毛主席的意思，连忙解释道："前几年，动了手术，身体不太好，在杭州学过一阵太极拳，但打得不好。"

毛主席笑着说："是你那个地质力学的太极拳啊！"

李四光这才恍然大悟，明白毛主席说的是对他和大家一起根据地质力学理论，为祖国找到石油、甩掉"贫油"帽子这一功绩的高度评价。

在之后的日子里，李四光仍然致力于研究我国发展石油的远景问题，并留下了宝贵的指导意见：第一，华北平原和江汉平原还值得进一步探索；在松辽—华北（包括渤海）—江汉—北部湾地区，还能继续有所发现；第二，要突破古生代油区。四川盆地很有希望，贵州南部值得探索，塔里木盆地见油是个很大的鼓舞；第三，要迅速开展海洋地质工作，海上石油的远景在东海；第四，陕甘宁盆地是有油的；第五，青藏高原—柴达木盆地值得开发，西藏的石油很有希望；第六，茂名—雷州半岛—北部湾地区，值得做工作；第七，苏北地区很值得注意，这里很可能是晚近地质时代黄海侵入的地区。

根据李四光的意见，我国地质学家们经过 20 多年的努力，在内陆和海洋的勘探工作中均有所突破，我国的石油开发展现出了广阔的前景。经过李四光等广大地质工作者的努力，我国不仅摘掉了"贫油"的帽子，实现了石油自给，还在石油的开采、炼化、深加工等方面不断改进技术，给人民生活带来了诸多便利。

寻找中国核工业命脉

找到石油后，新中国的经济建设注入了腾飞的动力，但新中国的国防建设还需要一样重要物质——铀。

早在 1920 年初，李四光便研究过铀矿，还曾派学生到广西进行调查，发现了磷酸铀矿、脂状铅铀矿和沥青铀矿。因为当时处于战乱时期，加上尚未发现这些铀矿有利用价值，李四光就暂时停止了对铀矿的研究。

1943 年 5 月，我国地矿学家南延宗到广西境内开展矿产地质调查，在钟山县黄羌坪一个废旧的锡钨矿中发现了一堆鲜黄色的粉末状神秘物质。他用刀刮取了部分粉末，带回去进行化验，惊喜地发现这种神秘物质呈现出完美的四面体结晶状态，而这正是铀元素所具备的典型特征。欣喜之余，他们立即将这件事向李四光进行了汇报。

1943 年 8 月，李四光跟随南延宗来到钟山县黄羌坪进行复查，发现这里的铀矿物沿着一条钨锡伟晶花岗岩脉中的断层面生长，产量虽不多，却是货真价实的铀矿。这是中国第一次发现铀矿。

新中国成立前夕，李四光前往英国参加第 18 届国际地质大会，特意从英国带回一台伽马仪，这台仪器对中国后来寻找铀矿起到了重要作用。新中国成立后，为了发展核能工业，加强我国国防建设，李四光于 1954 年春在他担任主任的地质部普查委员会内设立了第二办公室（以下简称普委二办），专门负责铀矿资源的普查、勘探工作。1955 年 1 月 15 日，毛主席召开中央书记处扩大会议，专门听取李四光、钱三强等人关于我国原子能科学研究现状和铀矿资源情况的汇报。会后不久，中国科学院核科学委员会成立，李四光担任主任委员。

1954 年 10 月，普委二办派出由地质、物探、测量等 20 多人组成的花山工作队，再次来到广西钟山县黄羌坪进行铀矿调查。他们在这里发现了附着在蛋白石、方解石表面的钙铀云母等次生铀矿物，不久又在具有同一岩体的藤县杉木冲村一带找到了云英岩化锡石脉中的铀矿石。挖了几个大坑后，他们采集到一块良好的铀矿石。这是中国第一块铀矿石，现收藏于核工业北京地质研究院，被称为中国核工业的"开业之石"。

毛主席得知在广西钟山县发现铀矿的消息后，大为振奋，提出要亲自看一看铀矿石。1955 年 1 月 14 日下午，这块铀矿石被送到周总理的办公室。李四光向周总理介绍了发现铀矿的具体经过，周总理边听边点头，随后又向钱三强询问了中国原子能科学的研究现状、科技力量、仪器设备、所需财力等情况。了解相关情况后，周总理让李四光他们准备第二天的会议，主要讨论研究发展原子能事业的问题，到时带上铀矿石和简单的仪器，进行现场演示。

1955 年 1 月 15 日，毛主席在中南海主持召开了中共中央书记处扩大会议，李四光、刘杰、钱三强到会就我国当时的核科学研究状况、铀矿资源，以及核反应堆、原子弹原理等方面问题进行了专门汇报。

会上，毛主席问李四光："中国有没有造原子弹的铀矿石？"

李四光先向在座的各位国家领导人展示了在广西发现的铀矿石，肯定地说："中国有铀！不过，在一般的天然铀矿石中，仅千分之几的成分可以提炼用作原子弹的原料。而要从矿石里提炼出这千分之几的铀，再浓缩成原子弹的原料，关键在于要有浓缩铀工厂。当然，铀矿资源也必须矿藏丰富才行。"接着，李四光开始介绍铀矿地质与我国的铀矿资源及铀矿勘察情况。

随后，李四光安排技术人员用盖革计数器对带来的铀矿石进行现场检测，证实里面确含有铀。盖革计数器离矿石越近，发出的"咯啦咯啦"的响声就越快、越大。会场气氛很热烈，各位领导人都对发展原子能事业表现出了极大的热情。这一天被定为我国发展原子弹的起始日，中国核工业由此起步。

当时，在广西杉木冲村发现的铀矿是个次生矿，开采价值不大，只能证明中国境内有铀矿。但李四光很看好中国的铀矿资源，认为铀矿是一种稀有的放射性矿床，往往产生在地质构造复杂的地区。在强调对地质构造规律加强研究时，李四光指出："关键要把对构造规律的研究与辐射测量结合起来。"后来的事实也证明李四光的预测是准确的，在南岭地质构造带发现的一些铀矿床，不仅规模大，而且也很容易开采。

1955 年 4 月，普委二办改为地质部第三局，依照李四光的找铀思路，在全国开始了铀矿普查工作。全国各地参与铀矿勘探的地质人员共大约有 5 万人，包括军人、科研院所的工程师、地质大学的学生等。

在北疆地区，勘探队分成几个小队，进行网格化搜索。无论是山坳、山坡，还是荆棘丛、草地，队员们都仔细筛查，终于在 1956 年 10 月于克拉玛依市白杨河畔发现了铀矿。

这一时期，航测普查飞机也开始出现在中国各地的上空。1957 年，航测人员发现江西崇仁的相山地区有一个山头存在伽马异常现象，于是从飞机上投下石灰包，勘探人员在山林里找到石灰包落下的地点，在附近开始找矿。勘探人员经过进一步考察，发现了一个裸露出地表长达 15 米的矿脉，附近还富集着许多次生铀矿物，后来又在相山发现了几十个由大、中、小型铀矿组成的巨型铀矿田。

在粤北南岭南麓的诸广山山脉深处，地质队员也遵循李四光的找铀思路，每天早出晚归，工作 10 多个小时，最终找到了 201、211 特大型铀矿床。

到"二五"计划末期，我国发现了一系列铀矿床，建成了湖南郴县（今郴州）711 矿、湖南衡阳 712 矿、江西上饶 713 矿，以及衡阳铀水冶厂、包头核燃料元件厂、兰州铀浓缩厂等多座国有大型铀矿厂，生产的铀已经可以满足我国核工业的发展需求。李四光为中国原子弹和氢弹的成功研制、核工业的发展和国防力量的增强作出了不可磨灭的贡献。

李四光一生脚步不止、探索不休，为发展中国地质事业、提高中国地质科研水平奉献了全部的心血和智慧。他是地质之光，更是国家英雄，他矢志不移的爱国情怀、实事求是的科学品格、鞠躬尽瘁的奉献精神，激励了一代又一代的地质人。

李四光名言

★ 书是死的，自然是活的。读书是间接的求学，读自然书乃是直接的求学。只知道书不知道自然的人是书呆子。

★ 我是中华儿女，祖国培养长大的，我的知识和研究成果理应对祖国、人民有所回报，这是一个科技人员义不容辞的责任。

★ 一个科学技术工作者，如果他抱定了为社会主义祖国的富强、为人类幸福前途服务的崇高目的，在工作过程中，不断攻破自然秘密，发现新世界，创造新东西，去开辟人类浩荡无际、光明灿烂的前景，那么他的生活将会是多么幸福、愉快、生动、活泼！

各界赞誉

★ 地质学家李四光先生，像任何一位思想家一样，不仅留给我们许多还要去认识、去判断、去解决的地质问题，而且也留给我们认识、判断、解决的思想。

——中国科学院院士 刘东生

★ 他（李四光）是中国地质事业也可以说是地球科学事业的奠基人之一。他对中国地质学的贡献、他的治学精神和高风亮节，都堪称后世师表。

——中国科学院院士 叶连俊

竺可桢：解码自然语言的气象大师

竺可桢（1890—1974），字藕舫，浙江省绍兴市东关镇人。

身份：浙江大学前校长，中国近代气象学家、地理学家、教育家，中国科学院院士。

成就贡献：历史气候学的创建人和奠基人，对建立和发展中国现代气象事业及自然资源综合科学考察事业有重要贡献；在台风、季风、中国区域气候、农业气候、物候学、气候变迁、自然区划、自然科学史等领域都作出了开拓性的贡献；长期关注人口、资源、环境问题，是"可持续发展"思想与实践的先行者；在教育和科研领域也取得了卓越的成就，为中国科学教育事业培养了大量人才，是中国现代教育的先行者和实践家。

荣誉奖项：1967年被载入英国编印的《国际名人录》，2008年被评选为"中国十大科技传播优秀人物"。

气象兴趣的萌芽

立春过后，大地渐渐从沉睡中苏醒过来。冰雪融化，草木萌发，各种花次第开放。再过两个月，燕子翩然归来。不久，布谷鸟也来了。于是转入炎热的夏季，这是植物孕育果实的时期。

这是根据竺可桢所写的科学小品文《一门丰产的科学——物候学》改写的一篇文章的开头部分。文章篇名叫《大自然的语言》，最早发表于1963年，这时的竺可桢已经是一位闻名遐迩的气象学家了。

竺可桢之所以能成为著名的气象学家，主要是因为他从小就养成了仔细观察各种自然现象的习惯，并对这些自然现象充满了好奇和探索欲望。冬去春来、燕子衔泥、布谷催耕，这些都使年幼的竺可桢感受到无穷的乐趣。

按照绍兴当地的风俗，每年清明节、中元节和灶神节，家家都要祭祖。幼年时，竺可桢时常随父母回老家——浙江省绍兴市东关街道的保驾山去祭祖。

每次回乡祭祖时，竺可桢就和叔伯的几个孩子一起玩耍。孩子们仿佛是出笼的鸟儿，觉得大自然里的一切都是那么新鲜、有趣。不过，其他孩子都只是在玩儿，只有竺可桢在玩儿的同时还留心观察周围的环境、景物。每次玩耍归来，他发现周围的景物都不大一样，就会问哥哥、弟弟们："为什么同一个地方，每次看到的景物都不相同呢？"

哥哥、弟弟们都觉得竺可桢问得很奇怪，回答不上来。竺可桢于是又问道：

"那些叽叽喳喳的鸟儿上次来时还叫得正欢，为什么这次来却见不到了？"

"哥哥、哥哥，树上的花为什么有的这个时候开，有的那个时候开？"

"天为什么会刮风下雨？"

"燕子为什么能飞得这么快？"

……

哥哥、弟弟们被他问得十分无奈，只好敷衍他说："一直就是这样，没什么稀奇的。"

竺可桢没有得到满意的解答，又仰着小脑袋去问大哥竺可材。在他心目中，大哥肚子里的学问最多。大哥笑着告诉他："这是节气变化的缘故。一年有二十四个节气，我们播种和收割都要遵循节气，燕子来去、花开花落也是要依照节气的。"

听了大哥的解释，竺可桢开始对节气产生了兴趣，于是更加留心观察大自然的细微变化。他把桃花开放的时间，自家房檐下燕子到来、离去的时间，都一一记录下来，留到第二年、第三年进行对比，看看时间有什么差别。

小伙伴和家人都不理解他的做法，觉得他的行为有些异常。但竺可桢不管这些，仍然一如既往地痴迷于对大自然的观察、研究。他小时候养成的这种习惯保持了一生，不仅引领他进入气象学的殿堂，还影响了我国的气象事业，甚至影响了全世界的气象研究。

奠定中国气象事业

1928—1936 年，竺可桢潜心从事气象科学研究并致力发展中国气象事业。这一时期是他为中国气象事业奠基的时期。

当时，中国内忧外患，局势动荡不已，国家的科学研究面临着资金短缺、人才匮乏、各级权力部门互相掣肘等困难。竺可桢等老一辈气象学家以一往无前的勇气，排除万难，为建设中国气象事业呕心沥血，四处奔波。他们组建起气象科研领导机构，对全国的气象科研、预测工作进行宏观指导，在全国各个地区建立各级测候所，使国家的气象观测、预报工作逐渐走上正轨。

此外，他们还悉心培养了一批气象工作人员，建立起一支从事气象科研、测候工作的人才队伍，促进了中国气象学界与国际气象学界的交流与合作。经过竺可桢等人坚持不懈、艰苦卓绝的努力，中国气象事业开始有了起色，本来十分薄弱的科研事业有了较为坚定的基础。

对于竺可桢个人来说，这一时期也是他从事气象科研工作以来获得丰收的一个时期。他在这段时间发表了大量的气象论著，对中国的气候区划、气候变迁、物候、季风、大气运行等问题提出了开拓性的见解，具有很高的应用价值。

在这一时期，竺可桢经过多年潜心研究，撰写了一本影响深远的气象学著作——《中国气候概论》。在论著中，竺可桢指出，影响中国气候的主要因素有三个：海陆分布、山岳阻隔、风暴活动。中国属于大陆性气候，同时又处于明显的季风区，季风给中国气候带来两种影响：一是使冬季干燥寒冷，二是使夏季湿润炎热。在《中国气候概论》中，竺可桢还阐明了秦岭是中国南方和北方的分界线，并一一说明了喜马拉雅山、昆仑山、天山、阿尔泰山、五岭、青藏高原、云贵高原等地形对气候的影响。

竺可桢不仅深入探索了中国东部经济较发达地区的气候，也对中国西北、西南边疆的气候进行了仔细的分析研究。在《中国气候概论》中，竺可桢解释了川西多雨的原因；指出天山是我国北方的一座天然屏障，它有效阻挡了来自西伯利亚的冷空气，使得北疆气候干燥寒冷，而南疆气候湿润、水草丰美；认为藏南地区的水蒸气来源于印度洋，河西走廊的农业灌溉全靠祁连山的冰雪……这些科学见解不仅解决了中国地理学界争议多年的气候问题，而且在当时也大大开阔了人们的视野，使人们认识到祖国幅员的辽阔与气候的多样性。

《中国气候概论》初步架构了中国气候科学研究的理论体系，奠定了中国气候科学的基础，对于我国气候区、自然区和农业区的划分都具有科学的指导意义，影响极为深远。竺可桢提出的我国气候区、自然区和农业区划分的原则、方法，以及他为各区域所起的名称、所划分的各区域之间的界线，至今仍为我国地理学界沿用。

这一时期，竺可桢还撰写了一些指导人们进行气象预测和生活实践的文章。

他的《南京三千公尺高空之风向与天气之预测》一文中描述了南京的气候特点，对南京后来的天气预报工作具有重要的指导意义和实用价值。

在《气候与人生及其他生物之关系》一文中，竺可桢认为气候与人们的衣、食、住、行等有着密切的关系。这篇文章启发了我国气象工作者进一步研究服装与气候、饮食与气候、建筑与气候、交通与气候、医药卫生与气候等应用气候学方面的内容，创新性地指出气候学是一门与人类生活息息相关的科学。

《华北之干旱及其前因后果》一文是竺可桢研究区域气候学的代表作。竺可桢在文中指出，影响我国华北地区经济与生产最关键的气候因素是干旱，并且解释了造成华北地区干旱的原因，还提出了缓解华北地区干旱的可行性措施。这一篇篇论文凝聚了竺可桢的心血，体现了他在中国气象方面的真知灼见。竺可桢对气象事业充满热爱，始终痴迷气象研究，尽管后来离开了气象研究所，但作为一名气象科学家，无论身在何地、从事何种工作，他始终心系气象事业，从未放弃过对气象学的研究。

开创物候学研究先河

物候是指受天气和气候影响而产生的动植物生长、发育和环境周期性变化的现象。物候学和气象学是关联学科，气象学观测和记录一个地方的冷暖晴雨、风云变幻，研究气候变化的趋势和原因；而物候学是研究自然界的植物、动物和环境周期性变化之间相互关系的科学，主要记录植物在一年中的生长荣枯、动物的迁徙情况，进而了解气候的变化规律及其对动植物的影响。研究物候学是为了认识季节变化的规律，为农业生产和气象学研究服务。

观测物候在我国有着悠久的历史，古代许多史料中都有相关记载。然而，物候学真正成为一门学科，则要归功于竺可桢，竺可桢堪称物候学的开创者和奠基人。

早在远古时期，我国先民就根据观察到的自然现象，将一年划分为二十四个节气。后来人们又编成了脍炙人口的《二十四节气歌》：春雨惊春清谷天，夏满芒夏暑相连。秋处露秋寒霜降，冬雪雪冬小大寒。《二十四节气歌》音韵和谐，朗朗上口，妇孺皆能诵读，一直流传至今。

二十四个节气的划分直接反映了气候特征，但是各地气候又具有其特殊性，二十四节气所概括的气候特征仅适用于黄河中游地区，不能代表整个广阔黄河流域的气候特征，更不能反映全国各地千差万别的气候状况。

对此，竺可桢认为，应在全国各地开展物候观测，依据观测结果编制出各地的自然历，以提供准确的农时预报。

20 世纪 20 年代初，还在南京东南大学执教的竺可桢就开始了观察并记录物候的工作。从那以后，尽管四处辗转，生活动荡不安，但每到一处，他仍坚持用日记做物候记录：

1935 年 5 月 24 日（杭州）

晨阴，有阳光。金丝海棠盛开，代代花多落，东面一枝正开。桐花落。

1942 年 3 月 29 日（北碚）

油桐多已开花，温泉海棠将谢，山梅花盛开，今晚又闻杜鹃。

1948 年 3 月 28 日（杭州）

院中迎春花尽落，柿树见芽，玉兰舒叶，桃花落尽。

……

在颠沛流离的日子里，竺可桢记录物候现象并非借物抒情，也不是为了打发时间，甚至不完全是为了搞研究。由于当时社会环境的限制，他无法进行系统研究，但他依然坚持做物候记录，这体现了他作为一名科学家的严谨态度，以及对气象事业的执着追求。

新中国成立后，竺可桢一家定居北京，他的生活和工作也安定下来，于是他开始对物候学进行系统、深入的研究。

从 1950 年开始，竺可桢每天早晨上班前和下午下班后都会在北海公园出现。早晨他从公园北门进去，从公园南门出来；下午则从公园南门进去，再从公园北门出来。日复一日，年复一年，竺可桢都坚持这样做。

如果哪天竺可桢没有到北海公园来，公园的门卫就知道他一定是到外地出差去了。

竺可桢坚持每天前往北海公园，是为了定时定点地进行物候观测。冰融花开，絮飞燕来，每一个物候现象发生的时间、地点、特征，他都认真地记录在册。

观测物候，必须持之以恒，不能随意间断。竺可桢工作十分繁忙，除了在中国科学院工作外，他还要处理许多其他社会事务。他在很多社会机构中担任了兼职职务，最多的时候，他的社会兼职有20多个。繁忙的工作已经占据了他大量的时间，但无论多忙，他都没有中断过物候观测和记录。

日复一日地在北海公园早晚漫步，竺可桢敏锐地捕捉到了季节更替的细微变化。

初春时节，坚冰开始融化，天空中有南来的雁阵。

仲春时节，榆树开花了，杏树开花了，玉兰开花了，红的红，白的白，在阳光映照下更加美丽，空气中弥漫着丝丝的甜味。这一切都让竺可桢神清气爽、心情愉悦。

暮春时节，桃花谢了，杏花落了，枣树开始发芽，紫荆悄悄地开花，燕子叽叽喳喳地叫着，飞来飞去，衔泥筑巢。当布谷鸟的一声声啼叫响彻晴空时，竺可桢知道，初夏就要到来了。

竺可桢将自己观察到的物候变化认真地记录下来，之后又对其进行归纳、分类、综合、分析，得出了一系列符合客观规律的科学结论。

竺可桢后来在其重要的科研论文《中国近五千年来气候变迁的初步研究》中，引用宋、金时期著名道士丘处机在北京长春宫所作的寒食节诗歌，指出："13世纪的北京，杏花在清明时节盛开；700年后的北京，杏花同样在清明时节绽放。"这个看似简单寻常的结论，是他经过多年严谨的科学考证和物候观测才得出的。

1963 年，竺可桢与宛敏渭合作出版了《物候学》一书，这是我国第一部系统研究物候理论、物候知识，以及物候学在生产实践过程中所起重要作用的专门著作，图书出版后，受到读者广泛的欢迎和好评。

该书的另一位作者宛敏渭是竺可桢的学生，也是一位专门研究物候学的专家。1931 年，他在南京的气象研究所研究班学习时，就开始跟随竺可桢进行物候学的研究。经历了 30 多年，他都没有中断对物候学的研究，积累了大量资料。

在撰写《物候学》这部著作时，竺可桢负责我国古代的物候知识、世界各国物候学的研究和发展状况，以及物候学的定义等部分；宛敏渭负责应用物候学的有关知识、预告农时的方法和我国物候学研究的展望等部分。

在《物候学》中，竺可桢引用了我国古代典籍《礼记·月令》中的相关记载，用现代汉语译述，形象地描绘了 2000 多年前我国黄河流域初春时节的物候状况：

这时太阳走进了二十八宿中的奎宿，天气慢慢地和暖起来。每当晴朗天气，可以见到美丽的桃花盛放，听到悦耳的仓庚（鸽鹩）鸟歌唱。一旦天有不测风云，也不一定下雪而会下雨。到了春分前后，昼和夜一样长，年年见到的老朋友——燕子，也从南方回来了。燕子回来的那天，皇帝还得亲自到庙里进香。在冬天销声匿迹的雷电也重新振作起来，匿（蛰）伏在土中、屋角的昆虫，也苏醒过来，向户外跑的跑、飞的飞地出来了。这时候，农夫应该忙碌起来了，把农具和房子修理好。国家不能多派差事给农民，免得妨碍农田的耕作。

在撰写《物候学》时，竺可桢力求语言通俗易懂，对中国古代和外国有关物候学的理论知识进行了深入浅出的阐释，以便不同文化层次的读者理解和接受。

为了使书中的知识能够真正应用到农业生产中，竺可桢还运用民间的日常生活用语来说明问题。在谈到物候学在生活中的应用时，他引用了我国北方流传的《九九歌》：

一九、二九不出手；

三九、四九冰上走；

五九、六九沿河看柳；

七九河开，八九雁来；

九九加一九，耕牛遍地走。

这首《九九歌》中所描述的"不出手""冰上走""沿河看柳""河开""雁来""耕牛遍地走"，都是北方随处可见的物候现象。这些现象生动、准确地反映了我国华北地区的物候特征。

也许有人会问："在科学技术日益发达的现代社会，为什么不用现代化的手段，利用仪器仪表观测、记录物候变化情况，而仍沿用传统的物候观测方法呢？"这是因为，物候是农作物生长所需要的许多条件综合作用的结果，客观反映了一定的时序关系。比如，我国华北地区流传一句农谚："枣芽发，种棉花。"我国四川地区流传一句农谚："菊花开遍山，豆麦赶快点。"显然，根据各地的物候特点制定出独特的物候历，是为了适应农业生产的需要，可以简单、便捷地指导农民开展农业生产。

竺可桢充分肯定了物候历对于农业生产所起的作用，他说道："一个地区的物候历，只要一个普通农民受过短期训练，从一小块地面上持之以恒地进行观测，便可编制出来，对于预告当地一年四季的农时，大有裨益。中国向来以农立国，贾思勰已在《齐民要术》中提倡物候历，现在国家建设以农业为基础，各省市花费少量的精力，依据物候学和农业气象学的原则，做出符合本地区农产特点的物候历，就会对农业生产起到极大帮助。"

在竺可桢的倡议和推动下，经过广大气象和农业科技工作者的多年努力，全国范围内建立起了物候观测网，许多省、自治区、直辖市都编制了适用于本地区的物候历，这对于指导和发展当地农业生产有着极为重要的意义。

从青年时代，竺可桢就养了写气象日记的习惯，几十年来他一直这样做，从不间断。1974年2月6日，病危中的竺可桢用颤抖的手写下了一生中的最后一则日记：

> 1974年2月6日，气温最高 −1 ℃，最低 −7 ℃。东风一至二级，晴转多云。

竺可桢吃力地写完日记，又缓缓地提起笔在日记旁边注上"局报"两个字。一直以来，竺可桢每天在日记上记录的气温，都是他亲自到室外用温度表测定的。但这一天的气温他只能按照天气预报记录了。在生命的最后一刻，他以气象学家一以贯之的严谨，留下了最后一条气象记录。2月7日凌晨4时35分，竺可桢停止了呼吸，中国自然科学史上一颗明亮的巨星陨落了。

1984年是竺可桢逝世10周年。中国科学院在北京举行了竺可桢逝世10周年纪念会，并设立了"竺可桢野外科学工作奖"，以纪念中国这位杰出的科学家、教育家、地理学和气象学的一代宗师。

竺可桢名言

★ "科学精神"是什么？科学精神就是"只问是非，不计利害"。

★ 教授是大学的灵魂，一个大学学风的优劣，全视教授人选为转移。

★ 诸位求学，应不仅在科目本身，而且要训练如何能正确地训练自己的思想。

★ 我们人生的目的，在能服务，而不在享受。

各界赞誉

★ 大家知道，吾师竺可桢先生历来重视科学史的研究。正是在竺先生的倡导和推动下，我国的科学史研究，四十年来得到蓬勃发展。

——中国地理学家 胡焕庸

★ 竺可桢在地理学学科发展方向、地理学研究机构的设立和学术带头人的培养、若干重大任务决策等方面，在长时期内（从20世纪20年代开始，特别是在50年代）都发挥了主要作用，是中国近代地理学的奠基人，处在中国近现代地理学发展中做出杰出贡献的第一人的位置。

——中国科学院地理研究所原所长 陆大道

★ 经过半个世纪到今天，他（竺可桢）发表的论文，仍然走在学术界的前面。

——日本著名气候学家 吉野正敏

侯德榜：拓荒化工路，德耀华夏榜

侯德榜（1890—1974），名启荣，字致本，福建省闽侯县人。

身份： 化学家，中国科学院院士。

成就贡献： 长期致力于制碱技术的研究，打破了欧洲索尔维集团对制碱技术的垄断，发明了世界制碱领域最先进的技术之一——侯氏制碱法，为中国与世界制碱技术的进步作出了巨大贡献；发明连续生产纯碱与氯化铵的联合制碱新工艺，以及碳化法合成氨流程制碳酸氢铵化肥新工艺；主持建成亚洲第一座纯碱厂，领导建成中国第一座兼产合成氨、硝酸、硫酸和硫酸铵的联合企业，推动了中国化学工业和农业生产的发展；培养了一大批化学科技人才，为中国化学科研事业的发展作出了卓越贡献。

荣誉奖项： 费城万国博览会金奖，新中国第一号发明证书。

少年立下科学救国志

1890年8月9日，一名男婴诞生在福建省福州市闽侯县坡尾乡一个贫苦的农民家庭，男婴的祖父为他取名"德榜"，希望他日后读书修德、荣登金榜。正如其姓名所寓意的那样，多年后，"侯德榜"这一名字被永远地铭刻在中国化学工业的功德榜上。

侯德榜自幼聪敏好学，对知识表现出强烈的渴望，读小学时，他一边帮父亲干活，一边勤学苦读。即使在田间踩水车的时候他也不忘读书，有时甚至就把书挂在水车的横木上朗读，在当地留下了"挂车攻读"的美谈。

侯德榜小学毕业后，由于家境贫寒，家中无力供他继续上学。当时侯德榜的姑母正在经营一家药店，手头有些积蓄，她见侯德榜是一个学习的好苗子，就全力资助他上学，使他得以先后就读于福州英华书院和上海闽皖铁路学堂。

1903 年，13 岁的侯德榜进入美国教会开办的英华书院，在这里打下了扎实的英文和数理化基础。

当时福州已被辟为通商口岸，一天，侯德榜跟随一名姓黄的老师来到码头，看到一队洋人正用枪托和皮鞭将一群中国劳工赶上甲板。劳工们个个面黄肌瘦，精神憔悴，胸脯上还烙有英文和号码。突然，一名劳工因体力不支跌倒在甲板上，一名洋人气势汹汹地跑过来，手举皮鞭狠命地抽打劳工。劳工在地上不断地翻滚着，口中发出痛苦的哀鸣声。

侯德榜见状，怒不可遏，握紧拳头就要冲上前去，准备解救劳工。同行的黄老师一把拉住了他，侯德榜气愤地问道："黄老师，为什么洋人在我们的土地上这么霸道，耀武扬威地横冲直撞，随意杀人、抓人，难道我们中国人就要永远被洋人欺压吗？"

望着侯德榜痛苦的眼神，黄老师长长地叹了一口气，说道："我们中华民族有五千多年的灿烂文明史，科学技术水平曾长期领先世界，只是到了近代才落后于外国。落后了就会受人歧视，就要挨打。德榜，要想改变我们民族任人宰割的痛苦现实，每个青年学子都必须刻苦学习，掌握先进的科学知识和技术，以便将来振兴国家。国家强大了，外国人就不敢欺侮咱们中国人了。"

黄老师的一席话深深烙印在少年侯德榜的心中，他决心发愤学习，将来与有志青年一起建设国家，让国家摆脱落后的面貌，不再受外国的歧视、欺凌。

1906 年，侯德榜因为参加英华书院学生积极分子组织的反帝国主义罢课行动，被书院开除，他和其他被开除的学生一同转入爱国商人陈宝琛开办的一所新式中学学习。学习期间，他阅读了严复翻译的《天演论》、魏源的《海国图志》等书籍，明白了弱肉强食的生存法则，读到了"师夷长技以制夷"的强国主张。少年侯德榜逐渐认识到，在弱肉强食的世界中，中国若不革新图强，将面临更严重的危机，要强国就要学习西方的先进科学知识，由此，他确立了学习科学、打破枷锁、振兴祖国的科学救国志向。

1907 年，侯德榜被保送到上海闽皖铁路学堂读书，学了两年铁路工程方面的知识，毕业后到津浦铁路南段的符离集车站当实习员。1911 年，侯德榜辞去工作，考入清华留美预备学堂高等科，期末考试 10 门功课全部满分，轰动了整个清华园，他也因此被誉为"清华千分学子"。

1913 年，侯德榜考取公费留学美国的资格，前往美国麻省理工学院学习深造。在这里，侯德榜毅然做出了一个影响他一生的决定——放弃铁路专业，改学化工专业。侯德榜认为，化学是一门可以从微观到宏观改造世界的学科，化学工业对于增强国家实力、改善人民生活有着重要的作用，学习化工专业是实现自己科学救国志向的最佳选择之一。

在麻省理工学院，侯德榜以只争朝夕的学习精神，如饥似渴地汲取着知识的营养，他几乎将所有的时间都花在了实验室和图书馆里。

在实验室，侯德榜全神贯注地进行各种化工工艺试验和设备实验，在实验室常常一待就是一整天。他的这种脚踏实地、认真严谨的钻研精神，在他回国研究制碱技术后被一直延续下来，他对整个化工厂的生产工艺、设备与实际生产细节都要亲自参与设计和改良，亲临生产一线和技术人员、工人们一起探索问题，寻找最合适的解决方案。

在图书馆，侯德榜如饥似渴地学习化学、化工、电气、机械等科学技术知识，沉浸于吸收各种知识的乐趣中，以致经常忽略了图书馆闭馆的铃声，直到被管理员提醒才依依不舍地离开

1917年，侯德榜结束了麻省理工学院四年的学习生涯，随后参加了化工实习，在美国参观了水泥厂、硫酸厂、染料厂、炼焦厂和电化厂等化工厂。通过为期半年的实习，侯德榜掌握了很多化工生产知识，他朝着化学工程师的方向迈进了一大步。

当时，中国制革业仍采用传统工艺制造产品，生产效率和利润都很低，亟待进行现代化改进。侯德榜决心振兴祖国的制革工业，实习期满后先后到普拉特专科学院、新泽西州制革厂、哥伦比亚大学研究院学习制革专业。1921年，侯德榜获得哥伦比亚大学化学工程哲学博士学位。

在博士论文《铁盐鞣革》中，侯德榜运用大量的实验数据，一一论述了铁盐鞣制品不耐高温、表面粗糙和发脆、易腐、易吸潮、易起盐斑的原因与预防办法，引起了美国化工界的重视，被美国制革界权威期刊《美国制革化学师协会志》全文发表。侯德榜的这篇论文成为制革界至今仍被广泛引用的经典文献之一。

由于学习成绩优异，侯德榜被美国科学研究荣誉学会和化学荣誉学

会选为荣誉会员。此时的侯德榜已经拥有了成为一名顶尖化学工程师的素养和能力，只需等待让他大显身手的机会来临。

勇破索尔维制碱法

侯德榜在美国留学时，始终心系祖国，挂念着生活在水深火热之中的苦难同胞，打算在适当的时候返回祖国，为祖国出力，为人民造福。

很快机会就来临了，1920 年的一天，侯德榜在纽约街头遇到了赴美考察的中国化工学家陈调甫。陈调甫此次来美国，是受爱国实业家范旭东委托，为在中国兴办碱业物色专业人才。

事情的起因是这样的。范旭东和陈调甫于 1917 年筹建中国第一家碱厂——永利碱厂，计划利用索尔维制碱法（以下简称"索尔维法"）自行制碱。索尔维法于 1861 年由比利时工业化学家索尔维发明，以石灰石、氨气和食盐为原料制碱，步骤简单，成本较低，而且生产出来的碱纯度较高。索尔维法问世后，英、法、德等国为了谋取利益，买断该法专利，规定其制作工艺只向会员国公开，对外严密封锁。索尔维法属于连续制碱法，对生产工艺和设备要求极高，当时许多国家的化工厂商都想破解索尔维法的奥秘，但均以失败告终。在这种情况下，永利碱厂要想利用索尔维法制碱可谓难如登天，经过开会商讨，范旭东委派陈调甫到美国寻找制碱方面的人才，主持公司的制碱生产。

陈调甫将情况一五一十地向侯德榜进行了说明，并告诉他西方列强抓住中国缺碱这一软肋卡中华民族工业的"脖子"，在中国牟取暴利，希望他回到祖国，利用自己所掌握的化工知识为振兴民族化工业贡献力量，为国争光。

侯德榜听后，慨然应允，于 1921 年 10 月回到国内，担任永利碱厂技师长兼制造部部长，开启了其半个多世纪的科学救国和实业救国的人生历程。

侯德榜初到永利碱厂工作时，面临着巨大困难，一个又一个的难题横在他的面前：设备陈旧不堪，可供参考的仅有一份漏洞百出的图纸，许多核心技术细节无从知晓……侯德榜没有被困难吓退，他以坚定的信念、顽强的毅力带领工厂人员坚持不懈，一步一个脚印地向前摸索，不断试验，寻找办法，解决问题。

一次，蒸氨工段进行试车时，蒸氨塔突然剧烈摆动起来，情势十分危急。侯德榜立即下令停工，进行检查。他将蒸氨塔打开，进行仔细检查，发现问题是溢流管被硫酸钙堵塞而导致的，他决定降低铵液浓度和下料速度，从而顺利解决了问题。

试车一段时间后，煅烧炉又出现了结疤现象。侯德榜闻讯赶来，用铁棒捅戳结疤，试图将其清除，但因体力不支，竟然倒在了地上。后来，侯德榜将煅烧出的纯碱加到炉中以降低重碱含水量，终于成功解决了结疤问题。

在探索尔维法的过程中，侯德榜不畏艰险，亲临现场，频繁进行观察与调研，想方设法解决问题、排除隐患。为了疏通被堵塞的水沟，他钻进下水道中检查情况；为了搞清石灰窑的生产过程，他钻进灼热的石灰窑中检查设备；为了解决炉体烧裂问题，他钻进碱尘弥漫的煅烧炉中仔细察看……

经过几个寒暑的艰辛奋战，侯德榜终于掌握了索尔维法的技术要领。1924 年 8 月 13 日，永利碱厂正式投产，开始制造纯碱。然而，第一天生产出来的碱呈暗红色，并非大家所期望的雪白色。经历许多波折，耗资近 300 万银圆生产出来的碱竟是红黑相间的劣质品，无法销售，给大家当头泼了一盆冷水。

永利碱厂的股东深感失望，不愿再为公司投资。侯德榜没有灰心，积极寻找办法解决问题，他想出了向铵液中加入硫离子的办法来制纯碱，可惜在即将生产出纯碱的时候，工厂里最后一台煅烧炉烧坏了，工厂因此停工，即将关闭。

此时，经营洋碱的卜内门洋行派人来到永利碱厂，表示愿意以高于建厂资金一倍的价格收购永利碱厂。卜内门洋行是由英国人卜内门于 1873 年创建的一家老牌化工厂，总部设在伦敦，在天津等中国重工业城市设有分行，他们重金收购永利碱厂的目的就是要阻止中国人自己制碱。

股东们也跟着起哄，认为制碱工艺如此复杂，还是得让外国人来做。范旭东顶住压力，力排众议，全力支持侯德榜，并出资让他带领人员到美国考察制碱工艺，寻找永利碱厂生产失败的原因。

侯德榜到美国经过调查后方才得知，当初永利碱厂花费许多银元买来的制碱图纸竟是一份废弃已久的旧图纸。随后，侯德榜在美国考察工厂，拜访名师，潜心研究索尔维法，归国时不仅带回了自己在美国设计好的新图纸，还带回了圆通回转型外热式煅烧炉等先进制碱设备。

回到永利碱厂后，侯德榜立即带领大家依据图纸对生产设备进行了一系列的改造，比如增加蒸氨塔的换热面积、改装滤碱机、使用自动出灰器和加煤器等，解决了大规模制碱过程中出现的一系列技术难题。1926 年 6 月 29 日，永利碱厂终于生产出中国第一批独立自主制造的纯白色优质碱——"红三角"牌碱，其质量远远超过卜内门洋行所售的洋碱，彻底打破了外国公司对索尔维法的垄断。当时的永利制碱厂日产 30

吨纯碱，为亚洲第 1 家、世界第 31 家采用苏尔维法制碱成功的厂家。

同年 8 月，在美国费城举办的万国博览会上，"红三角"牌纯碱以无可争议的优势受到评委和客户的一致称赞，荣膺金质奖章，被誉为"中国近代工业进步的象征"。

在研究索尔维法、探索制碱工艺的过程中，侯德榜潜心钻研，历经坎坷锲而不舍，解决了无数技术问题，最终研制出中国自己的纯碱，由一名初出茅庐的化工学子成长为一位经验丰富、技术过硬的制碱专家。侯德榜打破了外国公司对索尔维法的垄断，一扫中国制碱业长期以来受西方技术压制和经济打压的屈辱，在中国科学技术复兴、民族经济振兴和反抗帝国主义压迫的奋进史上写下了光辉的一页。

"红三角"牌纯碱象征着中国人民的智慧，是中华民族的骄傲。探索出制碱的方法，侯德榜本可以申请专利，高价出售以获取巨额财富，但他没有这么做，而是决定把制碱的奥秘公布于众，让世界各国人民共享这一科技成果。他把制碱的全部技术和自己的实践经验都写进《纯碱制造》一书，并于 1932 年在美国以英文出版，让全世界都用上了相对廉价的纯碱。

发明侯氏制碱法

"红三角"牌纯碱的成功研制，使永利碱厂恢复了生机，获得了高额且稳定的利润，碱厂的生产效益蒸蒸日上。当时，中国的氨气、硫酸和硝酸等化工肥料非常紧缺，合成氨、制酸产业亟待发展，永利碱厂于是萌生了兴建硫酸厂和铵厂的想法。

1934 年，永利碱厂决定建造兼产合成氨、硫酸、硝酸、硫酸铵等化工肥料的南京铔厂，任命侯德榜为厂长兼技师长（相当于总工程师），全面负责筹建工作。1937 年 1 月，在侯德榜的主持下，我国第一个规模宏大、设备先进的重化工联合企业——南京铔厂顺利建成并投产，不仅开创了中国自主生产化肥的历史，也打破了外国对硫酸、硝酸、硫酸铵等化肥的垄断。至此，我国现代化学工业的根基——碱业、氨业、酸业已经奠定，具备了生产纯碱、硝酸、硫酸等基础化工产品的能力。

南京铔厂建成不到半年，日军就发动了"七七事变"，抗日战争全面爆发。1937 年 8 月 7 日，塘沽沦陷，为避免碱厂落入敌手，侯德榜组织技术人员和工人将碱厂大部分设备搬迁至南京，在南京临时设立制铁工坊，生产地雷、炸药，支援前线将士抗击日军。

不久，日军逼近南京。日军看到南京铔厂有着巨大的军事价值，于是以"工厂安全"为由相要挟，提出要与南京铔厂共同"合作"管理工厂。日军还派人企图收买范旭东和侯德榜，但二人义正词严地表示"宁举丧，不受奠仪"（意即"宁肯给工厂开追悼会，也决不与侵略者合作"），坚决不与日军合作。日军恼羞成怒，多次派飞机轰炸南京铔厂，导致工厂大量设备被毁。范旭东和侯德榜当机立断，组织技术人员和工人紧急拆迁设备，将设备和资料分批迁往四川，于 1938 年初在四川省乐山市犍为县岷江东岸建成永利川厂。

工厂稳定后，侯德榜再次带领团队投入制碱生产。当时，索尔维法虽然有很多优点，但也存在不少缺点，比如食盐转化率不高，因而导致生产成本增大。侯德榜决定改进索尔维法，以提高食盐的利用率。经过打听，他了解到德国新发明了一种名叫"查安法"的制碱法，可以让食盐的利用率提高到 90%~95%，并可利用废液制成副产品氯化铵。

侯德榜和范旭东经过商量，决定去德国考察，并与德国人谈判购买查安法专利。然而他们并不知道，德、意、日三国正在暗中勾结，准备结成法西斯同盟，阴谋发动世界大战。1938年8月，侯德榜和范旭东到达德国后，德国竟然不允许侯德榜到生产现场参观，并在谈判中还提出禁止在中国东北三省出售产品的无理要求。范旭东和侯德榜听后义愤填膺，大义凛然地说："东三省是我们中国的领土，我们当然要销售到那里。我们不但要在国内卖，还要到国外市场卖。"说罢二人拂袖而去，谈判随即告吹。

随后，侯德榜转赴美国纽约，进行深入调查研究，了解查安法的具体情况。他结合手中已有的查安法资料，精心设计了试验计划。由于四川用于制碱的食盐等原料奇缺，侯德榜将实验室转往香港进行试验，自己在纽约进行远程指导。他详细列出了所有试验细节和注意事项，设计了十几个试验条件，每个条件都要求重复进行30次以上的试验。整个试验一共进行了近500次，试验了2000多个样品，获得了大量的第一手数据。

1939年10月，侯德榜从纽约回到香港，在对试验结果进行细致的研究后，对查安法进行了改进，用固体碳酸氢铵取代了水溶液反应的方法，省去了纯化、溶解碳酸氢铵的步骤。这一改进为连续化制碱奠定了基础。随后，侯德榜带领技术人员用改进的查安法继续进行试验，于年底终于探索出查安法的全部工艺。1940年，侯德榜将试验转往上海进行，获得了理想的效果，改进的查安法获得了巨大的成功。

然而侯德榜认为，改进的查安法仍不是最理想的制碱方法，他要创造出一种更高效、更适合中国国情的全新制碱方法。

侯德榜将索尔维法和查安法进行了深入对比，总结出了两种方法的优缺点：索尔维法是将氨气和二氧化碳通入饱和食盐中产生氯化铵溶液和碳酸氢钠沉淀物，再用石灰水对氯化铵溶液进行处理以回收氨气，将碳酸氢钠沉淀物进行煅烧得到纯碱，优点是原料直接在反应塔反应，可以连续生产，缺点是食盐利用率低，产生大量氯化钙废渣；查安法是将食盐和碳酸氢铵溶液混合在一起，生成碳酸氢钠和氯化铵，优点是食盐利用率高，没有废液废渣，缺点是原料处理复杂，难以连续生产。

侯德榜敏锐地捕捉到了两种制碱法的优点，并将其结合起来，创造性地将合成氨工艺和制碱工艺联合起来，从而发明了一种和传统制碱法全然不同的制碱法——联合制碱法（又称"侯氏制碱法"）。经过一年时间的准备，侯德榜带领技术人员和工人在四川建成了一座用来验证侯氏制碱法的试验装置，仅用了两三个月的时间，试验就获得了成功。

侯氏制碱法融合了索尔维法和查安法两种传统制碱法的精华，能够高效生产纯碱和氯化铵，而且所需设备数量比分别建厂减少了三分之一的投入，生产纯碱的成本更是降到了原来的 60%。

侯氏制碱法是一项极具创新性的技术，将世界制碱技术推到了前所未有的高度，在世界上首次实现了制碱工业和合成氨工业的联合连续化循环生产。在祖国山河沦陷、饱受侵略的苦难时期，侯德榜利用自己的知识、智慧和创新思维为中国化学工业作出了巨大贡献，为中华民族注入了一针强心剂，极大地鼓舞了中国人民的士气，也在世界制碱工艺史上树立了一座巍峨的丰碑。

1943 年 10 月 22 日，鉴于侯德榜为世界化学工业作出的创造性贡献，英国皇家化学学会授予侯德榜名誉会员称号，当时，全世界荣获这一称号的化学家包括侯德榜在内仅有 12 人。

振兴中国化学工业

抗战结束后，侯德榜接替范旭东，担任永利碱厂董事长。新中国成立后，侯德榜受到国家领导人的重视，被委任多项重要职务。1950—1955年，侯德榜先后担任中央财经委员会委员、重工业部技术顾问、中华全国自然科学联合会副主席，并当选为中国科学院院士。尽管事务繁忙，他依旧坚持科学研究，参与了全国化学工业和科技事业方面的许多重要决策，并领导开展了化工行业许多重大科技活动。

1958年，侯德榜出任化学工业部副部长、中国科学技术协会副主席。为了开发新型化肥，推动我国小化肥工业发展，侯德榜提出用碳化法合成碳酸氢铵氮肥的设想，并亲自带队到上海化工研究院，与技术人员一道建厂，进行试验，最终于1965年成功创建了碳化法制取碳酸氢铵的新工艺。在各级政府的大力支持下，这种氮肥制取工艺在全国各地陆续推广，总共建成了1000多座碳酸氢铵氮肥厂，其产量占全国氮肥总产量的一半以上，为我国农业生产的发展作出了巨大贡献。

此外，侯德榜在发展磷肥、农药、聚氯乙烯、化工防腐技术，以及培育化工人才、传播化工技术等方面也都作出了重要贡献。

1974年8月26日，侯德榜因病在北京逝世。临终前，他将积蓄、住房都捐给了中国化学工会，还把珍藏的图书、论文都捐给了国家。

拓荒化工路，德耀华夏榜。侯德榜奋斗一生，倾力报国，在制碱、制造化肥等化学工业领域的成就，为我国科学事业点燃了星星之火；他身上展现出来的奋发图强、百折不挠的进取精神，为后人树立了科学的丰碑，激励着后辈学者不断进取。

侯德榜名言

★ 我是马命，马是站着死的。只要一息尚存就要工作。

★ 难道黄头发、绿眼珠的人能搞出来，我们黑头发、黑眼珠的人就办不到吗？

★ 我的一切发明都属于祖国！

各界赞誉

★ 他的"侯氏碱法"诞生于国难深重、全民抗战的时刻，是对祖国和世界制碱技术发展所作的重大贡献，被称颂为"科技泰斗、士子楷模"。

——光明网

★《纯碱制造》的出版，是中国化学家（侯德榜）对世界文明所作的重大贡献。

——美国著名化学家 威尔逊

茅以升：毕生为国架虹桥

茅以升（1896—1989），江苏省镇江市人。

身份：土木工程学家，桥梁专家，中国科学院院士。

成就贡献：作为土力学学科在工程中应用的积极倡导者，他主持修建了中国人自己设计并建造的第一座现代化大型桥梁——钱塘江大桥，成为中国铁路桥梁史上的一块里程碑；新中国成立后，参与设计了武汉长江大桥、重庆长江大桥；主持中国铁道科学研究院工作30余年，为铁道科学技术进步作出了卓越的贡献。

荣誉奖项：中国工程师学会名誉奖章，"最美奋斗者"称号，康奈尔大学优秀研究生"斐蒂士"金质研究奖章。

中国第一位桥梁学博士

1896年1月9日，茅以升出生在江苏省镇江市一个贫寒的知识分子家庭，出生不久，他随父母迁居南京。茅以升 10 岁那年，南京秦淮河上举行龙舟比赛，很多人挤在文德桥上观看比赛，结果桥被压塌，砸死、淹死了不少人。这一悲剧事件让小小的茅以升内心深为震动，他暗下决心，长大了一定要造出最结实的桥，让类似的悲剧不再重演。

1916 年，茅以升参加清华学堂（今清华大学）举办的留美官费研究生考试，以第一名的成绩被录取，被清华学堂保送赴美国康奈尔大学留学。1917 年夏，茅以升从康奈尔大学毕业，获得桥梁专业硕士学位。

康奈尔大学希望茅以升留校任教，但茅以升认为自己虽已学完了桥梁专业课程，但没有实践经验，仅凭自己所掌握的专业理论知识还不足以承担建造桥梁的重任。经康奈尔大学的贾克贝教授推荐，茅以升前往匹兹堡桥梁公司，进行为期一年半的实习，每天工作 8 个小时，月薪为70 美元。

实习期间，茅以升每天身着工作服，穿梭于制图室、构件工厂、装配工地和设计室。他和工人们一起搭桥梁钢架、打铆钉、刷油漆，渐渐掌握了绘图、设计、制造、施工、工程管理等各种造桥实用技能。在匹兹堡桥梁公司的这次实习，使茅以升养成了脚踏实地、注重细节、讲求研究的良好习惯，为他日后回国从事桥梁建造工作打下了坚实的基础。

在实习中，茅以升切身体会到，自己在一些专业理论知识尤其是桥梁力学知识方面还存在不足。他开始留意这方面的学习机会。一天，茅以升无意中听人说匹兹堡的卡内基理工学院（今卡内基－梅隆大学）的桥梁系招收工学博士，所有必修课程都在晚间上课。他十分兴奋，马上向学院报名，申请攻读工学博士学位，主修桥梁工程学，选修高等数学、科学管理两门课程。

由于当时卡内基理工学院成立的时间还不长，茅以升又是该学院首位申请攻读工学博士学位的研究生，因此他得到了学校桥梁系教授的大力支持，学院专门为他一人开设了高等数学课。茅以升很珍惜这次学习机会，因此极为认真，经常向教授们请教问题。主课教授赫克勒曾感慨地对茅以升说："为你一人，我备课、讲课所花的时间比上几十人的课所花的时间还要多！"

既要实习，又要兼顾学业，时间十分紧张，茅以升开始了与时间赛跑的生活。每天凌晨，他4点就起床，6点半坐车去上班，一有休息时间就拿出纸笔、课本，争分夺秒地学习，工地上嘈杂的声音对他似乎毫无影响。下午5点下班后，茅以升赶回到住处，吃完晚饭后又匆匆赶往学院。晚上7点他开始上夜课，9点下课，回到住处后还要复习、预习功课，一直学习到夜深才上床休息。

他的房间里堆满了书，墙上还贴着很多写满数字、公式和符号的小纸片。房东太太过来给他打扫卫生，惊讶地说："天啊，你是在开展览会吗？"

茅以升笑着说："这墙上的纸用处大着呢，您可千万别把它们清理了。"

到1918年12月，茅以升提前一年完成了所有的博士课程。于是，他结束了实习工作，将精力都投入博士论文的写作中。这时，茅以升已不再享受国家的留学资助费补贴，只能靠实习时挣得的工钱维持生活。

尽管生活极为困难，茅以升的学习动力却更强了。他排除一切干扰，专心学习，查阅资料，请教教授，以便尽快完成博士论文。有时读书读累了，他就打开水龙头，用冷水冲冲头，让自己的头脑清醒一下。1918年12月，茅以升终于完成了题为《桥梁桁架的次应力》的博士论文，并顺利通过了论文答辩，成为卡内基理工学院的第一位工学博士，也是我国首位获得桥梁学博士学位的人。

后来，有人曾问茅以升："攻读博士学位按规定需要两年时间，你只用了一年时间，秘诀是什么？"

茅以升笑着说："秘诀就在于我在实习期间上了夜校，读完了博士课程，节省了一年时间。此外，就是艰苦奋斗，正如爱迪生所说，天才是99% 的汗水加上 1% 的灵感。"

茅以升的博士论文长达 30 万字，其中提出的创见及新的计算方法达到了当时世界先进水平，后来被称为"茅氏定律"。教授们认为他的论文充分展现了一个优秀工程师在工程设计上的杰出能力，贾克贝教授和一些知名学者也对茅以升的论文给予了高度的评价。

历经艰难建造钱塘江大桥

1920 年，茅以升怀着"科学救国""工程救国"的抱负返回祖国。从这年起到 1932 年，茅以升或担任教授，教书育人；或为官一方，处理政务，无不尽心尽力，努力报效国家。

1933 年 8 月，茅以升接受时任浙赣铁路局局长杜镇远和浙江公路局局长陈体诚两人的邀请，辞去北洋工学院的教授职务，担任钱塘江桥工程处处长，负责建造钱塘江大桥。

钱塘江自古以凶险著称，水文地质条件极为复杂，上游时有山洪暴发，下游常有海潮涌入。海潮来时，犹如万马奔腾，势不可挡，凶险异常。此外，钱塘江底沉积的厚厚泥沙也是一个很大的障碍，流沙厚达 41 米，在水流的冲刷下，江底不断翻滚，变幻莫测。在钱塘江上造桥，在当时被中外桥梁界视为几乎不可能完成的任务。外国专家听说中国要修建钱塘江大桥也狂妄地说："在钱塘江上架桥的中国工程师还没出生呢。"

　　茅以升不顾外界的议论，决心运用自己学到的造桥知识、技术在钱塘江建成一座大桥，为全体中国人争口气。他亲自到钱塘江边进行勘察调查，选择最佳造桥地址，精心设计建造方案；还亲自物色造桥人才，组建造桥团队；之后又四处筹款，筹集造桥经费。

　　经过一番精心的准备，1935年4月6日，钱塘江大桥正式动工兴建。在建桥过程中，茅以升和施工人员经历了重重困难，如同唐僧去西天取经一样，历经"九九八十一难"。首先，茅以升团队在桥墩打桩上就遇到了阻碍。钱塘江的沙层又厚又硬，打桩难度极大。为了打桩，茅以升从上海调来了两艘特制的打桩机船，不料第一艘船驶进杭州湾后便遭遇大风，触礁沉没，船上60多人不幸遇难。这件事闹得沸沸扬扬，茅以升在悲痛之余也深感压力巨大。第二艘打桩机船倒是顺利开始了工作，但是打轻了桩打不进去，打重了桩又容易断，几十个工人花了一天一夜，好不容易才打进去一根桩。建造钱塘江大桥总共需要打1440根木桩，按照这样的进度，猴年马月才能完工？茅以升心急如焚，寝食难安，每天都在思考打桩的办法。最终，茅以升想出了一个打桩办法：利用带有大水龙带的机器，把江水抽到高处，再朝江底猛冲，在江底厚硬的泥沙中冲出深洞，再把木桩放进洞里，用汽锤打进去。茅以升想出的这打桩方法被称为"射水法"，既省时又省力，原来工人们每天只能打1根桩，使用"射水法"后每天可以打30根桩，大桥工程进度大幅加快。

　　打桩难题解决了，茅以升团队又遇到了第二个难题——如何在激流中造好桥墩？

　　钱塘江水流湍急，难以施工，茅以升经过思考，想出了一种叫作"沉箱法"的造桥墩方法：在岸上先用钢筋水泥制作一个长18米、宽11

米、高 6 米的大箱子，然后将它运到江中，开口朝下，沉入水中罩在江底，再用高压气挤走箱里的水，工人进入沉箱内施工，将预定位置的泥土翻挖出来，使沉箱不断下沉，同时不断加筑混凝土等材料。等沉箱到达预定深度后，把工作空间填实，就成了一个完美的"桥墩"。

但是放置沉箱并不容易，钱塘江激流汹涌，沉箱一放到江中，就被激荡的江水冲得四处乱窜。茅以升发动大家一起探讨这个问题的解决办法，最终决定把沉箱上 3 吨重的铁锚改为 10 吨重的混凝土大锚，结果沉箱不再乱窜了，固定沉箱的技术问题得到了解决。为了将沉箱准确地放置在木桩上，茅以升经常下到水下 30 多米的位置，与工人们一起检查沉箱的安装情况。

随后，茅以升团队又遇到了第三个难题——如何将又长又重的钢梁拼装并架上去？

建造大桥的钢梁每孔长 67 米、宽 6.1 米、高 10.7 米、重达 260 吨，不管是拼装，还是将它架到桥墩上，难度都很大。为了将钢梁顺利架到桥墩上，茅以升采用了"浮运法"，即利用钱塘江每月的大潮，在潮涨时将拼装好的整孔钢梁运到两墩之间，潮落时钢梁便落在两墩之上，这样既省工省时，又使造桥进度大大加快。

这时，抗日战争已经全面爆发，战火很快蔓延到华东，建桥更是难上加难，日机多次飞临钱塘江上空，想炸毁尚未完工的钱塘江大桥，所幸日机只是炸坏了岸上的一些工房，大桥主体结构未受损坏。

面对重重险阻，茅以升没有退缩，他对工人们说："钱塘江大桥的成败，不是我一个人的事，而是关乎中华民族的尊严！"在茅以升的号召下，所有建桥人员同仇敌忾，表示一定要早日让大桥通车，为抗战作出贡献。于是他们不顾日机轰炸，夜以继日地赶工。

1937 年 9 月 20 日，最后一个钢梁安装完毕，钱塘江大桥合龙。9 月 26 日清晨 4 时，一列火车从大桥上驶过，钱塘江大桥正式通车。

茅以升和建桥人员历经千辛万苦，历时两年半，克服了 80 多个重大难题，耗资 160 万美元，终于建成了长 1453 米、宽 9.1 米、高 71 米的铁路、公路两用双层大桥。大桥通车当天，杭州民众纷纷涌向大桥两岸，为在战火和苦难中诞生的中华民族钢铁桥梁欢呼雀跃。

钱塘江大桥是由中国人自行设计、建造的第一座现代化大桥，大桥的建成，打破了外国人垄断中国近代大桥设计和建造的局面，粉碎了西方人所谓"中国人不能建造钢铁大桥"的断言，是中国桥梁建筑史上一件划时代的大事。

钱塘江大桥虽然建成了，但战争形势也变得更加严峻了。1937 年 12 月 22 日，日军逼近离杭州约 40 千米的武康镇，杭州城危在旦夕。为阻止日军南进，当局下令炸毁钱塘江大桥。12 月 23 日，茅以升强忍悲痛，奉命炸毁自己亲手建造的大桥。大桥的炸毁暂时阻挡了日军侵略的步伐，日军占领杭州后，望着一江之隔的萧山只能"望洋兴叹"。

抗战胜利后，茅以升以"不复原桥不丈夫"的决心，率领工人们日夜抢修钱塘江大桥，1953 年，钱塘江大桥全部修复。修复后的大桥，坚固如初，重新横跨在波涛汹涌的钱塘江江面上。

一桥飞架长江南北

中华人民共和国成立后，茅以升以极大的热情投身新中国的经济建设大潮中，主持设计、建造了我国另一座重要的现代化大桥——武汉长江大桥。

武汉由武昌、汉口、汉阳三镇组成，位于中国腹地、长江中游，汉水在此汇入长江，地理位置极为重要。清末，武汉三镇中的武昌为湖北省会，汉口为商埠，汉阳的工业也得到了一定的发展。但在没有大桥的年代，摆渡过江成了武汉三镇人民出行的唯一途径。1906年，京汉铁路全线通车，粤汉铁路正在修建中，时任湖广总督的张之洞上书清政府，建议在长江上修建一座铁桥，以沟通南北铁路，因清政府财政拮据，计划搁置。1907年，张之洞再次向清政府提起建桥一事，还委派工程师做了勘察、选址、设计等工作，但随着张之洞被调离武汉，修桥计划也没有了下文。

自此以后，修建武汉长江大桥的计划以正式书面提出来的有四次，茅以升作为桥梁专家，也参与过其中两次的筹划。

1949年9月，以茅以升、李文骥为代表的桥梁专家向中共中央提交了《筹建武汉纪念桥建议书》，建议建造武汉长江大桥，作为新民主主义革命胜利的纪念建筑。当月，中国人民第一届政治协商会议召开，通过了茅以升等人提出的建议书。1949年年底，中央人民政府正式发出了修建武汉长江大桥的指示。1950年1月，铁道部成立铁道桥梁委员会，同年3月成立武汉长江大桥测量钻探队和设计组，茅以升任专家组组长，开始进行初步的勘探工作。专家组一共提出了8个方案，这些方案有一个共同点：利用长江两岸的山丘缩短大桥引桥和路堤的长度。

在建桥方案讨论会上，周恩来总理对茅以升说："你有过建造钱塘江大桥的经验，又是技术顾问委员会的主任，希望你对建设武汉长江大桥多出力。"

面对周总理的信任，茅以升十分感动，决心尽自己最大的努力建好武汉长江大桥。

此后，茅以升和大桥技术顾问委员会成员花了 3 年多的时间，进行大量实地考察、勘测，获取了武汉附近长江的地形、地质、水文、气象等方面资料，使大桥的设计和施工有了科学依据。桥址最终定在武昌的蛇山和汉阳的龟山之间，由于龟蛇锁江，江面狭窄，两岸地势较高，因而可以缩短正桥的长度，大大节省人力、物力。1953 年 2 月 18 日，毛主席在武汉听取中共中央中南局关于大桥勘测设计的汇报，并登上武昌黄鹤楼视察了桥址。

1953 年 4 月，武汉大桥工程局正式成立，专门负责武汉长江大桥的筹建。1954 年，茅以升被任命为武汉长江大桥工程局总工程师。

到 1955 年，武汉长江大桥的设计施工方案最终确定。和钱塘江大桥一样，武汉长江大桥的建造采用公路、铁路两用桥的形式，上层是宽 18 米的公路，有 6 条汽车通道，汽车通道两旁各有一条宽 2.25 米的人行道；下层为铁路桥，铺有双线轨道，火车可以同时对开。在最高洪水位时，桥下要能通过十几米高的大轮船。武汉长江大桥比钱塘江大桥的规模要大得多，大桥全长 1670 米，其中正桥长 1156 米，汉阳岸引桥 303 米，武昌岸引桥 211 米。大桥共有 9 孔，每孔跨度 128 米，有 8 个桥墩，两座高 83 米的桥台。两岸各建一个 8 层楼高的桥头堡，作为引桥和正桥分界的建筑物。

当时还有 28 名苏联专家参与了武汉长江大桥的建设，我国参与大桥建设的相关技术人员有 300 多人，建桥工人最多时达到 1.3 万人。

在主持大桥的技术实施工作时，茅以升带领技术顾问委员会与苏联专家密切合作，先后解决了 14 项技术难题，创造性地使用多项新技术、新措施，使得大桥的施工得以顺利进行。

此前建造钱塘江大桥时，茅以升曾创造性地使用"沉箱法"建造桥墩。此次建造武汉长江大桥，他原计划继续采用"沉箱法"，并请苏联专家做了鉴定，但是经过进一步的地质钻探后，他认为采用"沉箱法"有巨大困难。因为沉箱施工的水下极限深度是 35~40 米，而武汉长江大桥多个桥墩处的水深都在 40 米左右。如果仍采用沉箱法，工人们将面临巨大的风险，比如翻挖水下的碳质页岩时，碳质页岩很可能释出有害气体，导致工人中毒。而且在水深 35~40 米处，即使用沉箱法，工人每天也只能在沉箱里工作 2 个小时，而且呼吸困难，极易出现氮麻醉现象，患上"沉箱病"。这样一来，大桥的工程进度将受到很大影响。

在苏联专家西林的建议下，茅以升决定采用一种新的施工方法——管桩钻孔法。具体做法是：将空心管柱打入河床岩面上，并利用缆绳冲击钻机在岩面上钻孔，以便在深水急流中可以承受住一个直径较大的钢筋混凝土管柱圆筒，接着向里面不断灌注混凝土，使其牢牢插结在岩石内，然后再在上面修筑承台及墩身。事实证明，这个方法非常有效，不仅大大节省了建桥经费，而且使大桥的建设工期缩短了两年。

桥墩建好后，后续的施工就顺利多了。大桥的桥梁使用长跨度、等跨间的钢梁，由山海关、沈阳桥梁厂制造，钢材由鞍山钢铁厂提供。钢梁采用三孔一联、三联九孔的等跨间支梁进行安装，使用平衡悬臂拼装架设法，从武昌、汉阳两岸同时向江中推进。每孔钢梁的结构形式采用"菱格桁架"，钢梁的下层铺设铁路，上层铺设公路。钢梁的两端还设有扶梯，以方便日后检修。这些设计在中国桥梁建筑史上都是前所未有的。

1956 年 6 月，毛主席从长沙来到武汉，首次游泳横渡长江。当时武汉长江大桥已初见轮廓，毛主席见大桥工程进展顺利，不久将要竣工，非常高兴，即兴写下《水调歌头·游泳》，词中写道："一桥飞架南北，天堑变通途。"短短 11 个字，既称颂了武汉长江大桥的雄伟与壮观，又强调了武汉长江大桥在沟通中国南北交通方面所起的重要作用。第二年，毛主席又一次视察武汉长江大桥工地，还从汉阳桥头步行到武昌桥头。

武汉长江大桥的建造工期原计划定为四年零一个月，从 1955 年 9 月 1 日正式开工建设，到 1957 年 9 月 25 日竣工，实际只用了两年零一个月，比原计划提前了两年。大桥本身造价预算 7250 万元，实际只用了 6581 万元。

经过国家有关部门三次严格验收，1957 年 10 月 15 日，大桥通车典礼在长江两岸隆重举行，5 万武汉市民参加了典礼，场面盛大。从这一天起，水深流急的长江不再是阻隔中国南北地区的"天堑"了，"万里长江无桥梁"的历史从此宣告结束。大桥就像一道彩虹，横跨长江之上，在长江天堑上铺成了一条坦途，将京汉铁路和粤汉铁路衔接起来，贯通了我国南北交通大动脉，使素有"九省通衢"之称的武汉市成为全国重要的铁路枢纽之一。

如今，历经风雨沧桑，有着"万里长江第一桥"称誉的武汉长江大桥虽已超过设计时限，但仍然能正常通车，安全无恙。

1989 年 11 月 12 日，茅以升在北京逝世，享年 94 岁。茅以升一生自强不息、奋斗不止，他的一生，正如他在 80 多岁时写下的一段精辟的人生哲语所描述的那样："人生乃一征途耳。其长百年，我已走过十之八九。回首前尘历历在目：崎岖多于平坦，忽深谷，忽洪涛，幸赖桥梁以渡。桥何名欤？曰：奋斗。"这是他对自己人生奋斗历程的总结，也是他不畏艰险、披荆斩棘、勇于开拓科学事业精神的生动写照。

茅以升名言

★ 钱塘江大桥的成败，不是我一个人的事，而是能不能为中华民族争气的大事！

★ 人的一生，不知要走过多少桥，在桥上跨过多少山和水，欣赏过多少桥的山光水色，领略过多少桥的诗情画意。

★ 人生一征途耳，其长百年，我已走过十之八九。回首前尘，历历在目，崎岖多于平坦，忽深谷，忽洪涛，幸赖桥梁以渡。桥何名欤？曰"奋斗"。

各界赞誉

★ 茅以升对我国科技事业的贡献是多方面的，他为中国科学普及事业乃至科技馆、科技报建设等方面作出的重大贡献，并不为更多人所熟知。

——中国科学院院士 周培源

★ 在当时茅老修钱塘江大桥的时候，我们国家技术水平很低，但是他就敢想敢干，用新的技术去战胜这个困难，敢于创新，这个正是我们现在需要的精神。

——中国工程院院士 孙永福

张钰哲：璀璨星空猎星人

张钰哲（1902—1986），福建省闽侯县人。

身份： 天文学家，中国科学院院士。

成就贡献： 中国现代天文学开拓者与奠基者，开拓了恒星物理、行星物理、太阳物理、空间天文等分支学科，拓展了中国天文学研究领域；发现并命名了

"中华"小行星，组织了中国首次日全食观测活动；领导拍摄小行星、彗星底片8600多张，发现了1000多颗新小行星，并计算了它们的轨道；发现了新的食变星，在食双星光谱观测和研究上取得突破；领导建立了紫金山天文台、南京天文仪器厂等天文台、观测站和仪器厂；参与中国第一颗人造卫星"东方红"的方案论证工作，为"东方红"卫星成功发射及航天事业的发展作出了贡献；为中国培养了大批天文学人才，推动了中国天文教育与科普事业的发展；其研究工作与成果丰富了人类对天体的认识，为人类揭示天体运动规律和太阳系起源提供了重要线索。

荣誉奖项： 全国科学大会奖，国家自然科学奖二等奖。

发现"中华"小行星

1902 年 2 月 16 日，张钰哲出生于福建省闽侯县城（今属福州市鼓楼区）的一个普通小职员家庭。父亲为他取名"张钰哲"，是希望他聪颖有智慧，拥有坚强、刚毅的品格，长大后能够取得令人瞩目的成就。

张钰哲没有辜负父亲的期望，他心怀科学报国志向，将目光投向浩瀚无垠的天空，在天文学领域深耕不辍，取得了累累硕果，填补了我国天文学领域的许多空白，成为享誉中外、影响深远的天文学大师。

童年的张钰哲是在贫寒的生活中度过的，他两岁时父亲早逝，母亲带着他和四个兄弟、两个姐妹艰辛度日。到了上学的年龄，家中无力承担张钰哲的学习费用，最终靠申请免费入学才让张钰哲进了福州明伦小学读书。艰难困苦，玉汝于成，苦难的生活使张钰哲磨炼出了坚毅顽强的性格，他勤奋学习、刻苦钻研，小学和中学毕业考试都取得了全校第一名的好成绩，是班上品学兼优、师生一致称赞的优等生。

张钰哲并非只知死读书的学生，他兴趣广泛，学习之余也留心观察自然现象，并热衷于探究自然现象中深藏的奥秘。

1910 年 5 月的一个夜晚，著名的哈雷彗星出现在天空，拖着一条明亮的"长尾巴"自西向东移动，仿佛一把巨大的扫帚划过夜空，几个小时后消失于东方天际。9 岁的张钰哲目睹了这壮观的一幕，被这奇异的天象深深吸引了，脑海里产生了许多疑问：这是颗什么星星？它为什么比其他星星亮得多，还飞得那么快？为什么又拖着一条很长的尾巴？……从这时起，张钰哲就在心中埋下了一粒天文学的种子，对浩瀚无垠的星空产生了浓厚的兴趣，希望有一天能够近距离接触那些闪耀于苍穹的星星，揭开它们的庐山真面。

1912 年，张钰哲从福州明伦小学毕业，在北京工作的二哥把一家人都接到北京居住，张钰哲也随之转入北京师范大学附属中学读书。他学习十分勤奋，各门功课成绩都名列前茅，1919 年以第一名的成绩从北师大附中毕业，考入清华学堂高等科。当时清华学堂对学生不收学费，学生毕业后还可被选送出国留学。

1923 年，张钰哲因为成绩优异被清华学堂选送赴美留学深造，最初在普渡大学学习机械工程，后又转入康奈尔大学学习建筑学。但他对这些学科不感兴趣，学习之余时常到学校的图书馆借一些天文学方面的书籍阅读。一次，张钰哲打开一本天文科普读物，看到书的卷首语赫然写道："天文学乃中国古学，在我国启昌独早，其研究规模，千年前即已灿然大备，惜后中落……近百年复受晚清政治之影响和军阀的摧残，天文古学更日就消亡，几成绝响。诸君关心国粹，扶翼文明，想亦深同愤惜也。"

中国天文学在古代曾经取得了辉煌的成就，研究水平一度领先世界，但到了明清之际开始走向衰落，这段话就反映了我国古代天文学的这一发展概况。读了这段话，张钰哲内心极为沉痛，心中暗想：难道盛行数千年的中国天文古学就此要消亡了吗？

经过深思熟虑，张钰哲于 1925 年转学到芝加哥大学天文系，师从天文学家范比博学习天文学，开启了他为之奋斗终生的星空探索之路。

1926 年，张钰哲提前从芝加哥大学毕业，到该校叶凯士天文台一边从事天文学研究工作，一边攻读硕士学位。1927 年获得硕士学位后，张钰哲继续留在叶凯士天文台，在范比博的指导下用 60 厘米反射望远镜进行纬度测定以及彗星和小行星的观测、研究工作。

1928 年一个月明星稀的夜晚，张钰哲再次来到叶凯士天文台，像往常一样用望远镜凝神观察星空。突然，一颗微小的星星闪烁着光芒出现在望远镜中，张钰哲透过望远镜紧盯着这颗星星，不禁叫出声来："啊，一颗从来没有被发现过的新星在闪动。"

张钰哲惊喜万分，几乎不敢相信自己的眼睛，继续观察这位"不速之客"。几分钟后，那颗小星星消失在茫茫的夜空中。此后，张钰哲每晚都按时来到叶凯士天文台，守着天文望远镜观察天空，寻找之前从他眼前一闪而逝的那颗小星星。经过连续的观测和严格的计算，到 1928 年 11 月 22 日，张钰哲最终确信之前出现的那颗星星是一颗从未被发现的新小行星。

张钰哲将发现结果对外公布，很快得到国际小行星中心的认可。依照国际惯例，小行星发现者有权利为它命名。身处异国他乡，张钰哲此时心潮澎湃、思绪万千，他想起了多灾多难的祖国，记起了之前在书中读到的那段话，自言自语道："天文学在我国有悠久的历史，其成就早就领先于世界各国，只是到了近代才落后于西方。就拿天上闪烁的小行星来说，自 1801 年意大利天文学家第一次发现小行星以来，其他国家陆续有人发现了新的小行星，然而中国人在这一方面一直默默无闻，无所建树。现在这一历史就要成为过去了，中国人发现的小行星，就要用中国的名字来命名，就叫它'中华星'吧。"

想到这，张钰哲决定将自己所发现的这颗小行星命名为"China"，意即"中华"，以献给他深爱的亲爱的祖国。在张钰哲发现这颗新小行星之前，人类一共发现 1124 颗小行星，国际小行星中心于是将张钰哲发现的小行星编号为"1125"。

张钰哲发现的 1125 号小行星，开创了中国人发现小行星的先河，为我国天文学事业赢得了荣誉。从此，"中华星"以中华民族象征的身份在辽阔的太空中遨游，浩渺的星空第一次烙上了中国人的印记。

1975 年、1981 年和 1986 年，"中华星"多次被观测到。1988 年，国际小行星中心重新将这颗小行星编号为"3789"，正式将其命名为"中国星"。

日机轰炸下的日全食观测

1929 年夏，张钰哲获得芝加哥大学天文系博士学位，拒绝了美国提供的优厚待遇，决定回国效力。为此，他特地写了一首题为《留美学业将毕寄诗呈母》的诗：

> 科技学应家国需，异邦负笈跨舟车。
> 漫言弧矢标英志，久缺晨昏奉起居。
> 乳育劳劬齐载覆，春晖寸草永难知。
> 喜把竹书传好语，明年渡海俱琴书。

在诗中，张钰哲既表达了自己对母亲的深深思念与感恩之情，也表明了自己一心返回祖国，用自己所学的知识报效祖国的强烈愿望。

回国前，张钰哲访问了美国的威尔逊天文台、立克天文台、洛克威尔天文台和加拿大的维多利亚天文台，并搜集了大量天文照片、天文教科书以及天文仪器方面的资料，为回国效力做足了准备。

同年秋天，张钰哲返回祖国，同时受聘于南京中央大学物理系和国立中央研究院天文研究所。从此，他以满腔的爱国热情投身祖国的天文学科研事业中，为之付出了毕生的心血。

1934 年，我国第一座现代天文台——紫金山天文台在南京建成，张钰哲被国立中央研究院天文研究所聘为特约研究员。1936 年，张钰哲和李珩等人被派往苏联西伯利亚观测日全食，当时因为天阴观测没有成功，但为后来他们在中国进行日全食观测积累了经验。

1937 年抗日战争全面爆发后，张钰哲携带自己多年搜集的天文学资料随中央大学西迁至重庆。这年 8 月，张钰哲通过对天文历史资料的研究，结合自己的天文观察记录，判断四年后的 1941 年 9 月 21 日将在中国境内发生一次日全食，日食带进入新疆、甘肃、陕西、湖北、江西，最后从福建北部入海。不久，英国格林尼治天文台也证实了张钰哲的预测。

1941 年年初，张钰哲被聘为国立中央研究院天文研究所所长，他将母亲、妻子和两个年幼的孩子留在重庆，只身前往昆明的凤凰山天文台工作。在战火纷飞的岁月里，张钰哲以坚强的意志，克服重重困难，用陈旧简陋的仪器坚持进行天文科研工作。

1941 年 4 月，中国日食观测队成立，张钰哲担任队长。当时，日食带覆盖的大部分地区已被日军占领，原来打算来中国观察日全食的外国天文学家都取消了来华观测的计划，观察日全食的历史责任于是落到了中国天文工作者的肩上。张钰哲接到任命后，立即投入观测日全食的准备工作中，经过仔细考虑，他将观察地点选在甘肃的临洮。

在当时严酷的战争环境中，要组织队伍远赴数千里之外进行日全食观测，困难非常之大，缺少经费、仪器不说，观测队人员还要经受长途跋涉的艰辛，甚至有被日机轰炸失去性命的危险。然而张钰哲没有被困难吓倒，他决心排除万能，将这次日全食观察活动顺利开展下去，为祖国争光。经费拮据，他就想方设法募集款项；仪器缺乏，他就亲自出面到各处去借，或是设法因陋就简地解决。

1941 年 6 月 30 日，张钰哲率领一支由 7 人组成的日全食观测队，携带观测仪器从昆明出发，开启了世界天文史上最为悲壮的一次日食观测活动。张钰哲一行先乘火车抵达曲靖，然后改乘卡车前往临洮，一路历经艰险，沿途多次遭遇敌机的轰炸，险象环生，惊心动魄。

张钰哲一行乘坐卡车接近重庆时，数十架日机突然飞来，投下一颗颗罪恶的炸弹，炸弹不断在汽车周围爆炸，尘土和石块不断飞溅到汽车上，所幸无人伤亡。

面对日机的轰炸，张钰哲没有感到丝毫的畏怯，反而增强了将日全食观测进行到底的决心。激愤之下，他赋诗一首：

久矣风沙不关心，滇池秦塞事长征。

情怀病骥思归卧，世事鞭驱未悯怜。

赖有耆年垂矩范，孰云星历侪俳伶。

更祈异象呈空日，云雾寇氛俱扫清。

在诗中，张钰哲表达了希望日全食观测成功，早日把日寇赶出中国的心情。

经过近一个多月的跋涉，跨越 3000 多千米，张钰哲一行于 8 月 13 日抵达临洮。在以后紧张的观测日子里，日机又先后 4 次飞临临洮县城上空，给他们的日全食观测工作带来了极大的困难。

1941 年 9 月 21 日，张钰哲带领团队进行了中国境内首次日全食观测活动。为了防备日机前来轰炸，当局特地派遣了一支高射炮部队在观察地附近进行护卫，20余架战斗机也飞升空中待命，准备随时拦截可能出现的日机。

天公作美，这天晴空万里，阳光普照。9时30分，全球瞩目的日全食开始发生，月亮的影子从西侧侵入太阳，约莫40分钟后太阳被月影"吞"掉了三分之一，天色开始变暗，气温也随之下降。又过了半个多小时，太阳被月影完全"吞噬"了，月球遮住了整个日轮，大地漆黑一片。又过了一会儿，日轮四周射出万道金光，日冕出现。10时59分，太阳恢复原状，大地重现光明，万物恢复如初。

这次日全食历时3分钟，在张钰哲的精心组织下，日全食观测获得圆满成功。观测队顺利拍摄了中国境内第一张日全食照片、第一部日全食彩色影片，一共摄得照片200余张，五彩影片20卷，通过观测获得的珍贵天文资料达170多项。在观测过程中，观测队还通过中国国际广播电台和美国国家广播公司向全球直播，让世界人民了解这次日全食的情况，展现了中国人民不屈不挠的科学精神。返程中，张钰哲还组织观测队开展了多场日全食观测资料展览活动，向民众普及日全食知识，加深了民众对这一现象的了解。

在山河沦陷的抗战年代，张钰哲率领观测队成功完成了我国首次日全食观测，极大地鼓舞了中国人民的士气，打击了日寇的气焰，当时的国内媒体称其为"抗战接近胜利之预演"。

令人遗憾的是，在临洮率队观测日全食的当天，张钰哲怀里正揣着一封母亲病危的电报。三日后，张钰哲母亲病逝，他悲恸万分，含泪写下了一篇题为《在日本轰炸机阴影下的中国日食观测》的文章，作为对母亲的"最好的悼念"。

经英国格林尼治天文台证实，此次在中国境内发生的日全食是全球400年来罕见的天文奇观，其观赏价值和学术价值都超过了以往任何一次。1953年2月23日，毛泽东主席到紫金山天文台视察，看到张钰哲拍摄的我国第一张日全食照片时，不住点头称赞说"很好，很好"。

筹建紫金山天文台

1948年11月，张钰哲与国立中央研究院天文研究所的部分人员几经辗转抵达上海，迎接人民解放军解放上海。1949年9月，张钰哲返回南京，积极参与紫金山天文台的重建工作。1950年5月20日，张钰哲被任命为中国科学院紫金山天文台台长，此后，他在这里一直工作到1984年2月22日（1984后任紫金山天文台名誉台长），为筹建紫金山天文台，发展我国天文学事业呕心沥血地工作，建立了不朽的功勋。

抗日战争期间，随着日军逼近南京，紫金山天文台工作人员被迫撤离南京，几经辗转抵达昆明，然而天文台很多重要的图书资料和仪器设备都未能及时转移，被日军掠夺。新中国成立后，紫金山天文台回到了人民手中，但由于战争的破坏，里面资料奇缺，仪器也是少得可怜，天文台一时难以开展工作。对此，张钰哲看在眼里、急在心里，担任天文台台长后，立即全力以赴地投入天文台的重建工作中。

当时我国还没有专门的制造天文仪器的工厂，所使用的天文观测仪器大都依赖进口。这在一定程度了妨碍了我国天文研究事业的发展。为此张钰哲积极提倡建立天文仪器制造厂，以研制生产我国自己的天文仪器。在张钰哲建议下，1958年，中国科学院决定在紫金山北麓板仓村与樱驼村之间建造中国科学院南京天文仪器厂（中国科学院南京天文光学技术研究所前身），直属紫金山天文台领导。张钰哲为仪器厂的建立付出了很大心血，在工厂布局、材料选择等方面提出了很多有建设性的意见。

在张钰哲的组织和领导下，4年后南京天文仪器厂建成。仪器厂建成后，张钰哲亲自率领研究人员自行研制出了具有国际一流水平的天文仪器。20世纪60年代中期以前，南京天文仪器厂为紫金山天文台提供了口径60厘米的望远镜镜面、用于观测人造卫星的折射望远镜，以及直径1.5米的射电望远镜抛物面天线等仪器设备。这些设备为紫金山天文台工作人员进行射电天文及人造卫星的观测创造了良好的条件。

此外，张钰哲还在接管上海徐家汇、佘山和青岛的观象台后，派人去这些观象台进行天文观察工作，使之成为紫金山天文台的组成部分。

在张钰哲的主持下，紫金山天文台迅速发展，不仅添置、修复了许多大型天文设备，还开拓了太阳物理、恒星物理、天文年历编算、射电天文等新研究领域，成为一个拥有14个研究室与300余名科研人员的大型综合性天文台，被誉为"中国现代天文学的摇篮"，并在国际上享有盛誉。

与此同时，张钰哲还积极推动全国各地天文台、站、厂的建设。20世纪50年代中期，张钰哲提出了《紫金山天文台第二个五年计划纲要》，对筹建中的国家授时中心（从事时间频率基础和应用研究的机构）、北京天文台、昆明太阳物理观象台等的仪器设备、人员配置、所需费用等都进行了详细的测算，从而奠定了今天各天文台、站、厂的布局。北京天文台、上海天文台、云南天文台、陕西天文台，以及广州、长春、乌鲁木齐等人造卫星观测站的建设，无不凝聚了张钰哲的一部分心血。

硕果累累，星耀宇宙

张钰哲被任命为紫金山天文台首任台长后，在国家及中国科学院的支持下，率领紫金山天文台科研人员并肩作战、奋起拼搏，在天文领域筚路蓝缕、勤奋耕耘，揭开了中国天文学研究的新篇章，取得了一系列重大成果，使我国天文学事业呈现蓬勃发展的壮观景象。

经过半个多世纪的探索研究、观测分析，张钰哲和他领导的天文科研团队在对小行星、彗星的观测和轨道计算方面取得了丰硕成果——共拍摄小行星、彗星底片 8600 多张，获得有价值的精确位置数据 9300 多个，发现了 1000 多颗小行星星历表上没有记载的新小行星，并计算了它们的轨道，其中有 100 多颗小行星和 3 颗以"紫金山"命名的彗星（"紫金山""紫金山 1 号""紫金山 2 号"）获得了国际永久编号，并由我国获得了命名权。在张钰哲团队发现的众多小行星中，就有以"张衡""祖冲之""一行""郭守敬"以及"北京""江苏""上海""福建"命名的。

张钰哲团队对小行星、彗星的观测和研究，在观测精度和轨道计算的精度方面都达到了国际先进水平。在观测过程中，他们还发表了一批数量可观的有价值的天文学论文，编制了小行星、彗星轨道（含精确摄动）连续计算软件，建立了太阳系天体摄动运动的动力学数值模型，提出了研究天体轨道长期演变的方法，这些都是国际天文学领域的开创性成果。

在致力于小行星、彗星的观测和研究的同时，张钰哲也关心并参与了我国人造卫星的研制工作。1957 年，张钰哲与张家祥共同发表了我国

第一篇论述人造卫星轨道的论文——《人造卫星的轨道问题》，指出可根据地球形状、大气密度和行星轨道摄动方程式等计算人造卫星轨道，对人造卫星轨道计算问题进行了开创性的研究。1965 年，张钰哲参与了我国第一颗人造卫星"东方红"的方案论证工作，与其他研究人员一起探讨了卫星轨道设计方案、最佳发射时刻选择、地面观测网布局、跟踪观测和轨测预备方案等问题，提出了很多有益的建议。此外他还进行了有关月球火箭轨道的研究，为我国人造卫星发射上天及航天国防事业的发展作出了重要贡献。

在从事天文科研工作的同时，张钰哲也极为关心并致力于推动我国天文教育事业的发展，始终思考如何培养我国天文学人才，壮大我国天文学研究队伍。1952 年全国高校进行院系大调整时，他积极推动南京大学设立天文系，聘请知名学者担任紫金山天文台学术委员会委员，同时邀请众多青年学子到紫金山天文台从事兼职天文研究工作。此外，他还想方设法将流散在全国各地的天文人才聚集到紫金山天文台，使得紫金山天文台的研究队伍不断壮大。

张钰哲非常注重对年轻一代天文学学子的培养，为此倾注了大量心血。在培养年轻人才时，他注重教学的灵活性，坚持人尽其才的原则，重视对他们兴趣的培养，在研究方向的选择上也尊重学生的意愿。他一生桃李满天下，教育、培养了无数学生，这些学生遍布我国各天文台、站及天文研究机构，成为我国天文研究领域中的骨干人员，在我国现代天文学事业的发展进程中发挥重要作用。

在繁忙的科研生涯中，张钰哲还设法抽出时间做一些天文科普方面的工作。早在 1930 年，张钰哲就担任了中国天文学会会刊《宇宙》的主编，并撰写了发刊词，之后他一边编辑杂志，一边给杂志撰稿，发表了中国天文学史、天文学家传记、观测日食报告、天文仪器介绍等方面的许多文章，为天文知识的传播起了重要作用。他还勤于笔耕，编撰出版了《天文学论丛》《宇宙丛谈》《小行星漫谈》《哈雷彗星今昔》等一系列科普作品。另外他还在《大公报》上发表了著名的"星期论文"，抨击伪科学，弘扬科学精神。

担任紫金山天文台台长后，张钰哲又把科普工作列入天文台的工作计划，成立了专门的天文普及组，规定每周六、周日为天文台开放日，并亲自给参观者们讲解天文学知识。他还派天文台的工作人员到学校作演讲，到电台做广播，到一些地方放映科普影片、举办科普展览等。同时他也积极倡导建立北京天文馆，推动我国天文馆事业的发展，以发挥其在天文教学和科普方面的作用。这些工作在全国引起了热烈反响，激发了人们对天文学的兴趣，有力地推动了我国天文学事业的发展。

1986年7月21日，张钰哲因病在南京逝世，享年84岁，告别了他毕生热爱的天文学事业。《人民日报》发表专文悼念张钰哲，称他是"一颗永不熄灭的星"。

遵照他的遗愿，张钰哲的亲属将他骨灰安葬在紫金山天文台内一个不起眼的角落，地面上没有树立任何标记。他的无私奉献、淡泊名利的高尚品质感动了无数的中国人。

张钰哲把自己的一生贡献给了我国的天文学事业，为我国天文学事业的建设和发展作出了无与伦比的重大贡献。为了表达对他的敬意及纪念之情，1978年，国际天文学联合会将美国哈佛大学天文台发现的编号为"2051"的小行星命名为"张钰哲星"，2010年又将月球背面的一座撞击坑命名为"张钰哲陨石坑"。

张钰哲的名字如同"张钰哲星"一样，将永远闪耀于浩瀚无际的宇宙中，指引着一代代天文学工作人员与爱好者不断探索宇宙奥秘，攀登天文学高峰！

张钰哲名言

★ 百战艰难拼汗血，三山摧毁坐现成。步天测度初无补，病榻栖迟负国恩。

★ 中国古代有"楚材晋用"的说法，我虽算不上楚材，但也不甘心为晋所用。

各界赞誉

★ 他（张钰哲）发现了"中华星"，为中国的天文事业争得了荣誉，他的名字如同一颗升起的新星传遍了整个世界。

——中国青年网

★ 他（张钰哲）是我国方位天体学和天体力学的开创人，长期从事小行星、彗星的研究，第2051号小行星即以他的名字命名。他毕生致力于开拓和振兴我国天文事业，是我国现代天文学的奠基人。

——《学习时报》

童第周：中国"克隆之父"

童第周（1902—1979），浙江省鄞县（今宁波市鄞州区）人。

身份：生物学家，教育家和社会活动家，中国科学院院士。

成就贡献：中国实验胚胎学主要奠基人，中国海洋科学研究奠基人，中国生物科学研究的杰出领导者，通过对两栖类和鱼类的研究，揭示了胚胎发育的极性现象；通过研究文昌鱼的个体发育和分类地位，在对核质关系的研究中取得重大成果；首次完成鱼类的核移植研究，开创了中国克隆技术之先河。

荣誉奖项：1978年被授予全国科学技术先进工作者。

"中国人绝不比别人笨"

童第周出生在浙江省鄞县的一个农民家庭，幼年丧父，家境贫寒，靠兄长抚养长大。

1930年，28岁的童第周在亲友的资助下，远渡重洋，来到比利时首都布鲁塞尔的比京大学（今布鲁塞尔自由大学）留学，在欧洲著名生物学专家布拉舍和其助手达克教授的指导下从事胚胎学研究工作。

当时的中国贫穷落后，中国留学生在国外经常被人瞧不起。外国留学生完全不把童第周这个黄皮肤、黑眼睛的中国同学放在眼里，时常嘲讽他："你也配在这种高等级的实验室深造，真是不可思议！"

童第周的民族自尊心受到了极大的伤害，他义正词严地反驳道："中国人绝对不比外国人差，我一定要证明给你们看！"

之后，童第周怀着一腔科学救国的热忱，孜孜不倦地钻研学问，虚心向导师请教各种疑难问题。当别人休息娱乐时，他却在实验室里专心致志地做实验，一做就是十几个小时。他这种追求上进、不服输的拼搏精神，得到了布拉舍和达克教授的赞赏。当时研究胚胎学经常要做卵细胞膜剥离手术。1931年春，达克教授开始用青蛙卵子做一项实验，这个实验需要把青蛙卵子外面的一层剥掉。这是一项难度很大的工作。青蛙卵子的直径只有1毫米左右，外面紧紧包着三层软膜，因为卵小膜薄，工作需要在显微镜下进行。而青蛙卵子又圆又滑，实验者用力稍大它就会被镊子夹碎，用力小了它又会从镊子里滑走。

达克教授和实验室的工作人员做了几十次实验都没有成功，他们一剥开卵膜，青蛙卵子就被撕破了，屡次失败使他们几乎丧失了继续做实验的信心。懊丧不已的达克教授想到了童第周这位好学上进、专心做实验的中国留学生，心想童第周或许有办法。于是他对童第周说："童先生，我看你的手很灵巧，你是否愿意试试这个令人头痛的剥离实验？"

童第周爽快地答应了。他走到一架解剖显微镜旁坐下，拿起一把尖利的钢镊将一枚青蛙卵夹到玻璃盘中，然后用一根锡针在卵膜上刺下一个几乎肉眼难辨的小洞，胀鼓鼓的卵膜立即瘪了下来，变成了扁圆形。

随后，童第周用两把同样尖利的钢镊同时夹住卵膜的中央，均匀地向两边一撕，卵膜被干干净净地剥离下来。整个过程用了不到5分钟的时间。

看着童第周动作娴熟地将青蛙卵膜剥离下来，达克教授激动得手舞足蹈，叫道："童先生，你太了不起了！你战胜了我们所有人，我们的实验可以进行下去了！"

实验室的其他人也都好奇地凑了过来，当他们看到显微镜下那个被剥离了卵膜的青蛙卵时，都激动不已。他们围着童第周问道："童先生，你到底用了什么魔法，一下子把这个小东西的'衣服'脱得干干净净？"

童第周转过身来，夹起一个青蛙卵，耐心地讲解道："道理其实很简单，只要卵内有压力，剥离就很难；但只要先在卵膜上刺一个洞，等卵内的压力释放，剥离起来就没那么难了。"

第二次剥离实验进行得也很顺利，实验室里响起了一阵欢呼声和惊叹声。达克教授激动地拉起童第周的手说："童先生，你们中国人真行！你应该受到大家的尊重。"

直到晚年，童第周对这件事仍记忆犹新。一次，有人问他旧中国有哪些事令他特别愤怒和痛苦，又有哪些事使他特别高兴。他激动地回答："在旧社会，使我愤怒和痛苦的事太多了，一时说不完。但是有两件事，我一想起来就很高兴。一件是我在中学时，第一次取得100分。那件事使我知道，我并不比别人笨，别人能办到的事，我经过努力也能办到。世界上没有天才，天才是用劳动换来的。另一件事就是我在比利时第一次完成剥除青蛙卵膜的手术。那件事使我相信，中国人也不比外国人笨，外国人认为很难办到的事，我们照样能办到。"

此后，实验过程中遇到比较棘手或复杂的工作，如染色、论文中的实验插图等，都由童第周来负责，而他每次都能出色地完成任务。

1933 年夏，童第周和达克教授一同来到欧洲著名的科研中心——法国海滨实验室。这次他们研究的是海鞘。海鞘中有一类叫玻璃海鞘，其卵子比青蛙卵子要小得多，直径不到 0.1 毫米。要想顺利展开实验，必须先去掉卵膜，而卵子本身与其围膜之间的空隙仅为 0.01 毫米。这两个微小的数字令许多生物学家望而却步，但这没有难倒童第周。他成功地完成了这项剥离实验，向外国人展示了他的细致、灵巧和谨慎，当时在欧洲生物学界引起了轰动。

1934 年，童第周再次跟随达克教授来到法国海滨实验室，继续开展海鞘实验。为了更好地观察浅色海鞘卵子受精后各个区域的物质流动情况，童第周发明了活体染色法，得到欧洲生物学界专家、学者的一致称赞，活体染色法被选入当年举办的欧洲科学成果展览会。后来，受达克教授启发，童第周用棕蛙卵子设计了一个精巧的实验，这个实验的结果修正了当时胚胎学界公认的一个结论：卵子的受精面决定卵子的对称面。

与此同时，童第周还继续关注海鞘的研究。在对海鞘早期发育的研究中，一方面，他证明了在未受精卵子中已经存在器官形成物质，而且有一定的分布，精子的进入对此没有决定性影响。另一方面，他说明了卵质对个体发育的重要性。这项研究的成果是开创性的，使童第周成为中国实验胚胎学的创始人之一。

完成这两项研究后，童第周将研究成果写成论文，交给达克教授审阅。达克教授审阅后赞不绝口："童，你的方法比美国人的好！这两篇论文，无论哪一篇都能当作博士论文。"校方为童第周安排了论文答辩。参加答辩的教授们对童第周的论文赞叹不已，多数人认为应评为甲等，还有部分人认为应评为特等，一致同意授予授予童第周博士学位。

在博士学位授予仪式上，教授和专家们纷纷向童第周表示祝贺。童第周激动地说："我是中国人！我获得了贵国的博士学位，这至少可以证明中国人绝不比别人笨！"

"童鱼"降世

1996年7月5日，从苏格兰爱丁堡市郊的一个小镇传出震惊世界的消息：世界上第一只体细胞克隆羊"多莉"在此诞生。"多莉"有三个母亲，而没有父亲，是通过"体细胞克隆"技术无性繁殖的产物。

然而鲜为人知的是，早在1963年，我国科学家童第周在实验室就完成了鲤鱼和鲫鱼之间的细胞核移植，成功培育出世界上第一条克隆鱼。这一成果比克隆羊"多莉"的诞生早了33年，但由于当时中国科学家与国际科学界交流较少，这项研究成果仅以中文发表，且缺乏英文摘要，未能引起国际科学界的及时关注。

长期以来，生物学界专家和学者倾向认为决定生物遗传性状的，是细胞核内染色体上的基因，而细胞质在遗传中所起的作用非常有限。童第周经过深入研究，认为这一观点并不科学，存在以偏概全的问题。他指出，细胞是一个整体，细胞内的细胞核和细胞质各有功能，互相影响，细胞质对遗传也能起到一定的作用。

为了验证自己的看法，童第周开始进行实验。他找来一条鲫鱼和一条金鱼，从鲫鱼卵巢的成熟卵细胞质中提取部分核糖核酸，将其注射到金鱼的受精卵中，然后将金鱼放到鱼缸中精心饲养，静待金鱼排卵。之后，童第周几乎每天都来到鱼缸前观看。金鱼开始排卵，不久卵变成了幼鱼，鱼缸内出现了许多活泼可爱的幼鱼。又过了些日子，童第周来到鱼缸前，惊喜地发现：由金鱼排出的卵发育成长的 320 条幼鱼中，有 106 条由双尾变成了单尾，表现出了鲫鱼的尾鳍性状。童第周兴奋不已，心想自己的看法没有错！

1973 年 5 月一个阳光明媚的早晨，在中国科学院动物研究所细胞研究室的实验现场，童第周和同事们围在鱼缸旁边，欣赏着缸中游动的金色奇鱼，脸上洋溢喜悦。

这些金色奇鱼并非普通的金鱼，无论是外形还是游动姿势，它们都兼具金鱼和鲫鱼的特色。它们既不是金鱼和鲫鱼杂交而生的后代，又不是天然生成的怪胎，而是通过细胞核移植——无性繁殖技术克隆而创造的新鱼种。不同于 1963 年童第周首创的同种克隆鱼，这些新鱼种是异种克隆成功的范例，是生命科学领域的一大奇迹。

童第周站在鱼缸前，心情久久难以平静。他激动地捧起一只装着"奇鱼"的小鱼缸，前往拜访时任中央美术学院院长的著名画家吴作人，要和他分享这一激动人心的好消息。

童第周见到吴作人后，将鱼缸放到桌上，面上带笑地说道："作人兄妙笔丹青，独具慧眼，依你看，这条鱼有什么不同吗？"

吴作人注目细看了一会儿，惊讶地说："这条金鱼怎么是单尾？"

"正是单尾！但它不是金鱼。"童第周神秘地一笑，喜悦之情溢于言表。

"怎么是单尾，还不是金鱼？怪哉怪哉！"吴作人愈加惊奇了。

童第周笑逐颜开，说道："好吧，我就不卖关子了。今天我难得放下手头的事，与老兄共赏奇物吧。"接着，他将这条单尾奇鱼的来历娓娓道来，并说明了它在科学研究上的重大意义。

听了童第周的讲解，吴作人心中久久不能平静，他想不到生命科学竟然是如此的奇妙。童第周告辞后，吴作人油然生出强烈的创作欲望。他略一思考后，挥毫泼墨，很快绘成一幅《睡莲鱼乐图》。画面上，红莲盛开，荷叶舒展，水中一条朱身单尾的奇鱼悠然地碰触荷叶，两条红色和两条黑色的金鱼在它后面嬉戏追逐。吴作人又在轴首题款，特意注明"单尾朱身者即是童鱼"。这些性状变异了的奇鱼，自此被称为"童鱼"。

画完画，吴作人觉得画作还不能尽抒胸臆，于是又拿着画去找著名诗人兼书法家赵朴初。他向赵朴初介绍了童第周的科研新成果，并说明自己作画的原委，请赵朴初再为画题诗。赵朴初听了他的介绍后同样激动，挥笔写下了至今仍广为传诵的《题吴作人画赠童第周金鱼图诗轴》一诗：

> 异种何来首尾殊？画师笑道是童鱼。
> 他年破壁飞腾去，驱逐风雷不怪渠。

写完这首诗，赵朴初意犹未尽，又提笔续咏一首：

> 变化鱼龙理可知，手提造化出神奇。
> 十年辛苦凭谁道？泄露天机是画师。

吴作人的画绘出了中国发育生物学的辉煌，赵朴初的诗道出了童第周在生物遗传学领域探索的艰辛。

1976 年 5 月，童第周和美国坦普尔大学牛满江教授合作，以蝾螈和金鱼这两种不同纲的动物进行实验，将蝾螈细胞质的核糖核酸注入金鱼的受精卵中，结果发现 382 条小鱼中竟有 4 条像小蝾螈一样长出了平衡器。

1978 年 3 月，童第周因"童鱼"的研究成果荣获国家科技进步一等奖。这一年，童第周已经 76 岁高龄，仍老当益壮，明确提出了自己攀登科学高峰的目标："达尔文解决了各种生物进化的问题，我们要解决如何进化和加速进化的问题。"为了实现晚年的远大理想，他提出了克隆哺乳动物的设想，以及在动植物之间进行核移植的大胆计划，并着手实施这方面的人才培养计划。

近年来，我国的克隆技术取得显著进展，科研人员成功克隆出多个珍稀物种：

1981 年，中国科学院水生生物研究所成功培育出体细胞克隆鱼。这一实验证明了成年鱼的体细胞同样具备去分化和再程序化的能力。

2000 年 6 月，西北农林科技大学成功培育出世界首例成年体细胞克隆羊——"元元"。

2001 年 11 月 3 日和 6 日，莱阳农学院成功培育出我国首例和第二例健康成活的体细胞克隆牛——"康康"和"双双"。

2005 年 8 月，中国农业大学成功培育出我国第一头体细胞克隆猪。

2017 年 7 月，北京希诺谷生物科技有限公司成功培育出我国第一例体细胞克隆犬——"龙龙"。

2017 年 11 月，中国科学院神经科学研究所成功培育出世界首例体细胞克隆猴——"中中"。

2020 年 8 月，河南省漯河市天启生物精准繁育基地成功培育出中国首例体细胞克隆马——"天天"。

2022 年 6 月，北京希诺谷生物科技有限公司成功培育出世界首例体细胞克隆北极狼。

这一系列克隆技术成果，充分展示了我国在克隆领域的实力和影响力，标志着我国已经跻身世界克隆技术强国之列，并在该领域从"并跑"转向"领跑"。

追根溯源，我国克隆技术能够取得今天令世界瞩目的成就，要得益于童自周在这一领域所做的奠基性、开创性的工作。童自周因为开创了我国克隆技术的先河，当之无愧地成为"中国克隆之父"。

实事求是的践行者

童第周曾说："我们的事业需要的是手，而不是嘴！"他还向同事和学生强调："科学家若不自己动手做实验，就会变成科学政客。"

在科学实验中，童第周坚持身体力行地站在显微镜前，紧跟实验课题的进展，秉持"轻伤不下火线"的原则。有一次，因为牙疼，童第周一侧的脸肿了起来，而且高烧不退，只得卧床休息，但他心里始终惦记着实验室的课题研究。本来和牙医约定第二天要去看牙，但翌日一早他又跑回实验室继续工作。他这种一丝不苟、亲力亲为的科研作风，润物细无声地影响了他的学生们。

童第周晚年患白内障，看东西总是模糊不清。实验室里的同事经常劝他："童老，您现在年纪大了，视力也不好，这些实验就交给我们年轻人来做吧，您在一旁指导就好。"

童第周很感谢同事对自己的关心和体谅，但他不愿闲下来，他要亲手实验来发现问题，解决问题。他谢过同事们后，说："我们是科学工作者，成果都是靠实验一点点做出来的，我怎么能站在一边只动嘴呢？如果我不亲自做这些实验，又有什么资格指导别人？不读书，脑子要僵化；不动手，胳膊要生锈。搞科研的人就是要每天动手做实验，这才是我们的立身之本啊！"

接着，他又向同事们解释道："比如说，有人发现了一个现象，就有人看不到这个现象，即使两个人都看到了，他们对现象的解释也可能是仁者见仁，智者见智。不亲自观察、研究就盲目下结论，那是科学家的大忌，是最要不得的。"

多年来，童第周从不轻信别人的结论，所有实验他都坚持自己动手。他认为，不亲自观察、亲自动手做就得出结论，那是很危险的，也很难有所发现。

据童第周的学生、山东大学52级动物系胚胎组的毕业生王龙回忆，当时童第周身兼副校长、系主任、青岛民盟主委等职务，会议多，工作忙，但他坚持亲自为学生讲授《比较解剖学》《实验胚胎学》《演化与遗传》等课程，此外每天还要到实验室做一两个小时的实验，几十年如一日，从不间断。除了实验本身，童第周对于实验后的论文撰写，甚至论文的插图和校对工作，也是自己去完成，从不依靠其他人。

在撰写关于文昌鱼的研究论文时，需要用插图说明实验过程，这些插图由很多密集的小点组成，需要用很细的笔针蘸着墨水一点一点地画，往往一张图就要画数小时，有时还要根据显微镜下的观察反复修改。这些插图都是童第周自己画的。一次，某杂志编辑部建议童第周将校对工作交给助手，童第周严肃地拒绝道："我没有这样的助手，也不需要这样的助手。"

在指导学生写论文时，童第周告诫他们："科学是老老实实的学问，研究工作一定要做到精确，容不得半点马虎和虚假。"他自己就是这一原则的忠实践行者，他尤其痛恨弄虚作假的行为。

一次，他们做肿瘤免疫细胞实验，每个课题组的成员分得 5 只大白鼠作为实验组。最后，因为实验技术的差异，仅童第周和他的爱人叶毓芬两组获得了 100% 的成功，其他组的成功率很低。面对这一结果，有人建议以童第周夫妇的实验结果发表论文，但童第周坚决反对，认为应该真实、客观地反映实验的全部实际结果，不能只取符合自己愿望的那部分数据。最后，童第周在发表的论文中取了整个课题组的平均值。

童第周的长女童凤明后来也成为一名科学家。一次，她和父亲聊天时提到，有些科学家写论文时会根据实验结果稍加扩展，使论文更充实。童第周听了严肃地说："搞科学研究必须坚持实事求是，有五分成果就写五分，绝不能写成六分。"

童第周对秉持科学的严谨态度极为执着，他这种坚决杜绝虚假行为的态度，也潜移默化地影响了许多人。

童第周一生热衷科研，竭诚奉公，以"春蚕到死丝方尽"的奉献精神为国家和人民服务。晚年，他自诩"愿效老牛，为国捐躯"，为推进我国的生物科学事业，培养生物科技人才而四处奔波，甚至晕倒在报告现场。他的功绩被世人称颂，他的精神激励后学奋进，他为之奋斗的事业将薪火相传，永不熄灭。

童第周名言

★ 科研成果是靠双手做出来的，不是靠嘴喊出来的。

★ 中国人不是笨人，应该拿出东西来，为我们的民族争光。

★ 年华现正比乔木，也应逢春开鲜花。且喜壮志老益坚，敢攀高峰窥科学。

★ 周兮周兮，年逾古稀。残躯幸存，脑力尚济；能作科研，能挥文笔。虽少佳品，偶有奇意；虽非上驷，堪充下骥。愿效老牛，为国捐躯！

各界赞誉

★ 在四十多年的合作相处中，童第周教授的五种品质给我留下深刻印象：正义感；治学严谨，亲自动手；理论联系实际；实事求是，反对铺张浪费；艰苦奋斗，坚忍不拔。

——中国科学院海洋研究所原所长 曾呈奎

★ 童老是我国著名的生物学家，我国实验胚胎学的主要开创人和优秀的教育家。在我国科学界群星灿烂的太空里，他是一颗光芒夺目的大星。

——人民网

苏步青：一生心血付"几何"

苏步青（1902—2003），祖籍福建省泉州市，浙江省温州市平阳县人。

身份：数学家，教育家，中国科学院院士。

成就贡献：主要从事微分几何学和计算几何学等方面的研究，在仿射微分几何学和射影微分几何学研究方面中取得出色成果，在一般空间微分几何学、高维空间共轭理论、几何外形设计、计算机辅助几何设计等方面取得突出成就；创立了国际公认的浙江大学微分几何学学派。

荣誉奖项：国家自然科学奖，全国科学大会奖，国家科学技术进步奖，何梁何利基金科学与技术成就奖。

东方国度的数学新星

苏步青于 1902 年 10 月出生在浙江省温州市平阳县的一个农民家庭，自幼家境贫寒，童年时代曾干过割草、放牛、喂猪等农活。他自幼酷爱读书，学习极为刻苦，13岁时以第一名的成绩考入当时浙东南的最高学府——四年制的浙江省立第十中学（今温州市第一中学）。

在浙江省立第十中学，苏步青的学习成绩始终保持领先，各科老师都对他赞赏不已，认为他前程不可限量。1919年7月，17岁的苏步青在浙江省立第十中学校长洪彦远的资助下，东渡日本求学深造。1920年2月，苏步青参加日本东京高等工业学校招生考试，以第一名的成绩被该校录取，进入电机系学习。

1923年9月1日，东京发生大地震，苏步青侥幸逃生，但他的衣物、书籍和笔记却在地震中被焚毁。这次地震也成为苏步青留学生涯的一个转折点。

苏步青热爱数学，想报考日本一所顶尖大学研习数学。当时只有位于仙台市的东北帝国大学数学系招收同等学力的学生，但东北帝国大学入学门槛很高，考生以同等学力报考必须通过难度更大的考试，特别优秀者才能被录取。学校每年招生时，不仅日本各地的尖子生会报考，而且还有不少国外的学生也参加报考，入学难度可想而知。

东京高等工业学校的一位老师鼓励苏步青报考东北帝国大学，还特地为他写了一封推荐信。老师让苏步青拿着推荐信去找东北帝国大学的数学系主任林鹤一，苏步青很感念老师的帮助，但作为中国留学生，他不想"走后门"，决定凭自己的真才实学考入东北帝国大学。于是他收起了推荐信，没有去找林鹤一。

参加东北帝国大学入学考试的共有90名考生，来自世界十几个国家，只有苏步青是中国人。第一场考解析几何，第二场考微积分，考试时间均为3个小时，苏步青每次都只用1个小时就答完了试卷。考试结果公布后，只有9人被录取，而苏步青以优异的成绩名列榜首。这在东北帝国大学引起了一阵轰动。

虽然入学考试很顺利，但入学后的学习却并没有那么轻松。有一次，数学老师为学生们布置了作业，告诉学生们用一个下午的时间解题，然后就离开教室了。苏步青信心满满地坐在第一排，埋头做起题来。两个小时后，数学老师回来了。他首先拿起苏步青的作业本，一边看，一边摇头说："这是什么东西，根本不是数学。"随后，数学老师指出了学生们在演算中不符合现代数学精神的地方。

苏步青恍然大悟，意识到自己在东京高等工业学校所学的数学不够严谨，自己必须加深对现代数学的理解，改进演算的思路。之后，他经常在课余时间去图书馆博览数学方面的书籍，钻研的内容范围已远远超出学校设定的专业课程。

有一次，他遇到一道自己以前没有学过的解析几何题，研究了半天后还是毫无头绪，便带着疑问去请教洼田忠彦教授。洼田忠彦教授没有直接解答他的困惑，只是让他自己去图书馆查沙尔门·菲德拉著的《解析几何》。

苏步青在图书馆找到这部书后大为吃惊，因为这部书一共3册，近2000页，而且是用德文写的。苏步青当时只懂日文、法文和英文，对德文一窍不通。但为了解决数学疑难，他决定迎难而上，一面抓紧时间学习德文，一面"啃"《解析几何》。一个学期结束，他终于读完了这部书。通过阅读这部书，苏步青不但解决了疑难问题，而且学到了很多他之前未接触过的数学知识，他的解析几何知识更加系统化。苏步青这才明白了洼田忠彦教授的良苦用心，由衷地对他表示感激。

此后，每当在学习上遇到困难，苏步青总是先查参考资料，独立钻研。后来他回国任教，把这个方法又教给学生，告诉他们在难题面前不能退缩，应首先独立思考，独立研究。

　　大学三年级时，苏步青因专业水平出众，被林鹤一聘为讲师，负责代数课的教学工作，每月工资 65 日元。此前，东北帝国大学还没有一个外国留学生兼任过讲师，而这件事现在却发生在一个 22 岁的中国留学生苏步青身上，立即成了日本报纸争相报道的一个大新闻，苏步青也成了日本的一位知名人物。

　　也是在大学三年级，苏步青写出了自己的第一篇数学论文——《关于费开特的一个定理的注记》（又名《一个定理的扩充》）。他的导师将这篇论文推荐给《日本学士院纪事》并得到发表。之后，苏步青又有多篇论文刊登在校刊上，引起了校内数学系教授与日本数学界专家的重视。

　　1927 年，苏步青从东北帝国大学数学系毕业，教授会一致同意让他免试升入研究生院。1928 年初，苏步青在一般曲面研究中发现了四次（三阶）代数锥面。这是世界几何学研究中的一项重大突破，在日本和国际数学界中均产生了很大反响，数学界专家将苏步青发现的代数锥面称作"苏锥面"。苏步青也因此获得研究生奖学金，据说在东北帝国大学历史上，这一奖学金从来没有被授予过外国留学生。

　　苏步青的博士研究方向主要集中在仿射微分几何领域。微分几何是以数学分析为工具来研究空间形式的一门数学分科，主要讨论光滑曲线与曲面的性质；仿射微分几何则是研究空间中曲面形态、性质和变换规律的学科，着重探讨曲面的内在结构和变化规律。

　　苏步青在仿射微分几何学的研究领域主要集中在曲面的切变量和曲率等方面，他以"仿射空间曲面论"为题，在《日本数学辑报》上连续发表了 12 篇论文。到 1931 年初，苏步青已发表了 41 篇仿射微分几何以及射影微分几何方面的研究论文，分别刊载在日本、美国和意大利的数学专业刊物上。他的部分研究成果被国际数学界介绍和引用，他也被誉为"东方国度上升起的数学明星"。

开创中国微分与计算几何学

在日本留学期间，苏步青与同学陈建功约定：学成后归国，为祖国的数学事业贡献力量。1931 年，苏步青谢绝老师和友人的挽留，留下妻子和孩子，怀着满腔的报国热情回到祖国，到浙江大学任教，先后担任数学系副教授、教授、系主任。

"七七"事变爆发后，浙江大学迁往贵州，苏步青跟随学校辗转千里，历经艰辛。在极端困难的条件下，苏步青仍然坚持教学和数学研究工作。他和陈建功一起创办数学讨论班，用严格的标准培养学生。

苏步青带领学生潜心研究微分几何，取得一系列重要成果，创立了全新的几何构造性方法，建立了 N 维空间曲线的几何学构造理论，他们的许多论文在多个国际知名刊物上发表，获得国际几何学界人士的高度赞扬，中国由此形成了以苏步青为核心的微分几何学派。

1952 年，全国高校院系大调整，浙江大学数学系并入复旦大学，苏步青担任复旦大学教务长，1978 年升任复旦大学校长。在复旦大学，他在微分几何领域继续深耕，撰写了《现代微分几何概论》《一般空间微分几何学》《射影曲面概论》等专著，系统地总结了自己多年来在微分几何学方面的研究成果，奠定了中国微分几何学的发展基础。

苏步青不仅是中国微分几何学的奠基人，也是中国计算几何学的开拓者，为中国计算几何学的建立和发展作出了巨大的贡献。

计算几何学是一门研究点、线、多边形和多面体等几何对象的算法设计与分析，以及相关计算机算法的学科，涉及几何图形的构建、变换，以及几何关系的判断与计算等内容。

20 世纪 60 年代，利用计算机及其图形设备帮助设计人员进行设计工作的计算机辅助设计技术（简称 CAD）在国际上已有发展，首先在汽车、航空和造船行业三个领域中得到应用。

为推动计算几何和 CAD 在中国的发展，苏步青做了大量细致扎实的工作。1972 年，苏步青通过调研了解到我国造船业在建造船只时一直采用 1：1 的船体放样（将图纸上按比例绘制的设计图放大为实尺图样，作为船体构件下料和加工的依据，是船体建造的第一道工序），造多大的船就放多大的样，后来虽然采用数学放样（通过计算机来校验、设计船体的型线与型值，进行型线光顺、板缝计算、外板展开及数控切割的船体放样工艺），但因缺乏应有的理论分析，线型光顺的问题也没有得到彻底解决。苏步青决定以微分几何理论来解决船体数学放样中"船艏线型光顺"和"船艉部线型光顺"两个主要环节中存在的问题。

为了尽快解决型线光顺问题，苏步青查阅了大量国外资料，并将 4 篇重要论文翻译成中文，编写了《样条拟合译文选》，为计算机辅助几何设计的发展奠定了扎实的基础。

1978 年，苏步青在上海市数学会年会上作了题为"几何外形设计理论及应用"的报告，随后又在复旦大学开设了"微分几何五讲"课程，并主办了一个计算几何讨论班。计算几何学从此在我国兴起。

我国第一本《计算几何》就是由苏步青和他的学生刘鼎元编写的，后来成为从事计算机辅助设计的研究人员的必读书目。

1979 年，苏步青应上海科学技术出版社之邀，和其学生刘鼎元合作撰写《计算几何》一书。该书的《绪论》和最后一章《仿射不变量理论》由苏步青执笔，其余六章由刘鼎元撰写，最后由苏步青统稿。为了写作此书，他们收集了国内外几百篇文献，最后撰写了共计600页的初稿。苏步青用红笔对每一页书稿都做了密密麻麻的修改。

1981年1月，《计算几何》出版，内容通俗易懂。本书综合介绍了截至1980年国际上关于计算几何的理论、方法及实践应用，还包括苏步青及其学生的研究成果。读者对象为数学系师生、科技人员和工程师，既可作为研究生和大学高年级学生的教材，也可作为CAD应用开发工程师的参考读物。

该书首印1万多册，几个月内便售罄，第二次印刷的1万册也很快销完，这在当时科技类图书的销售史上极为罕见。1993年，我国首次举行全国优秀图书评选，该书荣获"全国优秀科技图书奖"。

为使我国在计算几何领域跻身世界先进国家行列，苏步青组织中国科学院数学研究所、中国科学技术大学、复旦大学、浙江大学和山东大学等科研机构与高校，共同成立了全国计算几何协作组。协作组定期举行会议，举办计算几何培训班。之后，根据苏步青的提议，复旦大学、浙江大学、山东大学联合举办了面向全国的更大规模的研讨会和学习班，每两年举办一次，参与者十分踊跃，其中不少人后来成为CAD重点项目中的骨干。

在推广CAD的过程中，苏步青倾注了大量心血。1982—1992年，他几乎参加了所有的全国计算几何协作组会议。他忘我的工作精神和敏锐的数学思维，令每一位与他共事的人都敬佩不已。

1992年5月18日，第七次全国计算几何协作组会议在杭州举行。当时，苏步青已90岁高龄，且正在住院，但是他提前委托他人买好火车票，坚持要出席会议，并在开幕式上讲话。就在他准备和前来接他的人动身时，医院领导阻止了他。苏步青只得把事先写好的讲话稿拿出来签了名，让参会的人带到会场。

经过协作组多年的不懈努力，我国计算几何的研究进展迅速，在贝塞尔曲线的凸性研究和几何连续性研究方面达到国际先进水平，应用领域从最初的造船、航空、汽车行业，扩展到服装、模具、机械、动画、机器人等行业。到20世纪90年代，我国大中型企业完全抛弃了使用丁字尺、制图板的手工设计方式，进入计算机设计阶段。

苏步青1945年发表第一篇这方面的论文，发展了"K展空间"的理论。有专著和教材20多种，主要著作收入《苏步青数学论文选集》。1927年起在国内外发表数学论文160余篇，出版了10多部专著。

几十年来，苏步青在微分几何和计算几何方面的研究成果始终处于世界领先地位，为现代几何学的发展提供了宝贵经验，他也因此被誉为"东方第一几何学家"和"数学之王"。

毕生事业一教鞭

苏步青是一名享誉全球的数学家，也是一位著名的教育家，他不仅在学术研究方面取得了辉煌成就，还在教育领域也扮演了重要角色，为中国的数学教育作出了卓越的贡献。在教学岗位上，他不辞辛劳，满腔热忱，为人师表，堪称楷模。在教育园地里，他辛勤耕耘60多个春秋，培养了无数数学人才，可谓桃李满天下。

苏步青早年便将个人理想和国家前途联系在一起，立志为祖国的教育事业奉献毕生精力。在日本留学期间，苏步青就和陈建功相约，要在中国创建一个现代化数学教学研究中心。1931年，苏步青回国到新建的浙江大学数学系任教。当时的浙大数学系教学条件十分简陋，系里只有

4 个教师和 10 多个学生，而且没有实验设备，图书资料也奇缺。更为严重的是，教学经费没有着落，苏步青虽名为副教授，却连续几个月没有拿到一份工资。但他毫不动摇，与陈建功通力合作，每天坚持为学生讲课、辅导、批改作业，同时还编教材、搞科研，为浙江大学数学系的教学和研究工作奠定了基础。

在苏步青的辛勤努力下，到抗战前夕，浙江大学数学系的教学体系已相当完善，并开始招收研究生。苏步青所培养的青年人才也开始崭露头角，其学术论文不断在欧美杂志上发表。当时，英国剑桥大学教授李约瑟来华参观浙江大学，对浙江大学的高水平教学和研究感到很惊奇，称赞浙江大学是"东方的剑桥"。

中华人民共和国成立后，苏步青以满腔热忱投入祖国的教育事业中，为推动祖国教育事业的发展付出了大量的心血和精力。

1952 年，在教育部的安排下，全国高校院系进行大调整，浙江大学改为工科大学，苏步青和数学系的学生一起迁入复旦大学，他又重新开始了数学系的创业历程。苏步青高瞻远瞩，为复旦大学数学系绘制了全新的建设蓝图，不仅巩固和发展了已有的学科，还建立了微分方程、概率论、计算数学等新学科。1958 年，苏步青领头创办了复旦大学数学研究所，招收了一批优秀研究生，之后研究生的队伍不断扩大，学术成果不断涌现，复旦大学数学系成了全国最重要的数学系之一。

在长期的教学与管理工作中，苏步青以培养数学人才为己任，不论处于什么样的环境，他都不放弃对人才的培养，努力提高人才素质。他曾说："不出人才誓不休，这是我一生的夙愿。""拔一个，带一批"，这是他在实践中形成的卓有成效的人才培养方法。从 1931 年到 1952 年，苏步青培养了近 100 名优秀学生，其中有 25 人在国内 10 多所著名高校中担任过正、副系主任，5 人被选为中国科学院院士。谷超豪、胡和生和李大潜等人都是苏步青的高徒，他们都在各自的岗位上为中国的科研事业作出了重要的贡献。

在繁忙的教学工作中，苏步青还尽力抽出时间到各高校、中学讲学，为学生们讲授前沿数学知识，并现场为学生们解疑释惑。

1978 年盛夏，苏步青应邀到杭州大学讲学。他不顾劳累，顶着炎炎烈日为学生们一连讲了 7 天课。教室里虽然有电风扇，但吹出来的风也是热的，苏步青一边用毛巾擦汗，一边在黑板上写板书。他讲得起劲，完全忘记了疲劳和炎热，学生们也被他的讲课艺术和教学热情深深吸引，不知不觉地跟随他一起遨游在知识的海洋里。

下课后，学生们将苏步青团团围住。有人问道："您身为复旦大学校长、全国人大常委会委员，夏天可以安排休假，怎么还把自己搞得那么忙，不觉得累吗？"

苏步青笑了笑，说："人家说我旅游、疗养应该是家常便饭。不错，组织上是有这种安排，但是我不喜欢。有一年组织叫我去庐山和北戴河，我都没去。"

有个学生惊讶地问："您为什么不去呢？"

"一是怕玩，二是没空。全国人民都在辛勤地工作，我为什么要去那里休息呢？工作就是享受嘛！工作让我感到充实，工作的时候我会产生一种难以言喻的快乐和欣慰之感。"

这就是苏步青，一位脉搏与时代一起跳动的数学家、教育家。

苏步青也十分关注青少年的教育问题。他经常收到许多中小学生和老师的来信，因工作繁忙，他无法一一回复，但总会想办法答复一些信中提出的问题。有一次，苏步青收到了华东师范大学附中高一年级几名学生的来信，他们在信中结合自己的所思所想，谈了人生观的问题。苏步青写了回信，根据学生们提的几个问题，诚恳而认真地谈了自己的看法，使学生们感触颇深，从而端正了人生观。

苏步青还非常重视对学生进行爱国主义和理想信念的教育。在几十年的教学生涯中，他言传身教，始终把对青年学生的爱国主义教育放在首位，教育学生把个人的命运和祖国的前途紧密联系在一起。他用自己的亲身经历告诫学生：只有学好知识、掌握本领，为国家的强大尽心尽力，中国才能逐步发展壮大，中国人才能真正扬眉吐气，中华民族才能屹立于世界民族之林。

1983 年 2 月，苏步青退居二线，担任复旦大学名誉校长，逐渐淡出一线教学和行政工作。但他仍牢记自己的教育使命，努力践行着自己"毕生事业一教鞭"的理想和信念。

经过反复思考，苏步青向有关部门提出开办数学讲习班的建议，得到批准。1984 年 1 月、1985 年 11 月和 1987 年 11 月，苏步青为上海市中学数学教师举办了三期数学讲习班，每期三个月。他在课程中旁征博引、条分缕析，使学员们大大拓宽了数学视野。

1991 年 9 月，复旦大学、上海市教育局和上海中小学幼儿教师奖励基金会联合发起设立"苏步青数学教育奖"，苏步青被推举为评奖委员会名誉理事长。苏步青非常看重这一奖项，亲自参与了该奖项《章程》的制定与修改，并提出了自己的评选建议。

晚年的苏步青，尽管年事已高，但仍用自己的实际行动呵护下一代的成长，继续为祖国的教育事业发挥余热。

"我一定要在有生之年，为可爱的祖国、伟大的党再作一番贡献。"耄耋之年的苏步青每天坚持从居所走到校内办公室，他心系复旦数学系与中国数学的发展，心系我国中小学数学教育事业的未来。

2003 年 3 月 17 日，苏步青在上海逝世，享年 101 岁。为纪念苏步青为现代数学作出的杰出贡献，国际小行星命名委员会将中国科学院紫金山天文台于 2008 年 2 月 29 日发现的，国际编号为 297161 的小行星命名为"苏步青星"。广袤苍穹，"苏步青星"星光熠耀，指引着一代代中国年轻学子砥砺前行，为国争光。

苏步青名言

★ 伏枥未忘千里志，识途犹抱百年心。

★ 为学应须毕生力，攀登贵在少年时。

★ 爱祖国，为祖国的前途而奋斗，是时代赋予我们的神圣职责。

★ 他日移山酬壮志，今朝挥笔绘神州；细培精育更扶植，不出人才誓不休。

各界赞誉

★ 苏步青教授一生的卓越贡献、奋斗精神及高尚品德，为后辈树立了光辉的典范。

——中国科学院院士 谷超豪

★ 苏步青先生一生光明磊落，实事求是，谦虚谨慎，生活简朴，无愧为知识分子的楷模。胸怀大志弃浮躁，不计较个人得失，能够静下心来搞研究。

——中国科学院院士 李大潜

★ 苏步青同志是蜚声海内外的杰出数学家和具有崇高师德的教育家，他坚持科研与教学相结合，十分注重教书育人，把自己的毕生精力都无私地奉献给了人民的教育事业，为祖国培养了一代又一代数学人才。

——人民网

郭永怀：永怀初心，舍身报国

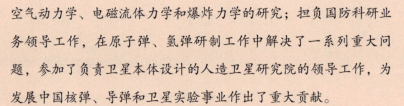

郭永怀（1909—1968），山东省荣成市滕家镇人。

身份：力学家，应用数学家，空气动力学家，中国科学院院士。

成就贡献：中国近代力学奠基人之一，长期从事航空工程研究，发现了上临界马赫数，发展了关于奇异摄动理论的变形坐标法——PLK法，倡导了中国高速空气动力学、电磁流体力学和爆炸力学的研究；担负国防科研业务领导工作，在原子弹、氢弹研制工作中解决了一系列重大问题，参加了负责卫星本体设计的人造卫星研究院的领导工作，为发展中国核弹、导弹和卫星实验事业作出了重大贡献。

荣誉奖项：国家科学技术进步奖特等奖，"两弹一星"有突出贡献的科技专家，"两弹一星"功勋奖章。

为回国焚烧手稿

1909年4月4日，郭永怀于出生于山东省荣成市滕家镇西滩郭家村一个普通农民家庭。在中日甲午海战中，郭永怀的家乡曾是日军登陆的地方。从家乡长辈的口中，郭永怀了解到当年北洋水师在黄海上与日本舰队展开激战的悲壮历史，北洋水师战败的屈辱深深烙印在年幼郭永怀的心灵深处，这段历史坚定了他发奋学习、振兴中华的决心。

郭永怀从小天资聪颖，喜爱读书，但由于家庭贫困，直到9岁他才开始上小学。虽然上学较晚，但凭借着天赋，郭永怀在学习上很快就表现出了优势，成绩在班上一直名列前茅。1926年，17岁的郭永怀以优异的成绩考入青岛大学附属中学，成为家乡的第一个公费中学生。1931年，郭永怀先后就读于南开大学、北京大学，得到南开大学物理系教授顾静徽、光谱学家饶毓泰的悉心培养，打下了扎实的物理学基础。

1935年，郭永怀从北大物理系毕业后留校任教。1937年，"七七事变"爆发，北平沦陷，郭永怀不得不停止教学，回到家乡教书。1938年春，北京大学、清华大学和南开大学迁至昆明，组建为国立西南联合大学。郭永怀闻讯，不顾危险冲破重重险阻，辗转多地到达西南联大，放弃原来的物理光学专业，转入航空工程系学习流体力学，希望日后运用所学知识振兴国家航空事业，改变国家落后的局面，抵御外敌入侵。

1938年夏，中英庚子赔款基金会留学委员会举行第七届留学生招生考试，报名者有3000多人，而力学专业只招一名学生。考试结果公布，郭永怀与钱伟长、林家翘一起以5门课超过350分的相同分数同时被录取。1939年，郭永怀与其他赴英留学生一起动身去英国，却在登船时发现护照是由日本政府签发的。郭永怀气愤地说道："宁可不去留学，也不要日本政府签发的护照！"说完拿着行李，毅然下船。

经过一番周折，郭永怀于1940年8月进入加拿大多伦多大学应用数学系学习。凭借天资和勤奋，郭永怀只用了半年多的时间便完成了硕士课程，并撰写了学位论文，获得硕士学位。1941 年，郭永怀来到当时国际著名空气动力学研究中心——美国加州理工学院，师从世界气体力学大师冯·卡门，专门研究可压缩流体力学。在这里，他遇到了钱学森，和钱学森结为知己，成为一对形影不离的好朋友。

1945 年，郭永怀获得博士学位，不久应邀到美国康奈尔大学航空工程研究生院任教。1946 年，郭永怀和钱学森共同提出"上临界马赫数"理论（钱学森称之为"PLK 法"，其中 K 代表"郭"），解决了飞机超音障的世纪难题，使国际航空科研工作迈出了里程碑式的一步。1949 年，郭永怀又提出了一种更新颖且计算简便的数学方法——奇异摄动理论，这种理论被广泛应用到许多学科中。由于取得上述两项重大科学成就，郭永怀声名大噪，驰名中外，跻身于世界一流科学家行列。

在康奈尔大学任教期间，郭永怀遇到了一生的挚爱李佩，不久两人携手走进婚姻的殿堂，结为伉俪。此时，郭永怀爱情与事业双丰收，虽在美国享受着优厚的待遇，但他并不感到快乐，因为他内心一直惦记着祖国，希望能早日回国效力。

美国政府深知郭永怀的价值，想让他加入美国国籍，永久地为美国服务。一次，美国军方让郭永怀填写一张表格，里面有这样一个问题：如果美国发生战争，你是否愿意为美国服兵役？郭永怀毫不犹豫地勾选了"否"。当被询问是否愿意加入美国国籍时，郭永怀不假思索地回答："不愿意，我只是暂时在美国工作，始终要回到中国！"

此后，郭永怀被美国军方列入黑名单并受到了监视，科研工作受阻，更不能进入美国核心机关查阅资料。

几位加入美国国籍的中国科研人员劝说郭永怀："你在康奈尔大学当教授已相当不错了，为什么还要回国呢？""想想你的孩子吧！以后在美国能够得到顶尖的教育！""当今的中国是个贫穷的国家，你为何非要回去呢？"

郭永怀不为所动，气愤地回击道："我当年出国，就是为了学成后回国效力！家穷国贫，只能说明当儿子的无能！作为一个中国人，我有责任回到祖国，和人民一道，共同建设我们美丽的家园。"

1949 年，郭永怀和钱学森得知中华人民共和国成立的消息，欣喜万分，恨不得立刻回到祖国的怀抱。然而美国政府却对新中国采取敌视的态度，千方百计阻挠中国学者离开美国，钱学森更是遭到了恐吓、软禁。1953 年 8 月，中美签订朝鲜停战协定后，美国政府才把禁止中国学者出境的禁令取消，但美国仍以"维护国家安全"为由，禁止中国科学家回国。直到 1955 年，在周恩来总理与中国外交部的努力下，被囚禁 5 年之久的钱学森才得以返回祖国。钱学森成功回国，让郭永怀更加坚定了回国的决心。

郭永怀深知美国政府不会轻易让他回国，为了打消美国政府对自己的怀疑，郭永怀做出了一个异常的"举动"。回国前夕，同事和朋友前来为郭永怀送行，在送别宴会上，郭永怀将自己多年来积累的科研手稿、论文统统丢进火里，付之一炬。

一旁的李佩见了，痛惜地说道："你这样做值得吗？"

郭永怀安慰李佩道："不这样做，美国会放我们走吗？知识都装在我的脑袋里，他们是拿不走的！"

1956 年 9 月 30 日，郭永怀放弃在美国的优厚待遇、别墅和汽车，带着妻子李佩与年幼的女儿郭芹，搭乘开往中国的"克利夫兰总统号"邮轮，踏上了返回祖国的路途。经过几个月的长途跋涉，郭永怀一家于 11 月终于踏上祖国的土地，回到祖国母亲的怀抱。

隐身大漠研核弹

郭永怀回国后，中央领导人对他十分重视，周总理在中南海亲自接见他。周总理关心地询问郭永怀有什么要求，郭永怀焦急地说道："我想尽快投入工作。"

经钱学森推荐，郭永怀出任中国科学院力学研究所副所长。之后，郭永怀全力以赴地投入工作中，经常是早出晚归，星期天和节假日也从不休息。他把自己从美国带回来的书籍、资料、手摇计算机等都捐给了力学研究所，甚至将家中的冰箱等电器也搬来，力学研究所几乎成了他的第二个家。

郭永怀一心协助钱学森筹划力学研究所的各项工作，参加了《1956—1967年科学技术发展远景规划》中钱学森主持的力学学科规划的制定工作，与钱学森一起倡导进行高超声速流体力学、飞行力学、爆炸力学、电磁流体力学和固体力学的研究，指导技术人员开展相关研究工作，定期或不定期地听取技术人员关于工作进展的汇报。郭永怀和钱学森两位挚友密切配合，将力学研究所的工作开展得风生水起，研究所很快就打开了工作局面，为日后我国进行核弹、导弹的研制与试验奠定了基础。

1955年，党中央决定建立并发展我国的原子能工业。1956年，原子弹和导弹的研制被列入我国《1956—1967年科学技术发展远景规划》中。1957年10月，中国和苏联签订了国防新技术协定，苏联答应援助中国研制原子弹，向中国提供原子弹的教学模型和技术资料。

1959 年 6 月，苏联单方面撕毁协定，拒绝向中国提供原子弹的数学模型和技术资料，撤走所有专家和技术资料，使刚刚起步的中国核武器研发事业陷入绝境。毛泽东主席毅然决定自力更生，一定要独立自主造出原子弹。党中央将原子弹工程定名为"596 工程"，号召广大科技人员誓造"争气弹"，早日将原子弹研制出来。

1960 年 3 月的一天，后来被称为"中国原子弹之父"的钱三强走进郭永怀的办公室，邀请郭永怀参与执行一项绝密的国家任务——研制原子弹。

钱三强为何要找郭永怀参与研制原子弹呢？原来，党中央责成钱三强组建我国独立自主的原子弹研发队伍，钱三强去找钱学森，请求钱学森为他推荐相关人才，钱学森就推荐了郭永怀，希望让他承担自主研发原子弹的力学保障工作。郭永怀所学的专业与原子弹并没有直接的联系，在原子弹研制方面，他并非专家，但他在美国时就在空气动力学领域有着极深的造诣，是著名的力学专家。凭借其卓越的才能和深厚的学术功底，相信他会很快适应研发工作并突破难关，获得成果。正是考虑到这一点，钱学森才将郭永怀推荐给钱三强。

钱三强与郭永怀促膝长谈，一共谈了三个多小时，两人都异常兴奋。结束拜访后，钱三强信心倍增，确信郭永怀是个不可多得的人才，在日后的原子弹研制过程中会发挥至关重要的作用。随后，郭永怀的名字便和中国原子弹永远联系在了一起，105 名专家学者被召集到国防部第九研究院，组成了我国第一支核武器研究队伍，郭永怀被任命为九院副院长，负责原子弹的理论探索和研制工作。

郭永怀领受任务后，立即投入紧张的工作中，组织力量开展原子弹的结构设计、强度计算、引爆方式和环境试验等方面的研究工作。当时，他和实验物理学家王淦昌、理论物理学家彭桓武一起构成了我国核武器研究最初阶段的三大顶梁柱。

研制原子弹是一项机密性极高的工作，上级要求所有参与研制原子弹的科研人员要严格遵守保密规定，不得对外透露工作内容。郭永怀从九院回到家中，从不向妻子和女儿提及自己的工作性质，妻子李佩对丈夫所从事的工作一无所知。上午，郭永怀在九院秘密进行核武器研发，下午，他则以力学研究所副所长的身份进行力学研究。为了保密，郭永怀的司机从来没有更换过。

1963 年，我国原子弹的研制进入关键阶段，郭永怀随研发队伍迁往海拔 3800 多米的青海核武器研制基地。郭永怀临行前，李佩默默地帮他收拾行李，但丈夫去哪儿、去干什么，她仍然一无所知。

青海核试验基地周围是一望无际的戈壁滩，这里黄沙遍地，寸草不生，空气稀薄，温差极大，再加上物资匮乏、营养不足，郭永怀和许多工作人员都产生了严重的高原反应，呼吸困难，每天如同缺氧的金鱼一样大口大口地喘着气。年过半百的郭永怀两鬓染霜，面容苍老。

在极端困难的条件下，郭永怀仍然顽强地坚持工作。他非常明白原子弹的研制对于新中国的重要性，关系着国家的生死存亡，他不敢有丝毫松懈，鞭策自己拼命工作，经常每天工作十几个小时，有时候甚至彻夜不眠。

在青海核试验基地工作期间，郭永怀有一个很特别的习惯——睡觉时不让警卫员在床上铺褥子。警卫员很心疼他，也感到不解，就问他为什么要这么做。郭永怀解释说："睡在铁床上，一翻身就会硌得难受，这样就不至于让自己睡过去，就能继续工作了。"

警卫员听了，眼睛立即湿润起来，默默走到一边，偷偷地抹去眼泪。

为了确保原子弹能够成功爆炸，事先要进行爆轰物理试验，以便找到一种最佳的原子弹引爆方式。为了获得满意的爆炸模型，郭永怀带领技术人员反复进行试验，甚至不顾危险亲自参与炸药的搅拌工作。经过一番深入论证，原子弹研制团队设计了两套引爆方案，但究竟采用哪一种方案，大家一时难以决定。这是我国首次进行原子弹爆炸试验，必须慎之又慎，否则一旦试验失败，不仅会造成巨大损失，还会严重影响国家的政治声誉。当时美国、苏联等国对原子弹爆炸试验的相关技术与资料进行严密封锁，没有任何经验可以借鉴，郭永怀经过反复思考，决定两路并进，同时实施两套引爆方案，最后选择更优的那个方案。郭永怀提出的"两路并进、最后择优"的核弹引爆方式，得到了上级的高度赞扬，之后成为我国第一代核武器研制过程中的重要策略。

1964 年 10 月 16 日，伴随一声震耳欲聋的巨响，一朵暗棕色的巨大蘑菇云从罗布泊核试验基地腾空而起，直冲云霄，标志着我国第一颗原子弹成功爆炸。大家欢呼雀跃，挥舞着衣服和帽子，庆祝这一历史性的时刻，沉浸在巨大的喜悦中。郭永怀却因为劳累过度，晕倒在现场。同事们把他抬到简易行军床上，良久他才苏醒过来。

之后，郭永怀又频繁往返于北京和青海核试验基地之间，马不停蹄地投入我国第一颗导弹热核武器和第一颗人造地球卫星的研制工作中去。

舍命护数据，英名垂千古

原子弹、氢弹等核弹研制出来后，还需要解决运载工具的问题，否则就会形成有弹无枪的局面，核弹打不出去，难以用于实战，则会成为摆设。

我国第一颗原子弹成功爆炸后，科研人员立即着手研制我国第一颗新型导弹核武器。作为九院核弹武器化的主要负责人，郭永怀负责执行核弹弹头的结构设计和环境试验等任务，他为之付出了巨大的努力，多次前往青海 221 核试验基地，亲自领导技术人员攻坚克难。

1968 年 10 月 3 日，郭永怀再次来到 221 核试验基地，为我国第一颗导弹核武器的发射试验进行紧张的准备工作。12 月 4 日下午 3 点，郭永怀完成了一项重要的核武器技术试验，成功获得一组关键性的技术数据。按照原定计划，试验完成后郭永怀可在 221 基地休息一晚，第二天再返回北京向上级汇报试验情况。这时，从北京传来消息，中央军委将在第二天早晨召开一个紧急会议，听取核试验人员关于此次试验情况的汇报。

当时，221 基地天气异常寒冷，气温降至零下 20 摄氏度，能见度不足 50 米，飞行条件极为恶劣。基地负责人曾建议推迟行程，郭永怀担心赶不上会议，坚持立即启程。

晚上 7 点 15 分，郭永怀带着一只里面装有这次试验全部数据和技术文件的牛皮纸公文包，匆匆登上一架伊尔 -14 型军用运输机。飞机从青海省海北州机场起飞，向北京方向飞去。到兰州换乘飞机时，郭永怀利用间隙听取了课题组人员的情况汇报。随后，他拖着疲惫的身体登上赶赴北京的飞机。

在飞行途中，飞机遭遇了强烈的气流颠簸。10 月 5 日早晨 6 点，飞机进入首都机场空域，此时机场被浓重的雾霾笼罩，能见度已降至最低标准。机场塔台指挥员指示飞行员进行复飞，准备第二次着陆。然而就在这关键时刻，飞机与塔台的通讯突然中断。据当时最后的雷达记录显示，飞机在距离机场跑道约 5 千米处偏离航线，开始急速下降，在离地面 400 多米的时候突然失去平衡。随着"轰"的一声巨响，飞机坠毁在距机场约 1000 米的玉米地里，随即燃起熊熊大火。

　　巨响打破了首都机场周围的宁静，附近的农民第一时间报了警，救援的解放军战士随即赶到，但却为时已晚。事故现场惨不忍睹，十几具遗体被烧焦，支离破碎，面目全非，经过抢救，只有一名重伤者生还。

　　清理事故现场时，人们惊讶地发现有两具烧焦的遗体紧紧地搂抱在一起。通过那块残破的手表，人们辨认出这两名遇难者就是郭永怀和他的警卫员牟方东。战士们费了很大的劲才将两具遗体分开。遗体分开的一刹那，所有人都瞪大了眼睛，只见郭永怀将公文包紧紧护在胸口。一位同事小心翼翼地拿起公文包，打开一看，发现里面的资料竟然完好无损。

　　据唯一的重伤生还者回忆，飞机开始急速下降的时候，他听到郭永怀在大喊："我的文件！我的文件！"在生死关头，郭永怀首先想到的是要保护好科研资料。

　　事故发生当天，周恩来总理正在中南海怀仁堂接待外宾。秘书走到他身边，告诉他郭永怀出事的消息，周总理当即中止了会谈，沉默良久，失声痛哭。

　　郭永怀的挚友钱学森得知郭永怀遇难的消息，同样悲恸不已，他颤抖着手在书案上写道："短短 10 秒，一个那么有智慧、有生命力的人就离开了人世。"

　　那么，郭永怀舍命保护的公文包，里面究竟装着什么机密？郭永怀遇难的第二天，中央专门成立了一个包括多位核物理专家和密码专家在内的工作组，负责处理公文包里的机密文件。专家们经过连续七天七夜的努力，终于完成了对机密文件的整理和解密工作。据后来解密的档案记载，公文包里装有三份重要文件。

　　第一份是郭永怀刚刚完成的关于氢弹技术的突破性研究报告，里面记录了一系列关键的理论计算和实验数据。这些数据涉及热核武器的关键技术，是中国第一颗氢弹研制过程中的重要突破。

第二份是一套完整的技术图纸，上面密密麻麻地写满了计算公式，记录了某种特殊材料的制造工艺。这种材料是氢弹引爆装置的核心组成部分，其制造工艺在当时属于绝密级别。

第三份是一个里面装有微缩胶片的金属盒子。这些胶片记录了近三个月来的相关实验过程和数据分析结果。在当时的条件下，微缩胶片是记录和保存大量技术资料的重要手段。这些胶片中的信息，足以还原整个实验过程中的技术细节。

这些文件的价值不可估量，里面记载的理论知识、技术突破、计算方法、实验过程和实验数据，为我国之后成功研制氢弹提供了关键性的技术支撑，确保了氢弹的顺利研制。1968 年 12 月 27 日，即郭永怀遇难后的第 22 天，依据郭永怀舍命保护下来的文件中的数据，我国第一颗热核导弹试爆成功，郭永怀为之付出生命的研发理想终于实现。

郭永怀遇难后，社会各界通过不同的方式来纪念他。国家在八宝山革命公墓为其举行了追悼会，中国科学技术大学设立了郭永怀奖学金，学校社团为纪念他编排了音乐剧《爱在天际》，中国空气动力研究与发展中心在大院的松林山上建立了一座纪念亭，取名"永怀亭"。

自从参与我国核武器研究工作后，郭永怀和家人常常是聚少离多。郭永怀年幼的女儿郭芹在过生日时曾向他讨要一份礼物。郭永怀非常内疚地抱起女儿，走到阳台上，指着天上的星星告诉女儿："爸爸在造'星星'（指'东方红一号'卫星），以后夜空中会多一颗'星星'，那颗星星就是爸爸送给你的礼物。"1970 年 4 月 24 日，"东方红一号"卫星成功发射，顺利进入预定的轨道，郭芹终于看到了爸爸送给她的那份迟到的礼物。

1999 年，国家授予 23 名科学家"两弹一星"功勋奖章。在 23 名功勋科学家中，郭永怀是唯一一位在我国核弹、导弹和人造地球卫星三个领域都作出重大贡献的科学家。回国后的 12 年间，郭永怀服从国家需要，勇于担当，潜心研究，攻坚克难，用实际行动践行了自己科学报国的无悔誓言，用忠诚、坚守、智慧乃至生命书写出辉煌的报国华章。

郭永怀名言

★ 我来留学，就是为了将来报效祖国。

★ 我作为一个中国人，有责任回到祖国，和人民一道共同建设我们美丽的山河。

★ 我们这一代，你们以及以后的二三代要成为祖国力学事业的铺路石子。

各界赞誉

★ 郭先生是一位才华横溢、有远见卓识的著名科学家和技术领导人。他理论功底深厚、思维敏捷、思路开阔，而且注重理论联系实际，善于在工作中准确把握科学研究的方向。在九院工作期间，郭先生始终深入到科研工作的第一线，为中国核武器事业的发展做了许多开创性的工作。

——中国工程院原院长 朱光亚

★ 在两弹一星的23个功臣元勋里边，三方面都涉及的只有郭先生一个人。

——中国科学院院士 俞鸿儒

谈家桢：破译生命密码

谈家桢（1909—2008），浙江省宁波市人。

身份：遗传学家，中国科学院院士，美国国家科学院外籍院士，第三世界科学院院士。

成就贡献：中国现代遗传学奠基人，建立了中国第一个遗传学专业，第一个遗传学研究所和第一个生命科学学院；在果蝇种群间的演变和异色瓢虫色斑遗传变异研究领域有开创性的成就，发现了瓢虫色斑遗传的"镶嵌显性现象"，发展了经典遗传学，促进了现代综合进化论的形成；在猕猴辐射遗传、分子遗传学和植物遗传工程方面的研究中均取得了一些重要成果；从事遗传学研究和教学70余年，为我国遗传学研究培养了大批优秀人才。

荣誉奖项："求是"科技基金会杰出科学家奖。

煤油灯下发现镶嵌显性现象

1909 年 9 月 15 日，谈家桢出生于浙江省宁波市慈城镇一个小职员家庭，自幼就对自然界充满了好奇心，经常独自一人爬到树上观察大自然，尽情地欣赏大自然的美景。家乡的青山绿水、天上的鸟叫、树上的蝉唱、菜园里的虫鸣等都令他着迷，对他日后从事生物学研究产生了潜移默化的影响。

1921 年，谈家桢进入由外国教会创办的宁波斐迪中学读书。当时斐迪中学开设《圣经》课，谈家桢对书中第一章《创世纪》中所说的"上帝创造了世界，又创造了人"的说法感到很疑惑，时常在心中问自己："上帝真有那么万能吗？人是从哪里来的？到底是谁创造了世界？"

1925 年，谈家桢主动转学到浙江省湖州市的东吴第三中学高中部读书，一年后毕业并被保送到苏州市东吴大学学习。由于对生命起源与传承的好奇，谈家桢在东吴大学选择了就读生物系。大学期间，他接触了孟德尔的遗传学说和达尔文的生物进化论，阅读了达尔文的《物种起源》一书，终于搞清了心中久悬未决的"人是从哪里来的"这一问题。从此，谈家桢立下了"科学救国"的抱负，期望将来能够探索基因与人类体质的关系，为提升国民健康水平提供科学依据。

在东吴大学期间，谈家桢不仅专注于学业，还参与多项社会与学术活动：主办东吴大学 1930 年届年刊，自任社长；兼任东吴大学青年会创办的惠寒小学校长，免费招收贫穷人家的孩子入学，捐款资助学生读书；担任比较解剖学实验课助教和桃坞中心小学生物学教员。这一时期，谈家桢生活上虽然清苦，但他感到活得很充实，特别是主持惠寒小学的工作，更强化了他的社会责任感。

凭借天赋和勤奋学习的精神，谈家桢只用三年半就修满了大学四年的学分，于 1930 年夏毕业并获得理学学士学位。同年秋，经著名昆虫学家、东吴大学生物系主任胡经甫推荐，谈家桢进入燕京大学，师从该校唯一从事遗传学教学和研究的李汝祺教授，攻读硕士研究生学位。仅用一年半的时间，谈家桢就顺利获得硕士学位，于 1932 年回到母校东吴大学执教，讲授普通生物学、遗传学、比较解剖学等课程，同时从事瓢虫遗传色斑的研究。

谈家桢硕士毕业时，李汝祺教授将其毕业论文的核心内容《异色瓢虫鞘翅色斑的遗传》寄给现代遗传学之父、美国著名生物学家摩尔根，经摩尔根推荐在美国公开发表。摩尔根非常欣赏谈家桢的才华，同意接受他到自己的实验室攻读博士学位。1934 年，谈家桢告别母亲和新婚夫人，只身漂洋过海，来到美国加州理工学院摩尔根实验室，在摩尔根及其助手多布然斯基的指导下，从事果蝇遗传习性的研究。1936 年，谈家桢写成博士论文《果蝇常染色体的遗传图》并通过了论文答辩，获得哲学博士学位，其研究成果被多布然斯基引入现代综合进化理论的代表作《遗传学与物种起源》一书中。

博士毕业后，谈家桢决定返回祖国，将自己所学的知识奉献给祖国，实现自己"科学救国"的理想。摩尔根、多布然斯基等人一再挽留谈家桢，希望他留在美国工作。谈家桢谢绝了他们的好意，真诚地表示："中国的遗传学底子薄，人才奇缺。要发展中国遗传学，迫切需要培养各个专业的人才。因此，我在这宝贵的一年时间里，尽可能多地接触各个领域，多多获取各方面的知识。但作为一名中国人，我是要回到中国的。"

1937 年 7 月，谈家桢回到祖国的怀抱，在竺可桢的邀请下，出任浙江大学生物学教授。8 月 13 日，日军进攻上海，"八一三事变"爆发，日本进一步扩大了侵华战争。战火很快蔓延到杭州，浙江大学被迫于 11 月举校西迁，经过多次辗转迁移，于 1940 年秋到达贵州遵义湄潭县，谈家桢带着生物系的学生在湄潭县城西湄江桥西南方向的唐家祠堂中安顿下来。

在战火纷飞的艰难岁月里，谈家桢始终没有忘记自己的"科学救国"信念，坚持开展科研和教学工作。唐家祠堂年久失修，破旧不堪，谈家桢对祠堂进行了简单修缮，将其改造为生物系师生进行实验和研究的场所。当时湄潭县不通电，谈家桢和学生们晚上就只能用桐油灯或煤油灯照明，由于煤油比桐油贵，他们只在看显微镜时才舍得用煤油灯；缺少实验仪器，他们就采用土办法，用竹管代替导管，用瓦盆充当蒸发皿，挖地窖作为冰箱；没有自来水，他们就用桶挑来河水，将河水过滤后清洗试管，进行实验操作。

白天，谈家桢一边授课，一边带着学生奔赴湄潭县的各个山区采集瓢虫和果蝇标本。晚上，师生们就在昏暗的煤油灯下用显微镜观察瓢虫和果蝇标本。但师生们互尊互爱，相互勉励，艰苦探索，乐在其中。

1944 年春天的一个傍晚，谈家桢独自待在唐家祠堂，借助着煤油灯光观察瓢虫的杂交后代，首次发现了遗传学上著名的"镶嵌显性现象"（指双亲的性状在后代同一个体的不同部位表现出来，形成镶嵌图式）：鞘翅上带有不同黄色和黑色斑点的瓢虫被分为不同组别，在它们的第二代个体中，父本和母本的黑色斑点显现出来，黄色部分却被掩盖住了。

谈家桢惊喜不已，随后又进行了多次实验，对镶嵌显性现象的规律做了进一步的研究。1946 年，他将自己的研究成果整理成论文《异色瓢虫色斑遗传中的镶嵌显性》，在美国的《遗传学》杂志上发表，在国际遗传学界引起了巨大的反响。国际遗传学同行们一致认为谈家桢的论文丰富发展了摩尔根的遗传学说，是对遗传学的一大贡献，还称赞他是"中国的摩尔根"。美国女遗传学家、诺贝尔生理学或医学奖获得者芭芭拉·麦克林托克在发现玉米转座因子后，曾表示自己在玉米色素斑点研究中提出的控制因子理论是受到了谈家桢论文的启发。

摩尔根也对谈家桢的研究成果大加赞扬，临终前还对他的弟子说："你们有遗传学问题，就去中国找谈家桢。"

在祖国山河沦陷的苦难岁月里，在破旧的唐家祠堂，谈家桢完成了其学术生涯中最有价值的遗传学研究成果，为中国的科学事业赢得了国际声誉，也为中华民族在逆境中树立了信心。他在唐家祠堂中点燃的那盏煤油灯，照亮了中国生物学的天空，指引中国生物科技研究事业向着更高远的目标迈进！

为了毛主席的嘱托

中华人民共和国成立后，谈家桢仍留在浙江大学任教，1950 年担任浙江大学理学院院长。1952 年，院系调整后任复旦大学生物系教授兼系主任。当时，中国生物学界盲目推崇苏联的米丘林、李森科生物学说，歧视、压制孟德尔和摩尔根的遗传学说。师从摩尔根的谈家桢不能开设遗传学课程，也不能从事遗传学研究，为此承受了很大的工作压力。

1956 年 4 月，毛主席为繁荣我国科学和文化事业提出了著名的"百花齐放，百家争鸣"方针。同年 8 月，为贯彻毛主席提出的"双百"方针，由中国科学院和高等教育部共同主持，在青岛召开了遗传学座谈会。不同学派的遗传学家在会上纷纷发言，各抒己见，谈家桢在会上先后做了 8 次发言，详细介绍了孟德尔和摩尔根的遗传理论，以及基因理论在最新发展中所取得的主要成就。谈家桢的发言令参会者耳目一新，对遗传学产生了新的认识，打破了长期以来对遗传学的误解和偏见，我国遗传学教学和科研工作开始出现生机勃勃的景象。

1957 年 3 月，谈家桢作为党外知识分子的代表，应邀出席了在中南海怀仁堂召开的中央宣传工作会议。当晚，毛主席接见了与会代表。时任中宣部部长的陆定一将谈家桢介绍给毛主席，毛主席紧握着谈家桢的手，亲切地说道："哦，你就是遗传学家谈先生啊！"

谈家桢向毛主席汇报了青岛遗传学座谈会的讨论情况，毛主席听后高兴地说道："你们的青岛会议开得很好嘛！要坚持真理，不要怕，一定要把遗传学研究搞起来！"沉思片刻，毛主席又说道："过去我们学习苏联有些地方不对头。应该让大家搞嘛，不要怕。"

听了毛主席的话，谈家桢大受鼓舞，心中的顾虑一下子打消了，增强了把遗传学搞好的决心。

1957 年 7 月，毛泽东到上海视察，第二次会见了谈家桢。毛泽东满面笑容地对谈家桢说："老朋友喽，谈先生！"接着又诙谐地说道："大家辛苦喽，天气这么热，不要搞得太紧张嘛！"

谈家桢听了，心中倍觉温暖，更加坚定了搞好遗传学研究的决心，不能辜负党和人民对自己的期望。

1958 年 1 月 6 日傍晚，毛主席特意派人用自己的专机接谈家桢与周谷城、赵超构一道去杭州。当晚 10 点，谈家桢三人抵达杭州西湖丁家山山下的刘庄宾馆，毛主席亲自到门口迎接他们。毛主席和谈家桢等三人品茗畅谈，商讨如何使中国的科学技术赶超世界先进水平。在谈话中，毛主席问谈家桢："谈先生，把遗传学搞上去，你觉得还有什么障碍和困难吗？"

自从毛主席提出"双百"方针以来，谈家桢虽然可以在复旦大学讲授孟德尔与摩尔根的遗传学说了，但是生物学界仍不少人认为这是国家出于统战工作的需要，是对高级知识分子的特殊照顾，思想上并没有真正认同孟德尔与摩尔根遗传学说，谈家桢要开展遗传学研究工作仍然阻力重重。谈家桢诚恳地将自己在科研工作中遇到的困难一五一十地向毛主席做了汇报，毛主席听罢坚决地说道："有困难，我们一起来解决，一定要把遗传学搞上去！"

在这场谈话中，毛主席提出了关于基因战的前瞻性设想，表达了对于基因战的担忧，认为西方国家可能利用基因研制基因武器向中国发动基因战。

基因武器制造成本低，但可以大规模生产，杀伤力比核武器要大得多。基因武器的主要类型就是基因毒剂，这种毒剂的致病效果是普通毒药的上万倍，一旦投入使用，只需要微小的剂量便能威胁到全世界上亿人的生命，而且这种毒剂是针对基因方面的，想要阻止其扩展、蔓延非常困难。

谈家桢经过认真思考后，向毛主席承认了基因战的潜在威胁与防御难度。毛主席随即建议谈家桢回去后牵头组建专门部门开展对基因的研究，以防范未来可能发生的基因战对中国造成的威胁。谈家桢对毛主席的远见卓识感到由衷的敬佩，也意识到了自己肩负的重任。

毛主席和谈家桢等三人一直谈到凌晨3点才分别。临别时，毛主席披着大衣一直把他们送到庭院外一段近400米的曲径小路路口，兴致勃勃地说道："今晚的聚会，也可以算是一段西湖佳话吧！"在毛主席的关照下，1959年复旦大学成立了遗传学教研室。

1961年"五一"国际劳动节前夕，毛泽东在上海第三次会见了谈家桢，勉励谈家桢"一定要把遗传学搞上去"。同年年底，复旦大学成立了遗传学研究所，下设辐射遗传、微生物遗传、植物遗传进化论3个研究室。谈家桢担任研究所所长，带领大家在微生物遗传及生物化学遗传、动物和人类遗传、植物遗传与植物进化方面迅速展开了研究，短短几年内就取得了一系列重要研究成果，出版专著、译作与论文集16部，发表科研论文50余篇，并且培养了一大批遗传学教学和科研人才。

1965年，毛主席前往上海视察，特意抽空去看望了谈家桢，对谈家桢三年来在工作中取得的科研成果给予了高度评价，并询问谈家桢在工作中有没有遇到困难。谈家桢感动不已，表示要继续努力，将我国的遗传学研究水平早日提升到世界领先水平。

1974年，病中的毛主席依旧没有忘记谈家桢，委托王震代表自己去上海看望谈家桢，勉励谈家桢将遗传学研究继续开展下去。谈家桢感慨万千，哽咽着表示：“谢谢毛主席的关心与勉励，我一定要把遗传学搞上去啊。”

1976年，毛主席与世长辞，谈家桢伤心欲绝，牢记毛主席对他的嘱托，竭尽全力发展中国遗传学，陆续开辟了染色体结构和功能、真核生物基因调控机制和遗传工程等现代遗传学领域的研究工作，使中国的遗传学研究领域不断扩大。

在大力发展中国遗传学的同时，谈家桢也牢记毛主席的嘱托，时刻注意可能到来的基因战。

20世纪90年代，随着科技的迅速发展，西方国家提出了“人类基因工程”的构想，秉持“谁发现谁使用”的原则，西方国家开始对基因资源展开了激烈的争夺。1996年，美国《科学》杂志刊登了一则消息：美国哈佛大学与中国大陆的6个医学中心签订了合作协议，计划在中国大陆抽取2亿人的血液标本和DNA，用于探查疾病基因。

虽然杂志上说美国是在和中国开展"医疗合作"，但实际上美国是以"医疗合作"为借口，对中国进行变相的基因资源掠夺。"合作"启动的当年，美国就以低廉的价格从中国获取了大量的血液样本。当时大多数科学家都将其视作生物与医学领域的学术交流，唯有谈家桢警惕地意识到美国准备借此对中国的基因资源进行掠夺。毛主席当年的战略远见，此时变成了现实。

为防止美国掠夺中国的基因资源，谈家桢于1997年向国家提交了一份上万字的报告——《中国基因工程研究产业化现状和对策》。在报告中，谈家桢表达了自己的忧虑：如果中国在基因争夺战中失利，那么以后中国进行相关药物的研制，都必须向外国支付大量的专利费才能进行，没有任何自主权。谈家桢呼吁中国要加强对基因的研究，积极加入这场没有硝烟的战争中，以确保中国的基因资源不外流。

谈家桢的报告引起了国家领导人的注意，基因研究很快被提到国家议事日程上。在国家的支持下，谈家桢在上海牵头成立了相关的基因研究中心，带领研究小组迅速投入对基因的研究中。

如今，谈家桢成立的基因研究中心取得了一系列研究成果，很多成果都处于国际领先水平，同时也促进了我国医药事业的迅速发展。为了完成毛主席的嘱托，谈家桢终身都在不懈地努力着。

桃李满天下的遗传学家

从1937年回国到浙江大学任教开始，谈家桢一直秉持着发展中国遗传学事业的坚定信念，克服重重困难，为遗传学教育与研究人才的培养呕心沥血、勤奋耕耘，奉献了自己的整个人生。

抗战期间，谈家桢在唐家祠堂的实验室里取得了令世界瞩目的科研成果，也培养出了中国最早的 18 名遗传学研究生，其中不少人后来成为我国遗传学领域的领军人物，如细胞生物学家施履吉、微生物遗传学家盛祖嘉、人体遗传学刘祖洞教授等人。

1956 年青岛遗传学座谈会结束后，谈家桢马上着手创办了专门讲授基因染色体理论的研究班，先后邀请多位学者为学员授课。1959 年，谈家桢在全国率先恢复讲授经典遗传学。同年，复旦大学生物系在全国高校中首次招收遗传学专业的大学生和研究生。1961 年，谈家桢被任命为复旦大学副校长，随后牵头筹建了复旦大学遗传学研究所并担任所长。从 1961—1962 年，谈家桢先后到兰州大学、四川大学、云南大学等高校进行系统的遗传学知识巡回演讲，现时开展师资培训活动，为匡正遗传学在中国的发展方向、培养和储备遗传学人才起到了关键作用。

1978 年，中国遗传学会成立，谈家桢担任学会副理事长。此时谈家桢已年近古稀，但雄心不减当年，为了完成毛主席"把中国遗传学搞上去"的嘱托，他不辞辛劳，远赴重洋，到美、英、德、法、日等国高校和科研机构访问，积极推荐国内遗传学人才到这些国家学习、进修，以掌握前沿的遗传学知识与技术。

1979 年，谈家桢邀请自己在美国加州理工学院的老同学到复旦大学开设分子遗传学培训班，介绍分子克隆、基因组文库等遗传学前沿知识及研究状况，为我国培养了一大批分子遗传学方面的骨干人才。

之后，谈家桢又频繁行走于全国各地的高校和科研机构之间，通过各种各样的形式开展遗传学学术研讨会、讲座，推进遗传学教学改革，培养遗传学新一代人才。

20世纪80年代，针对国际生命科学发展的新趋势，结合我国经济建设和科学技术发展的长远需要，谈家桢提出了创办复旦大学生命科学学院的建议。1986年4月17日，复旦大学创办了我国高校中第一个生命科学学院，谈家桢亲自担任院长。

在谈家桢的领导下，经过半个多世纪的耕耘，复旦大学建立了中国高校中实力最强的遗传学学术谱系，成为中国遗传学教学和研究人才培养的摇篮。

谈家桢师承导师摩尔根"教而不包"的教学原则，采用开放、民主的教学方法培养学生。他强烈反对家长式的教育方法，认为限制学生的思维、捆住学生的手脚，是培养不出创新型人才的。他提倡在教学过程中要充分调动学生的主观能动性，教师不能将自己的观点、想法强加给学生，应当多讲自己对问题的见解，要让学生充分独立思考，允许学生发表不同的意见，这样才能有利于学生的成长，培养出有独立见解和创新能力的人才。

谈家桢讲课思路清晰，旁征博引，深入浅出，循循善诱，善于运用历史的发展观点来阐明生物学理论，学生很容易理解和记忆其课程精髓，深受学生欢迎。

谈家桢不仅有丰富的教学经验，而且具有高尚的育人情操。他视学生如己出，不仅在学习、实验、科研上悉心指导学生，还在生活上无微不至地关怀、照顾学生。谈家桢虚怀若谷，热情鼓励学生要超越自己，教导学生要尊重老师和科学家，但不要盲目崇拜，更不能在学术上无原则地随声附和。他希望学生能个个成才，为中国遗传学事业的发展作出自己应有的贡献。当看到自己的学生在学术上取得了成就时，他由衷地感到高兴，提到这些学生时他总是自豪地说："这些学生确实比我强，这使我感到欣慰。"

1989 年，在谈家桢 80 华诞祝寿会上，谈家桢倡议设立了谈家桢生命科学奖学金，此后谈家桢又多次捐出自己的稿费以扩充奖学金基金。作为宁波人，谈家桢设立这项奖学金的初衷就是为了鼓励家乡学子报考生命科学领域的各个专业。直至现在，已有 600 多人获得了该项奖学金。

2008 年 5 月，在谈家桢的倡议下，科技部批准设立了谈家桢生命科学奖，下设谈家桢生命科学创新奖、谈家桢生命科学成就奖、谈家桢临床医学奖、谈家桢生命科学产业化奖，旨在激励我国生命科研人员奋发进取、开拓创新，推进我国生命科学事业持续不断地向前发展。

谈家桢从事遗传学研究和教学 70 余年，把毕生精力都奉献给了中国遗传学事业，不仅为中国遗传学的发展作出了重大的贡献，还培养了一批又一批遗传学方面的优秀人才。这些人才不仅包括遗传学领域的专家学者，还有工、农、医、牧、林等领域的骨干分子。

在回顾自己的科研和教学生涯时，谈家桢感慨道："我这一生没有多少金钱，最多的财富就是学生。"在复旦大学百年校庆纪念日上，谈家桢致信复旦大学国内外友人："吾平生无所追求，终身之计在于树人，希求我的学生以他们的学识服务于社会，贡献于人类。在我古稀之年，眼见我的学生，不论在国内或海外，个个脱颖而出，在各自领域里出类拔萃。不少人以他们的创新精神走在生命科学最前沿，取得了为世人所公认的成就，我终生为之感到兴奋。"

2008 年 11 月 1 日，刚刚度过百岁生日的谈家桢因病在上海逝世。他一生成就卓著，桃李满天下，用实际行动实践了科学救国、报效祖国的理想，以刻苦钻研、矢志创新的科学精神和诲人不倦、提携后学的大师风范，为我国科学事业树立了一座不朽的丰碑。

谈家桢名言

★ 不要怕，科学是相信真理的，科学不畏权势，相信你自己。

★ 青出于蓝而胜于蓝是我的座右铭，也是世界发展的必然规律。看到学生超过我这个老师，是我最开心的事。

★ 丰衣足食，安居乐业，延年益寿，天下太平。

★ 吾平生无所追求，终生之计在于树人，希求我的学生以他们的学识服务于社会，贡献于人类。

各界赞誉

★ 谈先生为中国遗传学的发展作出了巨大的贡献……他在复杂的政治形势下，坚持真理，建立了中国第一个遗传学专业，第一个遗传学研究所，第一个生命科学学院；晚年的谈先生上书中央，对中国遗传资源的保护及人类基因组研究起到了关键的推动作用。

——中国科学院院士 金力

★ 谈老是国际著名遗传学家、中国现代遗传学奠基人之一，是杰出的教育家、著名的社会活动家，是爱生如子、甘为人梯的好老师。

——复旦大学原党委书记 焦扬

华罗庚：为民谋利的人民数学家

华罗庚（1910—1985），祖籍江苏丹阳，江苏省常州市人。

身份：数学家，中国科学院院士，第三世界科学院院士。

成就贡献：从事解析数论、矩阵几何、典型群、自守函数论、多复变函数论、偏微分方程和高维数值积分等领域的研究，解决了高斯完整三角和的估计难题，改进了华林和塔里问题，证明了一维射影几何基本定理，在近代数论方法应用研究等领域作出贡献；国际上以华氏命名的数学科研成果有"华氏定理""华氏不等式""华—王方法"等。

荣誉奖项：第三届陈嘉庚奖物质科学奖，2009年度"100位新中国成立以来感动中国人物"之一，芝加哥科学技术博物馆中当今世界88位数学伟人之一。

数学界的后起之秀

华罗庚于 1910 年出生于江苏金坛一个贫民家庭。那个年代，中国很多家庭都非常贫困，填饱肚子对于大多数人来说是一种奢求，更别提上学读书、接受教育了。华罗庚的家庭情况也是如此，全家只靠父亲开的小杂货铺维持生计，没有其他收入来源，生活异常艰难。

华罗庚从小爱动脑筋，特别爱思考问题，而且做什么事都很认真。小学毕业后，他考入了金坛县立初级中学。读书期间，他的数学天赋开始表露出来，数学考试成绩基本上都是满分。

一次上数学课时，老师王维克给学生们出了一道题："今有物不知其数，三三数之剩二，五五数之剩三，七七数之剩二，问物几何？"这道题出自《孙子算经》，意思是说：有一个数字不知道是多少，如果 3 个 3 个地去数它，最后剩 2；5 个 5 个地去数它，最后剩 3；7 个 7 个地去数它，最后剩 2。请问这个数字是多少？

王维克刚布置完题目，华罗庚就脱口而出："23！"

王维克非常惊讶，问华罗庚："你怎么知道是 23，看过《孙子算经》这本书？"

华罗庚回答："我不知道《孙子算经》，更没有看过。"

"那你是怎么算出来的？"王维克又问。

华罗庚不慌不忙地解答道："我是这样想的，3 个 3 个地数，余 2；7 个 7 个地数，余 2。余数都是 2，总数就可能是 3 乘 7 加 2，等于 23，23 除 5，余数又正好是 3，因此 23 就是所求的数了。"

王维克惊呆了，连声说道："算得巧，算得巧！"

王维克认为华罗庚是个不可多得的数学天才，就开始有意识地培养他，华罗庚也更加勤奋地钻研数学知识，如饥似渴地汲取数学知识。

初中毕业后，华罗庚进入上海中华职业学校学习。到最后一个学期，父亲经营的小杂货铺生意惨淡，难以为继，实在拿不出钱来供华罗庚继续读书。华罗庚只得辍学回家，在父亲的小杂货铺当学徒。

华罗庚不甘心向命运低头，辍学期间，他利用业余时间刻苦自学，用五年时间自学完高中和大学的所有课程。然而命运再次给了他沉重一击。1929 年，华罗庚不幸感染瘟疫，虽经治疗后得以康复，但留下了严重的后遗症——左腿残疾。他走路时左腿要先划一个大圆圈，右腿才能迈出一小步，华罗庚幽默地称自己这种费力的步履是"圆与切线的运动"。

苦难并没有让华罗庚减退钻研数学的热情，他一如既往地在数学的海洋里孜孜不倦地探索。随着钻研的不断深入，华罗庚的数学水平不断精进，他开始尝试撰写数学论文，向杂志社投稿。

1929 年，华罗庚向上海《科学》杂志投了一篇名为《Sturm 氏定理的研究》的论文，文中对求代数方程实根数的 Sturm 定理进行了简化。同年 12 月，《科学》杂志发表了华罗庚的这篇论文。第一篇论文成功发表，使华罗庚受到很大鼓舞，他便又开始尝试撰写第二篇论文。

当时，我国数学界出现了一股争解世界数学难题的热潮，其中一个难题是用四则及根号运算方法解代数的五次方程式。早在 1816 年，挪威数学家阿贝尔就已经证明这个难题是不可解的，但我国一位名叫苏家驹的数学家，于 1926 年在上海《学艺》第 7 卷第 10 期上发表了他的论文《代数的五次方程式之解法》，声称自己找到了这个难题的破解之法，他的论文发表后，在数学界引起了巨大震动。尽管很多人赞同苏家驹的方法，但也有部分学者发现了其中的破绽，只是没有公开发表反对意见，所以在很长一段时间，苏家驹的观点得到了大多数人的默认。

华罗庚认真阅读了苏家驹的这篇文章，发现苏家驹的计算的确存在错误。但当时的他觉得自己只是一个无名之辈，怎么能不自量力地去反驳一位大名鼎鼎的教授呢？他带着心中的顾虑，去征求了老师王维克的意见。王维克鼓励他说："你当然可以发表自己的看法，人非圣贤，孰能无过。况且，你只是提出不同的学术意见，就数学问题进行探讨而已。不经过反复论证，真理将永远被掩盖。"于是，不足20岁的华罗庚鼓起勇气，决定公开自己的观点。

华罗庚整理好思路后，撰写了一篇题为《苏家驹之代数的五次方程式解法不能成立之理由》的论文，发表在1930年12月出版的《科学》杂志第15卷第2期上。

华罗庚的这篇论文在数学界引起了轰动，杨振宁父亲、清华大学数学教授杨武之看到华罗庚的论文后，立即将文章推荐给清华大学数学系主任熊庆来。熊庆来慧眼识珠，认为华罗庚他日有望成为中国"异军突起之科学明星"，于是邀请华罗庚到清华大学数学系担任助理。

1933年，华罗庚被清华大学数学系破格提升为助教，1935年又被提升为讲师。1936年，华罗庚赴英国剑桥大学留学。留学的两年时间里，华罗庚撰写了20篇论文，其中一篇题为《论高斯的完整三角和估计问题》的论文，解释了高斯提出的三角和问题，这篇论文为他赢得了世界声誉。英国数学家、剑桥大学首席教授哈代称赞华罗庚为"剑桥的光荣"。

年轻的华罗庚初露锋芒，名声越来越大，成为中国数学界一颗耀眼的新星，得到了中外数学界的广泛关注。中国数学大师丘成桐教授曾说道："中国近代数学能超越西方或与之并驾齐驱的主要有三个人，华罗庚就是其中之一。"

里程碑式的数论论著

1938 年，华罗庚接受国立西南联合大学（以下简称西南联大）的聘请，从剑桥大学返回祖国，来到昆明，到西南联大担任教授职务，开始为渴望知识的学生传播他的研究成果，为祖国建设贡献自己的力量。

当时，西南联大的教学条件非常简陋，教学工作难以正常开展。教授们的工资时常不能准时发放，由于生活窘迫，很多教授不得不放弃科研和教学工作，离开昆明。在如此艰难的环境中，华罗庚始终坚守岗位，每天晚上都在小煤油灯下痴迷地钻研数学问题，陪在他身边的是做功课的孩子和做针线活的妻子。

在 1939—1943 年将近 4 年时间里，华罗庚撰写了 20 多篇极富创见的数学论文，并且完成了他的第一本数学专著——《堆垒素数论》。

堆垒数论又称"加性数论"，是数论的一个分支，主要研究把整数分解为特定类型被加数的问题，《堆垒素数论》则专注于素数的加法性质。在《堆垒素数论》中，华罗庚系统研究并发展了素数变数的华林问题，以及变数之素数的方程组问题。这本书系统总结、发展并改进了哈代李特伍德圆法、维诺格拉多夫三角和估计方法，还融入了华罗庚本人的研究方法，全面论述了三角和估计及传在华林—哥德巴赫问题上的应用。全书共分为 12 章，除西革尔关于算术数列素数定理未给出证明外，所有定理的证明均包含其中。这部里程碑式的著作展示了华罗庚在圆法、三角和估计及其应用方面作出的重大贡献，还对世界级数学大师、苏联数学家维诺格拉多夫的数论研究方法进行了改进和简化。当时，不仅在中国，就是在世界范围内，懂得维诺格拉多夫数论研究方法的人也是屈指可数。华罗庚在学习并掌握了维诺格拉多夫数论研究成果的基础上，将其方法推广到数论的多个领域，并进一步做出了创造性的发展。

1941 年，华罗庚将《堆垒素数论》英文手稿寄给了维诺格拉多夫。维诺格拉多夫对这部著作极为赞赏，组织人员将它翻译成俄文。1947 年，《堆垒素数论》以苏联科学院斯捷克洛夫数学研究所第 22 号专著的名义出版。

《堆垒素数论》是华罗庚在数学科学领域里的成名作，出版后在国际上引起了很大反响。维诺格拉多夫在其专著《数论中的三角和法》的序言中，称华罗庚的这本书为"优秀的专著"。国际数学杂志《数学评论》评价说："这是一本有价值的重要教科书，有点像哈代与拉依特的《数论导引》，但在某些内容上已越过了它。这本书清晰且深入浅出的笔法也受到称赞，推荐它作为研究中国数学最佳的入门书。"

华罗庚曾经在西南联大讲授过《堆垒素数论》，起初慕名而来的学生把教室挤得水泄不通，但几天后听课的人越来越少，这是因为《堆垒素数论》对普通学生来说实在是太深奥了。一个星期后，听课的学生只剩下两个人，他们就是后来成为著名数学家的闵嗣鹤和钟开莱。

1953 年，《堆垒素数论》首次在国内出版。1957 年，华罗庚对《堆垒素数论》中文版进行了修订，由此也可以看出华罗庚对数学精益求精的追求。后来，《堆垒素数论》修订本先后被译成德文、匈牙利文、英文、日文出版。

《堆垒素数论》是数学领域的一部里程碑式的著作，不仅深化了人们对素数分布和整数性质的理解，还为代数数论、解析数论等多个数学分支提供了重要的研究工具和方法。半个多世纪以来，《堆垒素数论》中所阐述的理论和方法仍居世界领先地位，该书已经成为几代数论学家经常征引的经典文献，成为 20 世纪世界经典数论著作之一，对后世的数学研究产生了深远的影响。

1957 年，华罗庚在助手和学生赵民义、王元、吴方等人的协助下，出版了长达 66 万字的数论专著——《数论导引》。这本书对世界各国以往数论研究所取得的成果进行了整理和完善，以深入浅出的方式全面、翔实地阐述了古典数论与近代数论的核心知识和研究方法，揭示了数学各个领域与数论之间的深远联系，展示了数论在数学体系中的核心地位，让数学研究者对数论有了全面且清晰的了解。

对于华罗庚来说，《数论导引》是他多年来数论研究成果的集大成之作，凝聚了他的心血和智慧。《数论导引》出版后，受到中外数学界人士的赞誉，被广大数学爱好者和专业工作者视作学习数论的权威教材。

1958 年，华罗庚又出版了一部数学专著——《多复变数函数论中的典型域的调和分析》。这部专著深入探讨了多复变数函数论中的典型域调和分析问题，为广大数学工作者研究复变数函数论提供了宝贵的资源。该书英文版出版后，受到国际数学界的普遍关注和高度评价，成为该领域专家、学者的必引文献。

《堆垒素数论》《数论导引》《多复变数函数论中的典型域的调和分析》是华罗庚一生中最重要的三部数学著作，展示了他在数学研究方面的卓越见解，对于数学理论的发展和应用具有极为重要的意义，也奠定了华罗庚国际数学大师的地位。

二十年如一日推广"双法"

华罗庚是一位充满爱国热情的数学家，极为关注国家的经济建设和人民群众的生活，一心想着要为国家和人民做些实事。他认为科研工作者不能闭门做学问、搞研究，应当从高楼深院走向社会基层，想群众之所想，急群众之所急，为广大人民群众提供他们所需的"听得懂、学得会、用得上"的科学方法。

华罗庚非常注重将数学研究和实践应用结合起来，为人民群众提供实实在在的帮助，帮助他们解决问题和困难。他曾对身边的人说："我要从书本中走出来，走到实际应用中去，用我们多年来练就的理论之矢，去射一下实践之的。"为此，他经常利用业余时间到工厂和农村进行多种形式的调查访问。在调查中，他深切体会到很有必要对广大工人和农民进行科学知识的普及，帮助他们摆脱困难是每一个科学家责无旁贷的义务与使命。华罗庚查阅、研究了苏联、美国和日本的一些数学应用方面的书籍，从中总结出了统筹法、优选法两种数学方法，通过各种方式进行推广、普及，来推动国家经济的发展，为人民群众提供知识服务。

华罗庚还编写了两篇通俗易懂的文章《统筹方法平话及补充》和《优选法平话及补充》，在文中用生活中的案例深入浅出地讲运用统筹法和优选法的方式、途径。

1964 年，华罗庚在全国人民代表大会常务委员会会议上介绍了统筹法，与会人员觉得统筹法不仅通俗易懂，而且非常实用，都希望华罗庚能到他们的单位去推广应用统筹法。1965 年，华罗庚率领中国科技大学与中国人民大学的师生来到北京 774 厂（现北京东方电子集团股份有限公司）开展统筹法的试点工作。不久，他又率领科研人员到位于四川、贵州、云南三省交界地带的乌蒙山推广优选法。

华罗庚不顾自己年事已高、身体虚弱，坚持到一线工作，在生产中搞优选，在管理中搞统筹。他亲自到全国各地区考察、做报告，将复杂难懂的数学方法解释给工人、农民听，以便他们能够将数学方法与生产结合起来，提高生产效率。

为了推广"双法"，华罗庚在北京友谊宾馆举办了一个统筹法与优选法学习班。他先由泡茶讲起，深入浅出讲解后，再布置作业，让学员们画出自己工厂的统筹图，然后进行交流，互相观摩学习。华罗庚则在宏观上加以指导，并将统筹法向更广、更实用的层面进行普及。经过培训，有 100 多人掌握了统筹法与优选法的基本要领。从 1972 年起，华罗庚组织了推广"双法"小分队，到各地进行大范围推广。截至 1981 年年底，他带领小分队走过 26 个省、市和自治区。小分队的成员一般由当地的技术人员、学校老师、社会上的生产能手、高校学生及一些干部子弟组成。这是一个松散的组织，在一个省开始推广时建立，工作结束后便解散。

对于小分队下厂后的身份，华罗庚有明确的定位，那就是做"小徒工"。工人生产时需要用到尺子、量具、刀具、扳手等工具，优选法也是一种工具。当工人需要时，"小徒工"就会把工具递过去，由师傅去试验和使用。华罗庚还称自己是一名"白头小徒工"，每当小分队成员取得了喜人的成果时，他便写诗祝贺，常有"白发徒工致敬礼""喜坏白头小徒工"之类的诗句。

"双法"推行成效显著，创造了一个个经济奇迹：山东交通运输部门采用优选法，一个月节油 69.3 万升；解放军某部推广优选法半年，节油 2000 多万升；全国 17 个省的粮油部门，采用优选法节约了 2500 千克粮食和 250 千克油脂；湖北省荆州市的沙市区棉织印染厂采用"双法"提高了产品质量，使一等品的产量占比从 16% 上升到 40%……这样的喜报不胜枚举，让华罗庚及其小分队备感自豪，信心大增。

1975 年 9 月，65 岁的华罗庚应邀前往黑龙江普及"双法"，在哈尔滨的一个招待所里突发心肌梗死，经医护人员全力抢救后转危为安。1976 年夏，唐山发生大地震，开滦煤矿停运。一时间，"北京缺煤！""华北缺煤！""工厂停工！""居民断电！"的坏消息接连不断传来。华罗庚不顾自己大病初愈、心脏病随时可能复发的危险，于次年 2 月冒着漫天飞舞的鹅毛大雪，亲自到大同煤矿现场用统筹法进行运煤试验，历时 5 个月，带领工人突击运出了存煤 100 万吨，有效支援了首都乃至华北地区的能源供应。

1977 年初春，太原市场上出现了小瓦数灯泡、暖水瓶胆等供应紧缺的情况，时近春节，居民的生活受到了很大影响。华罗庚得知情况后，马上带领小分队来到生产一线进行调研，指示小分队改善生产环境，优化生产秩序，同时开展工艺优选活动，使灯泡、暖水瓶胆的一次合格率从 80% 升到 90% 以上，赶在春节前满足了市场需求。

对于华罗庚来说，推广"双法"事无大小，无所不包，大到修铁路、建工厂的优选方案，小到炸油条如何省油，都可以进行研究运用。他以给工人、农民"做徒工""递工具"来勉励自己及小分队成员，要立志成为一名真正的人民数学家。

在推广"双法"的道路上，华罗庚一干就是近 20 年。曾任日本数学会理事长的小松彦三郎评价道："就产业而言，华先生仅用 20 年时间就做完了其他国家需要几代人才能做完的事情。"小松彦三郎的评语直观肯定了华罗庚的"双法"对中国经济发展与国家建设的重要推动作用。"双法"如同燃料一般，源源不断地为全国各行各业输送能量，有力地支援了国家的经济建设，提高了国民经济水平。

华罗庚还积极地参与基层建设。他深入祖国的大西南，参与西南铁路的建设工程，与当地工人一起在艰苦的环境下克服种种困难，为国家的建设付出辛勤的汗水。

1985 年 6 月，75 岁的华罗庚应日本亚洲交流协会邀请，赴日进行国际学术交流。12 日下午，他在日本东京大学数理学部讲演厅演讲时突发急性心肌梗死，不幸于当晚逝世。

华罗庚先生一生致力于数学研究和发展，并以科学家的博大胸怀提携后辈和培养人才，培养出王元、陈景润、龚升、万哲先等众多优秀数学人才。他以高度的历史责任感投身应用数学的普及与推广，为中国数学科学事业的发展和祖国现代化建设付出了毕生的精力。他自学成才的故事激励了无数有志青年勇攀科学高峰，为祖国的富强、人民的幸福不懈奋斗。

华罗庚名言

★ 天才在于积累，聪明在于勤奋。

★ 树老易空，人老易松，科学之道，戒之以空，戒之以松，我愿一辈子从实以终。

★ 在寻求真理的长河中，唯有学习，不断地学习，勤奋地学习，有创造性地学习，才能越重山跨峻岭。

★ 面对悬崖峭壁，一百年也看不出一条缝来，但用斧凿，得进一寸进一寸，得进一尺进一尺，不断积累，飞跃必来，突破随之。

各界赞誉

★ 先生起江南，读书清华。浮四海，从哈代，访俄师，游美国。创新求变，会意相得。堆垒素数，复变多元。雅篇艳什，迭互秀出。匹夫挽狂澜于即倒，成一家之言，卓尔出群，斯何人也，其先生乎。

——美籍华裔数学家 丘成桐

★ 华罗庚是中国的爱因斯坦，足够成为全世界所有著名科学院的院士。

——美国数学史家 贝特曼

钱学森：中国航天事业领军者

钱学森（1911—2009），祖籍浙江省杭州市，上海市人。

身份：应用力学家，导弹与火箭专家，航天科学家，中国科学院院士，中国工程院院士。

成就贡献：中国近代力学和系统工程理论与应用研究开拓者，开创了工程控制论、物理力学两门新兴学科；中国航天事业奠基人，为中国火箭、导弹技术的发展提出了重要的实施方案，领导、主持和参与了我国多项运载火箭、导弹和人造卫星的研制工作，为实现中国国防尖端技术的新突破建立了卓越功勋。

荣誉奖项：国家自然科学奖一等奖，国家科技进步特等奖，"两弹一星"功勋奖章，中国航天事业50年最高荣誉奖，"20世纪20位科技巨人"之一，"100位新中国成立以来感动中国人物"之一。

冲破囚笼，回归祖国

1911 年 12 月 11 日，钱学森出生于上海租界的一家教会医院。幼时的钱学森天资聪颖，3 岁就能背诵百余首唐诗、宋词，《增广贤文》和《幼学琼林》等蒙学读物的内容，并且能心算加、减、乘、除。

1923 年 9 月，钱学森进入北京师范大学附属中学学习，立下了科技救国的宏大志向。1929 年，钱学森以优异成绩考入上海交通大学机械工程系，1934 年考取清华大学公费留学生，于次年 9 月进入美国麻省理工学院航空系学习，仅用一年时间就获得了航空工程硕士学位。1936 年秋，前往加利福尼亚州拜访世界力学大师冯·卡门教授，并于 1936 年 10 月，转入美国加州理工学院航空系，师从世界著名空气动力学教授冯·卡门，1939 年 6 月获得航空、数学博士学位。

师从冯·卡门期间，钱学森与冯·卡门共同完成了高速空气动力学问题研究课题，建立了"卡门—钱学森公式"，28 岁时就成为世界知名的空气动力学家，在世界航空技术工程理论界获得很高的声誉。

1941 年 12 月"珍珠港事件"爆发后，美国对日本宣战，急需军事尖端科技人才。在冯·卡门的推荐下，钱学森被批准参加美国军方、国防部、科学研究发展局等机构的军事科技机密工作，开始在美国最重要的军事指挥中心——五角大楼供职。

1947 年年初，36 岁的钱学森被麻省理工学院聘为终身教授。1949 年 9 月，钱学森接受加州理工学院的邀请，与冯·卡门一起回到加州理工学院任职。此时的钱学森已功成名就，受人尊重，前程似锦。然而，他内心最牵挂的仍是远隔万里的祖国，因为他从来没有忘记过自己"学业有成，有朝一日报效祖国"的理想。

1949 年 10 月 1 日，中华人民共和国宣告成立。钱学森得知这一喜讯后，马上为回到祖国做准备。他对妻子蒋英说："新中国成立了，我们该回去了。"

正当钱学森满心欢喜地做着回国准备时，"一片怀疑的乌云"悄悄向他袭来。

钱学森早年在加州理工学院学习期间，曾参加过马克思主义学习小组，并结识了小组书记、化学物理助理研究员威因鲍姆。在每周的例会上，他们经常讨论时事，也包括反对法西斯战争，支持中国抗日。1950 年 6 月 6 日，美国联邦调查局的人来到钱学森的办公室，指出钱学森在加州理工学院的几个朋友都是共产党员，在威因鲍姆家中的聚会实际上是共产党的小组会议。同一天，美国军方吊销了钱学森的安全认可证，并要求加州理工学院禁止钱学森从事任何与美国军事机密相关的研究工作。

8 月，美国移民局下发给钱学森一份限制出境的公文，禁止钱学森离开美国。美国海军部副部长丹尼尔·金贝尔声称："绝不能放钱学森离开！那些对我们至关重要的情况，他知道的太多了。我宁愿把他枪毙，也不能放他回中国去！无论到哪里，他都抵得上五个师！"

随后，美国海关非法扣留了钱学森的全部行李，美国联邦调查局则派专人监视钱学森一家的行动。9 月 7 日，几名腰佩手枪的美国警务人员来到钱学森家，强行将钱学森拘捕。

钱学森被关押在洛杉矶以南特米诺岛上的美国移民局拘留所，这里戒备森严，周围的高墙上满布电网，四面临海，牢房里既阴暗又潮湿。看守人员把钱学森当作一个犯人，对他进行了毫无人性的折磨，不许他和别人说话，每隔 15 分钟便跑来开一次电灯，查看他在做什么，使钱学森无法正常休息。钱学森的身心因此遭受了严重摧残，体重骤降，还患上了失语症。

加州理工学院院长杜布里奇和冯·卡门联络加州理工学院的师生与各界人士，向美国移民局提出抗议，呼吁立即释放钱学森。在各方的压力下，美国移民局只得同意钱学森保释出狱，但前提是缴纳 1.5 万美元的保释金。在朋友的帮助下，钱学森凑足了保释金，于 9 月 23 日获释，结束了梦魇般的牢狱生活。

钱学森被保释后，活动仍然受到限制，美国联邦调查局和移民局对钱学森一家实施监视与跟踪。移民局要求钱学森每个月都要到移民局报到一次，以证明他没有"逃离"美国，还限定了他的活动范围，只能在洛杉矶活动，超出这个范围就要向移民局申报。联邦调查局的特工还经常在钱学森的住所周围巡视，拆检他的来往信件，监听他家的电话。

就这样，钱学森在美国被软禁了 5 年之久。

1955 年 6 月，钱学森在一张海外华人的报纸上，看到了一则有关中国"五一"国际劳动节的新闻报道，报道中有他熟悉的名字——陈叔通。陈叔通是钱学森父亲钱均夫的老师，报纸上刊登了陈叔通与毛泽东等党和国家领导人一起站在天安门城楼上检阅游行队伍的照片。这个消息使钱学森激动不已，他仿佛看到了曙光，决定给陈叔通写信，请求他施以援手，帮助自己返回祖国。

为确保信件能够安全送到陈叔通手中，钱学森把信件装在了一个信封里，在信封上写上父亲在上海的地址，然后把信夹在蒋英寄给她妹妹的信中。蒋英的妹妹蒋华当时侨居比利时，从美国寄往比利时的信件不易引起美方注意。钱学森还让蒋英模仿儿童的笔迹，用左手在信封上写下妹妹的地址，这个办法让美国联邦调查局的特工人员认不出那是蒋英的笔迹。寄信时，为了避开特工的监视，钱学森和蒋英带着两个孩子佯装上街闲逛，来到离住所很远的一个大商场。然后，钱学森在门口引开特工，蒋英则进入商场，趁人不注意把信投进商场的邮筒里。

就这样，钱学森的信躲过了美国联邦调查局无处不在的眼线，安全到达比利时。蒋华收到信后，马上将这封不同寻常的信转寄中国，几经周折，信终于被送到了陈叔通手中，又被转交给了周恩来总理。

周总理阅信后，马上找来正要赴日内瓦参加中美大使级会谈的王炳南，告诉他要想尽一切办法让钱学森早日回国。在中国外交部的努力下，美国终于解除了对钱学森的管制令。1955 年 8 月，钱学森接到美国移民局的通知：他可以自由离境了。作为交换条件，11 名被中方俘虏的美国飞行员也顺利抵达夏威夷机场。

经过 5 年的企盼和斗争，钱学森终于迎来了自由的日子，他可以回国了！事后，钱学森了解到中国最高领导层对他回国问题的关注以及为此做出的种种努力后，动情地说："假如没有中华人民共和国，恐怕我还得流落异乡，饮恨终身。"

1955 年 9 月 17 日，钱学森带着妻子蒋英及儿子钱永刚、女儿钱永真，早早来到码头，一家人登上"克利夫兰总统号"邮轮，终于踏上了归国的漫漫路程。好在一路上有惊无险，经过 20 多天的海上航行，1955 年 10 月 8 日清晨，"克利夫兰总统号"邮轮缓缓驶入香港，钱学森一家人在九龙登岸，受到了祖国同胞的热情接待，在广州参观了新中国建设的成就后，他们一路北上，由杭州到上海，终于与阔别多年的家人和亲朋好友团聚。

10 月 28 日，钱学森一家从上海来到魂牵梦萦的首都北京。到北京的第二天，钱学森便和家人一起来到天安门广场。看着迎风招展的鲜艳的五星红旗，他情不自禁地感叹道："我始终相信一定能回到祖国的怀抱，现在我终于回来了！"

从此，钱学森开启了他伟大人生中的崭新篇章。

中国航天事业的开路先锋

回国之初，钱学森希望到高等院校从事教学工作，同时继续进行科学研究，但新中国对他寄予了更高的期望。

中国科学院首先安排钱学森到东北地区进行为期一个月的参观考察，以便他尽快了解新中国的工业生产情况。

钱学森参观哈尔滨军事工程学院（今中国人民解放军军事工程学院）时，院长陈赓大将专程从北京赶来与他见面。陈赓一见钱学森就问道："钱先生，中国人搞导弹行不行？"

钱学森说："外国人能干的，中国人为什么不能干？"

陈赓高兴地握住钱学森的手，说道："好呀！就等你这句话。"

和陈赓的这次谈话，成为钱学森投身火箭、导弹和航天事业的重要契机。

1956年1月5日，在钱学森的倡议下，中国科学院力学研究所正式成立，钱学森担任所长。1956年春，钱学森应邀出席中国人民政治协商会议第二届全国委员会第二次全体会议，并在会上发言。2月1日晚，毛泽东主席设宴招待政协全体委员，并特别安排钱学森同自己坐在一起交谈。钱学森感动不已，决心全力投入新中国的现代化建设事业中。

1959 年，经杜润生、杨刚毅介绍，钱学森加入了中国共产党。

1956 年 2 月 17 日，钱学森向党中央、国务院提交了《建立我国国防航空工业的意见书》，其中提出了建设我国国防航空工业的组织草案、发展计划和具体步骤。4 月 13 日，国务院成立了以聂荣臻元帅为主任的航空工业委员会，钱学森被任命为委员。

1956 年 5 月，钱学森受命负责组建中国第一个火箭、导弹研究院——国防部第五研究院（以下简称五院）。10 月 8 日，五院正式成立，当天 156 名大学毕业生参加了导弹专业教育训练班的课程，钱学森主讲《导弹概论》。这批受训的大学生后来成了中国火箭、导弹与航天技术队伍的骨干。1957 年 2 月 18 日，周恩来总理亲自签署国务院令，任命钱学森为五院第一任院长。

从此，在周恩来总理、聂荣臻元帅的直接领导下，钱学森成为新中国火箭、导弹和航天事业的技术领导人，领导广大技术人员艰苦奋斗，倾力攻关，创造了一个又一个奇迹，取得了辉煌的成就。

五院成立时，新中国刚刚从战争的创伤中恢复过来，百废待兴。当时的中国工业基础薄弱，科学技术落后，一切都要从零开始。钱学森感到压力巨大，但他没有失去信心，坚信在党中央的领导下，通过广大科研人员的共同努力一定能够将火箭、导弹造出来。

20 世纪 50 年代末，在毛主席等党和国家领导人的争取下，苏联决定援助我国发展导弹技术。1957 年 10 月 15 日，中苏签署了《关于生产新式武器和军事技术装备以及在中国建立综合性原子能工业的协定》（简称《中苏国防新技术协定》）。协定规定：苏联将于 1957 年年底至 1961 年年底向中国供应 P-2 等导弹的样品和技术资料，帮助中国进行导弹研制和发射基地的工程设计，派遣技术专家协助中国仿制导弹。随后，聂荣臻元帅和钱学森商议，定下了在导弹研制工作中采取"先仿制，后改进，再自行设计"的策略。

1957年12月，苏联按照协定将一个负责导弹测试、发射等操作训练的缩编导弹营，以及两枚P-2近程导弹和一套地面设备秘密送达北京。钱学森立即带领五院科研人员将研究重点转向仿制苏联的P-2近程导弹。中国第一枚导弹"东风一号"，就是根据苏联提供的教学与科研导弹研制的。

1960年，"东风一号"导弹的研制工作进行到关键阶段，然而此时，苏联单方面毁约，撤走了全部苏联专家，并带走了所有的图纸和设备，中国的导弹研制工作顿时陷入困境。

在苏联专家撤走的第二天，聂荣臻元帅紧急会见了钱学森等专家，急切地问钱学森："钱院长，你觉得我们的事业还能继续下去吗？"

钱学森语气坚定地回答："能，当然能！"

谈话结束后，钱学森一头钻进办公室，召集了几位总设计师，高声宣布："同志们，现在我们没有了依靠，只能自己干！"

从此，钱学森带领五院技术人员踏上了自力更生研制导弹的道路。为了尽早研制出导弹，钱学森废寝忘食地工作。那段时间，他一天只睡3个多小时，每天都在基地忙碌，哪里有困难，他就到哪里去，经常一干就是一个通宵。终于，在钱学森的带领下，五院技术人员攻克了层层难关，破解了苏联专家遗留下来的许多难题，于1960年11月成功仿制出P-2导弹——"东风一号"。

1960年11月5日上午9时许，"东风一号"导弹从我国甘肃酒泉发射中心腾空而起，在飞行7分37秒后，准确命中554千米处的目标。"东风一号"导弹的发射成功，开启了中国导弹事业的新纪元，标志着中国首次掌握了导弹设计、制造技术，中国迈入了火箭与导弹的时代。

1964 年 6 月 29 日，在钱学森的领导和组织下，我国"东风二号"导弹在酒泉发射基地成功发射。

1964 年 10 月 16 日，我国第一颗原子弹成功爆炸，但是这颗原子弹是在 102 米高的铁塔顶部引爆的，外国人嘲笑中国的原子弹是"无枪的子弹"，中看不中用，无法用于实战。

原子弹与作为载具的导弹一起合称核导弹，钱学森深知，原子弹要通过导弹的助推飞行到预定区域的上空爆炸，才能对敌人产生巨大的威慑力。早在我国第一颗原子弹成功爆炸之前，钱学森就以超前的眼光提出了"两弹结合"的设想，要给中国的原子弹配一支最先进的"枪"——导弹。

钱学森的意见受到了党中央的高度重视，在周恩来总理、聂荣臻元帅的指示下，钱学森与五院技术人员经过认真、慎重的讨论，于 1965 年 3 月制定了符合中国国情的"八年四弹"发展规划：从 1965—1972 年循序渐进地稳步研制四种导弹——中近程导弹、中程导弹、中远程导弹和洲际导弹。中央批准了这个规划，此后地空导弹、海防导弹，以及固体发动机、固体导弹、反导系统和运载火箭等项目，在钱学森的组织和参与下相继启动。

1965 年 11 月，中国自行研制的"东风二号甲"导弹在西北戈壁滩上成功发射，证明中国已经具备了发射原子弹、氢弹及人造卫星的能力。

1966 年 10 月 27 日，钱学森陪同聂荣臻来到甘肃酒泉发射基地，主持中国首次"两弹结合"爆炸试验。上午 9 时 10 秒，中国第一枚带有核弹头的"东风二号甲"导弹发射升空，在飞行 9 分 14 秒后，核弹头在距发射场 894 千米以外的新疆罗布泊上空 569 米的预定高度爆炸。"两弹结合"试验获得成功，中国从此拥有了可以用于实战的导弹核武器。随后，新华社向全世界宣布了这一振奋人心的消息，举国欢腾，世界震惊。

第二天，美国《纽约时报》报道了这一重大事件："一位15年间在美国接受教育、培养、鼓励并成为科学名流的人，负责了这项试验，这是对冷战历史的嘲弄。"

在钱学森的领导下，我国于1967年5月26日、1970年1月30日先后进行了"东风三号"与"东风四号"导弹的发射，均获得圆满成功。

当初钱学森拟定的于1972年完成的"八年四弹"规划，直到1980年才彻底完成。尽管在时间上有所延后，但"八年四弹"这一具有远见卓识且极富战略前瞻性的正确规划，使中国成为世界上第三个进行洲际导弹全程试验并获得成功的国家，使中国的国防实力得到了实质性的增强，也为中国的长治久安、稳定发展奠定了稳固的技术基础。

1980年5月、1982年10月、1984年4月，钱学森先后参与组织、领导中国洲际导弹第一次全程飞行、潜艇水下发射导弹和地球静止轨道试验通信卫星发射任务，使中国国防尖端技术实现了全面突破。

"我的荣誉属于人民"

钱学森生前一直珍藏着一幅《咏竹》条幅，上面写着："未出土时先有节，待到凌云更虚心。"这是1989年钱学森获得"小罗克韦尔奖章"后一个朋友送给他的，钱学森十分欣赏条幅上的这两句话，并将其作为自己的人生座右铭。

纵观钱学森的一生，他正像竹子一样，坚贞、刚毅、自强不息，并且朴实无华、淡泊名利、虚怀若谷。

1989 年，在美国纽约召开的国际技术交流大会上，为了表彰钱学森对中国航天技术、火箭导弹技术及系统工程理论作出的重大贡献，国际理工研究所决定授予钱学森"小罗克韦尔奖章""世界级科技与工程名人""国际理工研究所名誉成员"称号。不过，钱学森并未到场参加授奖仪式，而是由中国驻美大使韩叙代表他领回奖章和证书。

"小罗克韦尔奖章"是国际理工研究所于 1982 年设立的最高奖项，是现代理工界的最高荣誉奖章，每年至多授予 3 位在国际理工界享有极高声誉的科学家。截至 1989 年，共有 16 位世界级科学家获得"小罗克韦尔奖章"，钱学森是其中唯一一位中国科学家。

对于自己的这次获奖，钱学森感慨道："今天给我的奖，说是第一个中国人获得这个奖。我说要紧的是'中国人'三个字，这个'中国人'应当包括中国成千上万为此作出贡献的人。"这不是他的客套谦语，而是他的切身感受。他一直强调，国防科技事业特别是"两弹一星"工程，不是哪一个个人的力量所能承担、成就的，必须依靠党和国家的力量，依靠千百万人的集体力量。

1991 年 10 月 16 日，为表彰钱学森为中国国防科技事业的发展所作的卓越贡献，国务院、中央军委联合授予了他"国家杰出贡献科学家"称号与"一级英雄模范奖章"。这是中华人民共和国成立以来第一次由国务院、中央军委向一位科学家授予的国家级最高荣誉。

在颁奖会上，钱学森发表了讲话。他深情回忆了当年在周恩来总理、聂荣臻元帅等老一辈革命家的领导下，广大科技人员为发展中国国防科研事业同心同德、艰苦奋斗的情景。他说，中国国防科技成就的取得，离不开党的正确领导、集体的智慧，"我本人只是沧海之一粟，渺小得很。真正伟大的是中国人民，是中国共产党，是中华人民共和国"。

钱学森是中国航天事业的开拓者和奠基人，对于别人给他冠以"导弹之父""航天之父"的名号，他一贯持反对态度。他纠正说："像导弹、航天这样的'大科学'，是一项成千上万人的事业，没有党的领导，没有集体的努力，是谁也干不成的。还是那句话，一切成就归于党，归于集体。"

钱学森曾多次说过："我作为一名科技工作者，活着的目的就是为人民服务。"他为国家的国防科技和航天事业勤勤恳恳、呕心沥血地工作了一生，把自己的知识和才能全部奉献给了国家、民族和人民。

钱学森是伟大的，他的伟大之处在于保持平常心，视自己为普通人，居功不傲，虚怀若谷。这一行事风格，继承发扬了中华优秀传统文化的精髓，值得当代人景仰学习。

2009 年 10 月 31 日，钱学森在北京逝世，走完了他波澜壮阔、伟大辉煌的一生，享年 98 岁。钱学森为中国火箭、导弹和航天事业作出的杰出贡献将永载史册，他的故事和精神也将永远留在华夏儿女的记忆中！

钱学森名言

★ 我姓钱，但我不爱钱。

★ 我的事业在中国，我的成就在中国，我的归宿在中国。

★ 我没有时间考虑过去，我只考虑未来。

★ 我个人仅仅是沧海一粟，真正伟大的是党、人民和我们的国家。

★ 我们不能人云亦云，这不是科学精神，科学精神最重要的就是创新。

各界赞誉

★ 钱学森在科学上的成就是骄人的，他推动了科学技术的发展，为中国创建了火箭和航天事业，我们要学习他爱国奉献精神和终生不断关心新生事物、新思想，坚持科学研究，他的技术科学思想是我们宝贵的财富。

——中国工程院院士 郑哲敏

★ 钱学森是中国科学家的杰出典范，更是我们永远怀念敬爱的人民科学家。

——中国科学院院士 白春礼

★ 在他（钱学森）心里，国为重，家为轻，科学最重，名利最轻。5年归国路，10年两弹成。开创祖国航天，他是先行人，披荆斩棘，把智慧锻造成阶梯，留给后来的攀登者。他是知识的宝藏，是科学的旗帜，是中华民族知识分子的典范。

——2007年度"感动中国人物"颁奖辞

钱伟长：科坛泰斗，伟业流长

钱伟长（1912—2010），祖籍浙江省杭州市，江苏省无锡市人。

身份：物理学、力学、应用数学家，教育家，社会活动家，中国科学院院士。

成就贡献：力学领域，提出了板壳内禀理论和圆薄板大挠度理论，并开创了广义变分原理的研究，这些理论和方法在固体力学和理性力学领域具有重要影响，其板壳内禀理论中的非线性微分方程组被称为"钱伟长方程"；应用数学领域，在广义变分原理、汉字宏观字形编码等方面作出突出贡献；中文信息学领域，对汉字文字改革、汉字信息处理进行了深入研究，研制出了新颖中文打字机；教育领域，提出了一套完整、丰富、系统、科学的中国高等教育理论，创建了中国第一个大学力学专业院系——北京大学力学系，开设了中国第一个力学研究班和力学师资培养班，为培养我国科学技术人才作出重要贡献。

荣誉奖项：全国科学奖，全国科学发明奖，全国科学大会银牌奖，何梁何利基金科学与技术成就奖，"感动中国2010年度人物"之一。

为救国弃文从理

钱伟长出生于江苏无锡的一个书香世家，他的父亲与叔父个个博学多才，在研究、传播中华优秀传统文化方面各有建树。

钱伟长的父亲钱挚努力发展乡村教育，当时在社会上声望很高；四叔钱穆是中国现代历史学家、思想家、教育家，赫赫有名的国学大师；六叔钱艺擅长诗词和书法，登门拜访求其墨宝者多不胜数；八叔钱文擅长写小品和笔记杂文，常在《小说月报》《国闻周报》上发表文章。在父亲与各位叔父的指导下，钱伟长从小就阅读了大量的儒家经典著作，背会了许多古诗文，打下了深厚的国文功底。

钱伟长上学后，在文科科目学习上得心应手，文科成绩在班上一直名列前茅，他把自己的奋斗方向锁定为文科领域，憧憬在不久的将来成为中国的文学家或史学家。

1931 年夏，钱伟长到上海参加高考，他每天在报纸上搜集招生广告，最后报考了清华大学、中央大学、浙江大学、交通大学和武汉大学，并且全部通过。

考完试后，钱伟长来到上海外滩，漫无目的地散步。而这次散步，也成了他人生道路上的一个重要转折点。钱伟长来到上海外滩公园门口，打算进去休息一会儿。突然，他看到铁栅栏大门旁边的一块牌子上写着几个醒目大字——"华人与狗不得入内"，气得他全身的血液直往头顶涌，随之剧烈地颤抖起来。

钱伟长感觉自己蒙受了奇耻大辱，恨不得冲上去砸碎这块牌子。他知道，这块牌子只是一个标识，中华民族近百年来所遭受的屈辱难以尽数。他痛恨帝国主义列强对中国肆无忌惮的蹂躏，也对中国当局的腐败无能感到愤怒和悲哀。

钱伟长下意识地想：帝国主义列强为什么敢欺负我们？因为他们比我们强大，而他们强大的力量源于科技的进步。中国的科技水平落后，落后就要挨打，所以我们必须努力发展科技。只有科技进步了，祖国才能强大起来。

不久，高考成绩公布，钱伟长中文和历史两门学科得了满分，但理科成绩很糟糕，物理只考了 5 分，而其他同学都在 200 分以上，钱伟长英文考得也不好，最终他以总分第七名的成绩被清华大学录取。

1931 年 9 月，钱伟长怀着求知的渴望来到了清华大学。就在他迈入清华大学的第三天，9 月 18 日，日本帝国主义悍然发动"九·一八"事变，不久东北三省沦陷，民族危机感弥漫在整个清华园上空。年轻气盛的学子们热血沸腾、义愤填膺，在圆明园举行集会，反对政府的不抵抗政策，钱伟长也参加了这次集会。

圆明园这个举世闻名的皇家园林，这个凝结了几代中国人民心血的文化瑰宝，如今已满目疮痍，只剩下了断壁残垣。秋风萧瑟，钱伟长站在圆明园遗址上，屈辱感再一次涌上心头。

当时清华大学招生考试不分系，考生被录取后可以根据自己的专长选择专业。于是钱伟长决心弃文学理，走科学救国的道路。在室友殷大钧和何凤元的建议下，他选择了物理系。

清华大学物理系的吴有训教授是著名的物理学家、中国近代物理学研究的先驱、中国物理学会的创始人之一。他曾到美国芝加哥大学留学，跟随康普顿教授（1927 年诺贝尔物理学奖获得者）从事物理学研究。从

1928 年 8 月起，吴有训历任清华大学物理系教授、系主任、理学院院长。

钱伟长选择物理系，也可以说是出于对吴有训教授的敬仰，慕名而来。当时，清华大学物理系每年一般只招收 10 人左右，但钱伟长这一届却有 99 人选择了物理系。对于物理成绩只有 5 分的钱伟长来说，进物理系的确不太现实，所以吴有训在钱伟长报名选择物理系的第二天就找他谈话了。

吴有训耐心地劝钱伟长："你的数学、物理和英文考得都很差，但你的历史和国文都是满分，你的文章也全校闻名。根据你的情况，中文系或者历史系都是更好的选择啊！"

钱伟长坚定地回答："中国要打仗，中文、历史都派不上用场。现在的中国老吃败仗就是因为飞机、大炮不如人家。我一定要读物理！"

吴有训的态度也很坚决，他表情严肃地说："物理系每年就收几个学生，你以这样的理科成绩进物理系，会占别人的名额。想造飞机、大炮可以，但要让那些在这方面有才能的人去造。你觉得自己是这方面的人才吗？我和陈寅恪教授、杨树达教授都很熟，从没听说历史、国文不能救国的！"

尽管吴有训语气坚决，但钱伟长依旧没有气馁。执拗的他每天早上 6 点就等在吴有训的办公室门前，只要吴有训一到，他就紧随其后，"软磨硬泡"，弄得吴有训无可奈何。

钱伟长还跑去找理学院院长叶企孙教授，请求他做自己的"后援"。叶企孙很赞赏钱伟长的做法，认为国难当头，年轻人能为救国而弃文学理，理应支持。他得知钱伟长物理学得并不好时，就鼓励他说："物理这东西，其实跟历史一样。《史记》中有'太史公曰'，物理定理也像'太史公曰'一样，但需要融会贯通，不能死记硬背。"

叶企孙还建议钱伟长请他的四叔钱穆帮忙，做清华大学文史两系教授的思想工作，以求得教授们的谅解和支持。因为中文系的杨树达教授非常看好钱伟长在文学方面的前途，认为他除了英文比较差，国文甚至可以和钱钟书相媲美。历史系的陈寅恪教授也认为钱伟长的文史基础很好，学文科会更有前途。

钱伟长听从叶企孙的建议，告诉四叔钱穆自己决定弃文学理。钱穆认为侄子能够从国家利益出发选择学习方向，是个有抱负的青年，于是便答应代为说服陈寅恪和杨树达两位教授。最终，两位教授都被钱伟长的执着和爱国情怀所感动，同意了他转入物理系。

不过，吴有训对钱伟长能否跟上物理系的课程仍不放心，他对钱伟长说："你可以进物理系，但有个条件，那就是一年级结束时，你的数理化成绩必须每科达到 70 分以上。如果达不到，就得转回中文系。"为了能够留在物理系，钱伟长坚定地答应了。

进入物理系后，钱伟长全力以赴地投入学习中。早晨 6 点，很多同学还在睡梦中，钱伟长就已经起床，抱着厚厚的书本离开宿舍，到教室学习；晚上 10 点，宿舍已经熄灯，只有卫生间的灯还亮着，他便坐在卫生间的一角，在微弱的灯光下继续学习，直至深夜。

经过三个月的努力，钱伟长读完了中学时落下的数理化课程，并且补上了大学的课程。一年后，他所有科目的考试成绩都达到了 70 分以上。在一同转入物理系试读的 5 名学生中，只有钱伟长一人达到了吴有训教授的要求，吴有训终于对钱伟长放下心来，开始对他刮目相看，悉心培养。在吴有训的指导下，钱伟长思维能力和逻辑能力都得到了很大的提升，为其日后从事科学研究工作打下了坚实的基础。

划时代的博士论文

1939 年 7 月，钱伟长报名参加了中英庚款董事会第七届留英公费生招生考试，凭借优异的成绩从 3000 多名考生中脱颖而出，成为被录取的 22 名公费留学生之一。

9 月，第二次世界大战全面爆发，英国对德宣战，暂不接收外国留学生，很多英国大学的知名教授也纷纷去加拿大避难，中英庚款董事会决定让钱伟长等学生转入加拿大多伦多大学就读。

1940 年 9 月，钱伟长与其他中国留学生一起来到加拿大，进入多伦多大学，这也是该校第一次接收中国留学生。

多伦多大学成立于 1827 年，师资力量雄厚，教学设备齐全，学科设置十分广泛，其中一部分专业还具有交叉学科或跨学科背景。在课程设置上，多伦多大学为大一学生开设了写作、数学和分析批评三门核心公共课程，既能强化学生的分析判断和计算能力，又能培养学生良好的文字表达能力。同时，为了扩大学生的就业范围，增加学生的就业机会，多伦多大学还推行了双学位制度：学生从大学二年级起可以选修另一专业的课程，比如，主修英语的学生可以辅修哲学或历史，主修工程的学生可以辅修经济或管理等。

钱伟长后来任上海大学校长时就借鉴了多伦多大学的办学模式。比如，他根据我国的实际情况，在上海大学推行了选课制、学分制、短学期制等一系列教学改革措施。

钱伟长进入多伦多大学时，著名的应用数学家辛格教授也在加拿大避难，在多伦多大学创办了应用数学系，并担任系主任，教授流体力学和弹性力学。

钱伟长和另外两名中国留学生林家翘和郭永怀都选择了应用数学系，林家翘和郭永怀专攻流体力学，钱伟长专攻弹性力学。

钱伟长把自己在国立西南联合大学的有关弹性板壳内禀理论研究的初步成果向辛格教授进行了汇报，请他点评。恰巧辛格教授当时也在研究弹性板壳内禀理论，他对钱伟长的研究成果给予了高度评价，认为自己的研究是通过宏观的内力素张量推导出外力作用下板壳的张量平衡方程，属于宏观方程组，而钱伟长采用了微观方程组的方法。虽然两种理论所用的力学量和符号有所不同，但其本质是相同的。

辛格教授建议钱伟长把两种理论结合在一起，写成一篇论文。1941年5月10日是著名科学家冯·卡门的六十诞辰，美国许多科学家决定为他出版一部六十诞辰纪念文集。辛格教授希望钱伟长能够尽快写成论文，以便将论文发表在文集中。

钱伟长接受了辛格教授的建议，夜以继日撰写论文，用了不到两个月的时间就写完了，并以"辛格教授和钱伟长合著"的方式署名，然后将论文从多伦多大学寄往美国。不久，论文在冯·卡门六十诞辰纪念文集中发表，它就是在物理学界轰动一时的《弹性板壳的内禀理论》。

冯·卡门六十诞辰纪念文集只收录了21篇论文，作者共26人，都是当时声名赫赫的大科学家，包括爱因斯坦、冯·诺伊曼、铁木辛柯、路德维希·冯·米塞斯等人。年仅29岁的钱伟长是其中唯一一个中国人，也是文集论文的26名作者中最年轻的学者。钱伟长的这篇论文使他在国际物理学界和数学界声名鹊起，大大增强了他对科学研究的信心，使他有勇气继续向科研难题发起冲刺，更是激励了他日后从事跨学科研究。

1982年，在中国举行的国际有限元法会议上，会议执行主席 R.H. 盖拉格教授也对钱伟长的论文赞扬有加："钱教授有关板壳统一内禀理论的论文，曾是美国应用力学研究生在 20 世纪四五十年代必读的材料，他的贡献对后续研究有着不可估量的影响。"

1941 年 6 月，钱伟长从多伦多大学应用数学系毕业，获得硕士学位。同年 10 月，他进一步拓展了论文的内容，完成了以薄板薄壳统一内禀理论为主要内容的博士学位论文，于 1944 年分三次在美国布朗大学主办的《应用数学季刊》上连载。

在博士论文中，钱伟长把板壳问题系统地分成 12 类薄板问题和 35 类薄壳问题，分别给出了 6 个基本方程的相应简化形式。在这些简化方程中，略去量级较小的项后，可以得到系统且一致的近似方程。尽管这些近似方程中包括了常见的小挠度方程和一些已知的大挠度方程，但仍有很多从未在任何文献中发表过的有限挠度的方程，具有很高的实用价值。

此外，钱伟长的博士论文内容还包括从三维弹性理论导出壳体宏观平衡方程的证明，这部分内容发表在清华大学 1948 年 12 月的理科报告中。

1958 年 8 月，在美国海军结构力学研讨会上，美国科学家赛克勒和加州理工学院教授冯元桢共同发表了《弹性薄壳的失稳》一文，在文中将浅壳方程称为"钱伟长一般方程"，将浅圆柱壳方程称为"圆柱壳的钱伟长方程"。1977 年在荷兰出版的《板壳渐近解》一书，将钱伟长在多伦多大学开展的一系列科研工作称作"划时代的工作"。

"国家的需要就是我的专业"

钱伟长曾说过："我没有专业，国家的需要就是我的专业。"

纵观钱伟长的一生，他开展了很多科研项目，撰写了大量的科研论文与论著，涉足了多个学科领域，但他从不会因为研究范围超出自己最擅长的应用数学和力学领域，就停止探索与创新。他的每一项科研成果、每一部学术论著都是呕心沥血的杰作，其中都有新的构想和观点。

他之所以能达到这一境界，不仅是因为他拥有渊博的知识，还因为他受强烈的爱国心驱使。这可以从他发明"钱码"一事中得到证明。

有一次，钱伟长参加一个国际会议，一位外国专家在会上宣称："只有拼音文字才能救中国，因为汉字无法进入电子计算机。"次年，《语文现代化》丛刊上刊登了一篇鼓吹中国汉字拉丁化的文章，文章中说："方块汉字在电子计算机方面遇到的困难，好像一个衰老病人，行将就木。历史将证明，电子计算机是方块汉字的掘墓人，也是汉语拼音文字的助产士。"钱伟长在读完这篇文章后，十分气愤，决心让方块汉字输入电子计算机，给外国人一记响亮的耳光。

1980年10月，钱伟长率领中国代表团前往香港，参加国际中文计算机会议。

在参观国际商业机器（IBM）等公司的展品时，钱伟长看到IBM公司的中文输入计算机是日本人设计的，一个很大的键盘上有1920个汉字，常用字放在一块板上，次常用字放在另一块板上。王安公司把IBM公司的中文计算机键盘简化，但偏旁部首仍有100个，还是很大的一块板。这些公司争先游说钱伟长购买他们的产品，但钱伟长毫无情面地说道："你们这个方法是落后的，那么大的键盘，完全接受不了。我们要走自己的道路，两年后我再和你们见面。"

1981年6月21日，钱伟长以强烈的民族自尊心和责任感，发起成立了中国中文信息研究会（今"中国中文信息学会"），并当选为理事长，开始投身电脑汉字输入法问题的研究工作中。同年7月，钱伟长在为天津人民广播电台科学普及栏目撰写的一篇讲稿中指出："中文是联合国规定的五种官方文字之一，全世界有十几亿人口使用汉字。实现中文信息处理的现代化，对于促进我国发展乃至世界文化交流都极为重要。中国是汉字的故乡，有着5000多年的悠久历史，中文信息现代化的工作应该由我国人民来完成。我相信，依靠中国人的力量和智慧是能够实现这一目标的。"

相对来说，拼音文字的编码比较简单，因此拼音文字"进出"计算机的问题比较容易解决。而作为符号文字的汉字就不同了，《康熙字典》收录的汉字有47035个，其中常用的汉字就有七八千个。如何给数量巨大的汉字编码，把它们输入电子计算机，是个难度极大的问题，但也是个必须解决的问题，否则中文信息处理的现代化就无从谈起，还会严重阻碍我国的现代化建设。

国内外有关专家、学者和汉字爱好者也在探索研究汉字编码方法，力求找到一种更科学、更简便易行的汉字编码方法，直至1981年，学界提出的方案已有200多种。钱伟长凭借深厚的国学功底，根据汉字结构的特点，在1984年创造性地提出了汉字宏观字形编码法——"钱码"。

"钱码"以汉字的宏观字形部件编码，把151种汉字基本部件按形状相似、相近归类，定义在39个键位上。例如，把"其、耳、且、目、自、白、臼、贝、见、页"等部件编为一码，便于联想，记忆量小，易学易用，并在操作系统中增加了编码辅助输入、拼音、"钱码"交叉检索、重码记忆、词汇输入，以及增删、造字、编辑和排版功能。这在国内是独创的。使用"钱码"，在电脑上打任何一个汉字（包括简体、繁体）均只需输入三码，击键次数少，输入速度快。

"钱码"取码规则统一、取码流程统一、选用汉字部件统一、输入键盘通用，能处理国家标准信息交换用汉字编码基本字符集中的6763个汉字，全面解决了汉字识别技术的难题。这种方法取码规则简单，选用的汉字部件数量少，重码率低，适用于电报的收发，计算机字母和数字键盘，手写笔、手机等各种手持设备的汉字输入，以及各种电子字词典和汉字信息的排序、检索、中文机器翻译等，适用范围极为广泛。

1984年10月，"钱码"通过了上海市科委主持召开的技术鉴定。随后，"钱码"被国内外100多家企事业单位应用于信息管理、办公自动化、数据录入等方面，受到广泛好评。1985年2月，"钱码"荣获上海市当年度科学技术进步奖二等奖。1986年5月，在国家标准局组织的全国首届汉字输入法评测中，"钱码"从全国各地选送的34种方案中脱颖而出，被评为A类方案；同年，在北京举行的全国编码比赛中，"钱码"因单人输入速度第一获得甲等奖。

中文信息研究会理事长每届任期为5年，钱伟长连任第一、第二届理事长，直到1990年因年龄原因辞去这一职务。在他担任理事长的10年间，我国中文计算机的研究从无到有，再到百花齐放，而中文输入法的编码方案更可用"万码奔腾"来形容。从这个角度来说，钱伟长对我国中文信息处理现代化事业所作的贡献是不可估量的。

钱伟长在64岁时学习计算机，于古稀之年发明"钱码"，这对一位大名鼎鼎的科学家来说不仅需要勇气，还要坚定信念。不是自己的专业领域，就要放下架子，虚心求教，如果仅从自己的利益考虑，钱伟长完全可以不接触自己不熟悉的领域，但是他没有考虑这些，而是一心为国家建设着想。

进入20世纪90年代，汉字输入法从打单字的时代进入打词组的时代，钱伟长因为兼任大学和社会各项职务，公务繁忙，无法抽空修改"钱码"代码，因此"钱码"退出市场。但是"钱码"为中文信息技术的研究提供了一种全新的方法，为中文计算机系统的开发起到了铺垫、借鉴作用。

钱伟长也是一位杰出的教育家。他曾先后担任清华大学、上海大学等多所大学的教授和校长，以及上海市应用数学和力学研究所所长等职务，在他的领导下，这些学校和机构都取得了显著的进步和发展。他大力倡导教育理念革新，提出"拆除四堵墙"的教育理念，即拆除学校与社会之间的墙、教学与科研之间的墙、各系各专业之间的墙、教与学之间的墙，打破了传统教育的封闭性，这一理念对中国的教育改革产生了深远的影响。他关注国家科技发展，注重人才培养和人才梯队建设，指导培养了许多研究生和博士生，其中包括力学家叶开沅、国际宇航科学院通讯院士朱毅麟、物理学家和两院院士郑哲敏等人。

钱伟长还是一位著名的社会活动家。他曾担任第六至第九届全国政协副主席，民盟第五至第七届中央副主席与第七至第九届名誉主席，香港特别行政区基本法起草委员会委员，澳门特别行政区基本法起草委员会副主任委员，中国海外交流协会会长，中国和平统一促进会会长等职务，积极参与国家的政治和社会事务，为祖国的统一、建设和繁荣作出了重要贡献。

据统计，钱伟长在近 20 个学科或行业都作出过贡献，这在我国科学家中是十分罕见的。有人尊称他为"科学家中的超人"，也有人戏称他是"改行专家"，还有人称他为"万能科学家"。

2010 年 7 月 30 日，钱伟长在上海华东医院病逝，享年 98 岁。钱伟长曾以"厚德载物，自强不息，为人民服务"为自己的人生信条用以自勉，这句话正是他的人生写照。他一生不求名利，赤诚奉献，"无名无利无悔，有情有义有祖国"，为祖国的科研、教育、文化事业奉献了毕生的心血，功勋赫赫，风范永存，永远受到后人的敬佩与怀念！

钱伟长名言

★ 我没有专业，祖国的需要就是我的专业。

★ 为了中华民族的繁荣富强，我要献出全部学识智慧。

★ 我们培养的学生首先，应该是一个全面的人，是一个爱国者，一个辩证唯物主义者，一个有文化艺术修养、道德品质高尚、心灵美好的人；其次，才是一个拥有学科、专业知识的人，一个未来的工程师、专门家。

各界赞誉

★ 高寿犹报兴国志，皓首未改赤子心。

——上海市原市长 徐匡迪

★ 钱伟长是中国著名的学者，在世界上同样也有一定的影响力，他用谦逊的态度为后辈树立了非常好的一个楷模。

——北京大学原校长 吴树青

★ 从义理到物理，从固体到流体，顺逆交替，委屈不曲，荣辱数变，老而弥坚，这就是他人生的完美力学！无名无利无悔，有情有义有祖国！

——2010 年的"感动中国人物"颁奖辞

钱三强：为中国原子弹而生

钱三强（1913—1992），祖籍浙江省湖州市，浙江省绍兴市人。

身份： 核物理学家，中国科学院院士。

成就贡献： 中国原子能科学事业创始人，在核物理研究中获多项重要成果，特别是发现铀原子核三分裂、四分裂现象，并对三分裂机制进行了科学的解释；领导建成中国第一个重水型原子反应堆和第一台回旋加速器，并制造了一批重要仪器设备，使中国的堆物理、堆工程技术、钋化学放射生物学、放射性同位素制备、高能加速器技术、受控热核聚变等科研工作先后开展起来；负责原子弹研制中各个环节的攻坚任务，为中国第一颗原子弹和氢弹的研制成功作出重要的贡献。

荣誉奖项： 法国科学院亨利·德巴微物理学奖，"两弹一星"功勋奖章，法国荣誉军团勋章。

初识原子世界

1913 年 10 月 16 日，钱三强出生于浙江省绍兴市，在家中几个兄弟姐妹中排行第三。他的父亲是著名文字学家、"新文化运动"倡导者与领导者之一钱玄同。受父亲影响，钱三强从小就喜爱读书，对科学知识表现出了浓厚的兴趣。

钱三强早年跟随父母在北京生活，先后就读于北京高等师范附属小学、孔德中学。1929 年，钱三强在父亲的支持下考入北京大学理科预科。在预科学习了一年后，钱三强觉得自己所学的知识有限，于是开始有选择地去别的系旁听一些非必修课，有时还去听理学院本科生的课。

一天，钱三强路过校园布告栏旁时，发现海报上登载了一则消息：北京大学将聘请清华大学的吴有训教授来校讲授近代物理学。这则消息引起了他很大的兴趣，他还从来没有听过大学的物理课，于是决定到时去听课。

吴有训前来讲课那天，钱三强一大早就来到教室，他发现这位老师很特别——没有拿皮包、讲义和教科书，只拿了两页纸、几节电池和一些长短不一的绳子。吴有训首先在黑板上写了"振动与共振"几个大字，接着又拉了一根长绳，在绳子上等距离地挂了 8 根短线，每根短线上吊一节大号电池。吴有训推了一下第一节电池，电池立即摆动，随之第二节、第三节、第四节……也跟着依次摆动起来。

吴有训运用简易的实验器材生动地展示了共振现象和简谐运动，他通过巧妙的教学方法，使钱三强等学生很快就掌握了这些难懂的物理学概念。从此，钱三强对物理学产生了浓厚兴趣，决定报考清华大学物理系。

1932 年夏，钱三强从北京大学预科毕业，同年秋天顺利考入清华大学物理系，成为留美归来的叶企孙、吴有训、赵忠尧和萨本栋教授的学生。

当时，清华大学物理系聚集了中国物理学领域的众多著名教授，他们大都是从科技发达的欧美国家留学归来，习惯采用欧美的教学方式：课堂上不读课本，着重剖析例题，引导学生思考，注重培养学生解决问题的能力。最让钱三强感兴趣的是，老师们在课堂上总会介绍本领域的最新科研动态。

赵忠尧主讲原子物理学，一次他在讲课中穿插介绍了英国物理学家查德威克发现中子的经过。讲完中子的性质、质量及其在原子核内部的作用后，他说："原本这项发现应该属于两位法国科学家——伊莱娜·居里和让·弗雷德里克·约里奥夫妇。他们最早在实验中发现了一种奇怪的现象，这种奇怪的现象实际上就是中子的出现，但他们当时并没有意识到中子的存在，在实验结果发表时，把这种极其重要的奇怪现象解释为 γ 射线对质子的一种散射。"

"两位法国科学家无意间失去了绝好的机会，但是这次实验结果却令英国科学家打开了思路。看到这对夫妇的实验报告后，查德威克进行重复实验，同样发现了这个奇怪的现象，之后他给出了正确的解释，确认这种粒子为中子。就这样，这个发现让他获得了诺贝尔物理学奖。"

最后，赵忠尧总结道："科学研究有时给人带来遗憾，有时给人带来幸运。但是，有勇气并能够抓住机会，对每个人来说都很重要。"

正是赵忠尧所讲的这个有趣的故事，将钱三强引向了神秘莫测的原子世界。

1934 年暑期，吴有训去国外考察，从美国带回来一些吹制玻璃的设备、玻璃真空泵和各种口径的玻璃管，随后在系里开设了"实验技术"这门选修课。这门课的第一批学生共有 6 人，钱三强就是其中之一。

在第一堂实验课上，吴有训要求每个学生自己吹制一个玻璃器皿，自行决定其形状和大小。第一次吹制时，钱三强失败了。吴有训走过来耐心地指导他，告诉他要注意把握火候，使黏度慢慢增大，接着完成造型，最后退火。钱三强又吹制了几次，一次比一次做得好，最终吹制出了满意的作品。吴教授频频点头，赞扬钱三强是可造之才。

1936 年春，钱三强开始撰写毕业论文，他以"金属钠对真空度的影响"为题开始写作，并进行实验。吴有训要求钱三强独自设计实验，制作实验设备，并给了他一个扩散真空泵和一些玻璃管材作为实验的材料。钱三强通过查阅相关资料设计出管道图，并到加工车间用角钢焊接了一个支架，又用扩散真空泵和玻璃管材制作了一台真空系统装置。

前面的实验进展顺利，钱三强也充满了信心，没想到后来有一天发生了意外。

这天，钱三强又像往常一样启动了扩散真空泵，突然"砰"的一声，玻璃真空系统爆炸了，扩散真空泵里的水银崩落一地。幸运的是，钱三强没有受伤，他缓了缓神，随后赶紧跑去向吴有训报告。吴有训关切地嘱咐他将实验室的门窗全部打开通风，暂时不要让其他人进去，以免吸入水银蒸气中毒。

过了几天，钱三强和吴有训一起到实验室查看爆炸的原因。经过分析，他们认为是玻璃制品的结构应力不均匀导致玻璃真空系统爆炸，而要避免这一现象，在吹制玻璃设备时必须注意退火并严格执行退火的操作程序。吴有训鼓励钱三强继续努力，做好实验。

钱三强总结教训，又重新做实验，最终获得了成功，他的毕业论文也获得 90 分的优异成绩。

通过实验，钱三强增强了动手能力。后来，钱三强到法国留学在巴黎大学镭学研究所居里实验室实习时，因动手能力强而受到导师约里奥的赞许。他回想起自己在清华大学做实验的这段经历，深有感触地说："回忆这段过往，说明我在清华大学受到的教育，特别是吴先生鼓励我们敢于动手的理念是非常重要的，对我今后科研工作的开展是有重要意义的。"

点将调兵造原子弹

1945 年，美国在日本广岛、长崎扔下两颗原子弹后，许多国家认识到了原子弹的巨大威力，争相研究原子弹。苏联、英国、法国紧随美国，相继研制出原子弹。朝鲜战争期间，美国曾扬言使用核武器，给中国带来了巨大的压力。朝鲜战争结束后，美国又不断地对中国进行核讹诈、核威胁，核战争的阴云不时飘向中国的上空，中国面临着严峻的挑战。

为了增强中国的国防实力，保卫国家安全，打破帝国主义的核讹诈、核垄断，党中央经过慎重研究，做出了具有重大战略意义的英明决策——研制"两弹一星"（指核弹、导弹和人造地球卫星）。

1954 年，钱三强向时任国防部长的彭德怀元帅提出了建造"一堆一器"的建议，提议在中国首先建成一座实验性反应堆和一台回旋加速器，用来开展核科学实验研究，为建设核工业和研制核武器做技术上的准备。

1955 年 1 月 15 日，毛泽东、周恩来、刘少奇、朱德等党和国家领导人在中南海专门听取李四光、钱三强等人介绍原子弹的相关知识，钱三强汇报了我国原子能研究的发展情况。之后，钱三强以中国科学院物理研究所为基础，建立了我国第一个原子能研究所。

1956 年 8 月，中苏两国签订了关于苏联援助中国建设原子能工业的协定。1958 年 7 月 1 日，在苏联的援助下，我国建成第一座实验性原子反应堆。1958 年，苏联提出要在中国领土和领海上建立中苏共有共管的长波电台、共同舰队的要求，这些涉及中国主权的要求，当即遭到毛主席的坚决拒绝。与此同时，美国悍然插手中东事务，蒋介石也派军队频频骚扰福建、浙江等沿海地区。面对剧烈动荡的国际局势，党中央决定大力发展原子能工业。钱三强到各地做报告，呼吁各地成立原子能研究所，各高校建立核物理专业。

1960 年，苏联撤走了在中国的全部专家，不再承诺帮助中国制造原子弹，中国原子能科学技术的研究遭遇了前所未有的打击。党中央决定自力更生，依靠自己的力量研制原子弹。

苏联专家撤走后，聂荣臻元帅对钱三强说："我们要完全依靠自己的力量来攻克原子弹、氢弹的尖端科学技术问题……至于人员选定，由你负责点将，点到哪个单位，哪个单位都不能打折扣。"

钱三强积极响应党中央的号召，牢记聂荣臻元帅的嘱托，斗志昂扬地投入独立自主发展中国原子能事业的伟大行动中。他四处奔走，多方协调，调兵遣将，组织技术人员开展原子弹技术攻关。

任命 34 岁的邓稼先为原子弹设计理论部主任，负责原子弹理论设计，邓稼先在后来的原子弹研制工程中发挥了关键作用；

推荐朱光亚到九所（核武器研究所）参与领导原子弹、氢弹的研制和试验工作；

推荐自己的"左膀右臂"彭桓武和王淦昌担任九所学术带头人，

顶替撤走后的苏联专家；

拜访钱学森，邀请应用力学家郭永怀担任核武器爆炸力学研究工作负责人；

推荐程开甲负责创办核武器试验研究所，主持开展核试验的准备工作；

推荐周光召到九所担任理论部第一副主任，进行有关核应用的理论研究；

推荐王承书从事气体扩散理论研究，为气体扩散厂铺路搭桥；

将分离铀同位素的重任交给吴征铠，为中国第一颗原子弹原料的分离打下基础；

让于敏加入氢弹轻核反应理论组，进行氢弹理论的预先研究，并将于敏、黄祖洽等 31 人从原子能研究所调到九所。

……

除了上述科学家，实验物理学家赵忠尧、杨澄中、戴传曾，理论物理学家朱洪元，放射理论化学家杨承宗、肖伦，计算机和真空器件专家夏培肃、范新弼等人都得到了钱三强的推荐。钱三强凭借杰出的组织能力，将数百名科技精英凝聚到我国核武器研制工作第一线，在后来受到表彰的 23 位"两弹一星"功勋科学家中，有 15 人由钱三强动员回国，其中 7 人由他直接推荐到核武器研制第一线。这些科学家为中国核试验事业的科研攻关和原子弹和氢弹的成功研制作出了重要贡献。

在当时严峻的国际形势下，钱三强勇挑重担，在特殊岗位上肩负着特殊的使命，将各方科技力量拧成一股绳，竭尽全力地为大家当好参谋，提出各项建议和对策，解决大家工作中遇到的各种技术问题，在当时我国的核武器研制工作中起到了桥梁和纽带的作用。

关于钱三强所起的作用，宋任穷说过一段话："钱三强同志在我国原子能事业的创建与发展中，有独特的贡献。在普及原子能科学知识、培养推荐科学技术人才、建立综合性核科研基地、引进和吸收外来技术、组织领导重大科技攻关和科技协作等方面，做了大量工作，起到了别人替代不了的作用。"

领导原子弹攻坚战

1961年，我国原子弹的研制工作进入关键时期。为了加强各方协作，充分发挥中国科学院相关研究所的潜能，更好地为"两弹"服务，二机部与中国科学院成立了协作小组。

这一年，钱三强四处奔波，协调和落实原子弹研制的各项工作。据统计，仅在1961年，钱三强所在的二机部接受的任务就多达83项，共计222个研究课题。

当时，因苏联毁约，我国原子弹研制工作出现了很多关键性难题，有些难题直接落到了处在特殊位置的钱三强身上。为了不耽误原子弹的研究进程，按时完成核试验任务，钱三强废寝忘食、夜以继日地工作着。在他的领导下，一场有上百家科研单位、数万人参加的轰轰烈烈的原子弹攻坚战在我国开展起来。

原子弹爆炸需要依靠两块铀发生链式反应，而铀浓缩厂需要的关键生产原料是六氟化铀，它由二氧化铀经两次氟化获得。苏联撕毁中苏合作协议后，这种原本由苏联提供的原料转而需要我国自行解决。于是，尽快掌握铀转化技术就成了当时的一项紧急任务。

钱三强亲自督促这项任务的解决。他先抓生产，同时毫不放松铀转化厂的建设，并形象地称这种做法为"骑驴找马"。钱三强陪同时任国防科委主任的张爱萍视察六氟化铀生产车间，激励工人道："只要生产出2克合格产品，就算成功！"

结果，首次开工就生产出了3300克合格产品。工人们士气随之大振，并于1963年胜利完成了18吨六氟化铀的生产任务，为我国制造第一颗原子弹提供了充足的原料。

除了准备原子弹的制造原料，研制为原子弹点火的中子弹也是当时一项十分紧急的任务。原子弹的点火装置叫作"点火中子源"，主要利用中子轰击核原子引发核爆炸，是原子弹的关键部件之一，制作工艺复杂，需要100多道工序。

在敲定负责人时，钱三强想到了所里年轻的化学工程师王方定。一天晚上，他把王方定叫到自己的办公室，对他说："小王，研究原子弹点火装置需要尽快过关。这个任务时间紧、担子重，调你去做，你看怎么样？"

王方定内心一阵紧张，觉得这副担子实在太重了！不过，他从钱三强那期待的目光中看到了信任——"你有这个能力"，由此他获得了力量，增强了勇气和信心。

钱三强又指着放在办公桌上的一个容器说："你看，这是我从法国带回来的一点儿放射性废渣原料，放了这么多年，一直舍不得用。现在交给你，把它用到最需要的地方去。"

王方定被钱三强深沉、炽热的爱国热情深深感动了，他双手捧起桌上的容器，感觉同时也捧起了一份沉甸甸的责任。王方定决心拼尽全力研制出点火中子源，绝不能辜负党和国家的重托。

经过 3 年的艰苦奋战，王方定等人在 1963 年 11 月制成了 2 个符合原设计要求的氚化铀小球样品。同年底，他们又成功研制出 4 个合格的点火中子源，并将它们安全送到了西北核试验基地。

随着各项理论设计和材料研制先后获得重大突破，原子弹爆炸试验被提上日程。1964 年 10 月 16 日下午 2 时 45 分，二机部部长刘杰用颤抖的声音对钱三强说："三强同志，再过一刻钟，我们放的那个'炮仗'就要响了，你看有万分之几的可能会失败？"

钱三强听了，眼含热泪，激动地说："会成功的，一定会成功的！"

下午 3 时整，随着一声"起爆"的命令，一声惊雷响过，一团硕大无比的蘑菇状云团在祖国西北大漠的天空翻腾、舒卷，直冲云霄，描绘出一幅令无数人欢呼雀跃的壮丽图景。

第一颗原子弹爆炸成功后，1967 年 6 月 17 日上午 8 时 20 分，我国又成功爆炸了第一颗氢弹。与世界其他国家的研制时间相比，中国的"两弹"爆炸仅仅相隔 2 年零 8 个月左右。当天深夜，这条消息从北京传出，一时间，全国沸腾，举世震惊，各国媒体争相报道和评论了这一历史性事件。

我国第一颗原子弹与氢弹的成功研制与爆炸，凝聚了钱三强的心血。他是我国原子能事业的开拓者和奠基人之一，是我国核武器研制工程的组织协调者和总设计师，为我国原子能科学事业的发展，为培养中国原子能科技队伍立下了不朽的功劳。

1992 年 6 月 28 日，钱三强因心脏病复发，在北京逝世，享年 79 岁。钱三强离去了，但他那宽广的胸怀、勇挑重担的气魄、杰出的组织才能、甘为人梯的精神、谦逊朴实的作风，以及只求奉献不求索取的高风亮节，得到了全国科技工作者的称赞，激励了成千上万的青年学子！

钱三强名言

★ 光明的中国，让我的生命为你燃烧吧！

★ 虽然科学没有国界，科学家却是有祖国的。正因为祖国贫穷落后，才更需要科学工作者努力去改变她的面貌。

★ 各种科学发现往往具有一个共同点，那就是勤奋和创新精神。

★ 千里马是在茫茫草原的驰骋中锻炼出来的，雄鹰的翅膀是在同暴风的搏击中铸成的。

各界赞誉

★ 钱三强的一生，是追求科学真理的一生，也是为国家富强、科技发展作出重大贡献的一生。

——中国科学院院士 白春礼

★ 他（钱三强）对科学事业满腔热忱，并且聪慧有创见。钱先生还是一位优秀的组织工作者，在精神、科学与技术方面，他具备研究机构的领导者所应有的各种品德。

——1935 年诺贝尔化学奖获得者 约里奥·居里夫妇

何泽慧：中国的居里夫人

何泽慧（1914—2011），祖籍山西省灵石县，江苏省苏州市人。

身份： 核物理学家，中国科学院院士。

成就贡献： 发现并研究了正负电子几乎全部交换能量的弹性碰撞现象，与钱三强合作发现了铀核的三分裂现象，独立发现了铀核的四分裂现象；与合作者研

制出达到国际水平的原子核乳胶探测器和核电子仪器；领导建立中国科学院原子能研究所中子物理实验室，主持测定了与核裂变反应有关的基础核数据，为我国原子弹、氢弹技术突破提供了重要支撑；领导建立高山宇宙线观察站，在高空气球、高能天体物理学研究方面作出了重要贡献。

荣誉奖项： 中国科学院自然科学奖，即首次国家自然科学奖三等奖。

少年早慧的物理天才

何泽慧于 1914 年 3 月 5 日生于江苏省苏州市的名门望族何氏家族，

祖籍为山西省灵石县两渡镇。何泽慧的外祖父王颂蔚是清朝的进士，还是蔡元培的恩师，是"苏州三大才子"之一；外祖母谢长达是晚清著名教育家、妇女活动家，曾创办了著名的振华女校；父亲何澄曾东渡日本留学，是中国同盟会最早的会员之一，也是书画家和文物收藏家，著名的苏州网师园曾是何澄的私宅；母亲王季山是物理学翻译家。

在中国传统文化气息浓厚的家风熏陶及思想开明的父母教育下，何泽慧自幼天资聪颖，秀外慧中，气质高雅，见识过人，表现出巾帼不让须眉的风范。

何泽慧刚懂事时，发现家中和她同一辈的男孩名字里都有一个"泽"字，比如大哥名字叫何泽铭，而女孩名字里则都有一个"贞"字，比如大姐名叫何怡贞。何泽慧很不服气，就向父亲提出抗议，说男孩女孩应该都一样，为什么家里的女孩就不可以用"泽"字。她一再坚持自己的名字要用"泽"字，父亲拗不过她，就为她取名"何泽慧"。

何慧泽小学、中学都是在外祖母创办的振华女校读书的。振华女校深受当时中国先进知识分子提倡的"科学治国"思想的影响，办学理念和教学方法借鉴西方学校的模式，开设的课程也以理科和外语为主，数理化教材也都使用国外原版。学校还鼓励学生兼收并蓄，注重阅读课外书籍，参加体育锻炼，接触社会。在这种新颖的学习环境中，何泽慧在德智体美、诗文书画等方面得到了良好的发展，成长为一位多才多艺的"苏南才女"。

1932年，18岁的何泽慧从振华女校毕业，准备报考大学。父亲调侃她道："考得上就去上大学，考不上就回来当丫鬟。"何泽慧哪里肯认输，考前拼命学习，最终从报考清华大学物理系的3000多名考生中脱颖而出，以"女状元"的身份被清华大学物理系录取。

到清华大学物理系报到后，物理系主任叶企孙想劝何泽慧转系，因为他认为物理学过于抽象，物理研究工作过于艰苦，不适合女生学习。性格倔强的何泽慧非常生气，心想："你越不要我来，我偏要来。你不让我念，我偏念！"她与另外两名学物理的女生冲到叶企孙的办公室，向叶企孙提出强烈抗议。在她们的据理力争下，叶企孙最终同意让她留在物理系继续学习物理。

那年，清华大学物理系一共招收了 28 名学生，到 1936 年学业结束时只有 10 名学生顺利毕业。何泽慧以第一名的优异成绩毕业，排名第二的则是后来成为她丈夫的钱三强。在清华大学读书期间，何泽慧和钱三强互生好感，彼此在心中埋下了爱情的种子。

毕业后，与何泽慧同班的男生都进了南京兵工署工作，何泽慧却被拒之门外，原因就在于她是女性身份。何泽慧意识到现在国内对女性身份有所芥蒂，自己无法施展抱负，于是决定出国留学。在山西政府的资助下，何泽慧前往德国柏林高等工业学校（今柏林工业大学）技术物理系攻读博士学位。

柏林高等工业学校技术物理系与德国军事工业关系密切，保密程度很高，从不接收外国留学生。何泽慧事先了解到该系系主任克兰茨是德国弹道学权威、军事专家，曾经到中国南京兵工署当过顾问，为中国的抗日战争出过力，于是直接去找克兰茨，当面问道："克兰茨教授，你可以到中国来当我们军工署的顾问，帮我们抵抗日本的侵略。而我为了同样的目的到这里来学习弹道学，你为什么不收我呢？"

克兰茨被何泽慧的坚毅执着和爱国情怀打动，破例接收了何泽慧。当时日本正蓄谋发动全面侵华战争，中国的形势极为严峻，战争的烽火即将蔓延。出于抗日御敌、保卫国土的爱国情怀，何泽慧毅然选择了实验弹道学作为自己的专业攻读方向。后来在与别人谈起自己选择实验弹道学的动机时，她激动地说道："我留学为什么选择了弹道学？当时只有一个念头——为了打击日本侵略者。"

当时，何泽慧是柏林高等工业学校技术物理系第一次招收的外国留学生，也是该系弹道学专业招收的第一名女学生，更是世界上第一个学习弹道学的女学生。1938年2月，何泽慧进入柏林高等工业学校技术物理系，在盖革教授的指导下学习，于1940年完成了博士论文《一种精确测量子弹飞行速度的新方法》，成功取得博士学位。

获得博士学位后，何泽慧打算尽快返回祖国，为国效力。只是此时第二次世界大战已经全面爆发，欧洲战事频繁，德国封锁了边境，何泽慧不得不留在德国寻找工作。在教授盖革的推荐下，何泽慧进入柏林西门子公司弱电流实验室从事磁性材料的研究工作。在西门子公司的工作经历锻炼了何泽慧制造仪器的能力，正是得益于此，在回国之后她围绕反应堆与加速器研制出了一系列的科学仪器。

随着战火的不断蔓延，何泽慧开始认识到原子核物理学的重要性，从而将研究方向由原来的导弹学转为原子核物理的实验研究。1943年，何泽慧来到海德堡威廉皇家学院核物理研究所，师从爱因斯坦的学生、著名物理学家瓦尔特·博特（1954年诺贝尔物理学奖得主），从事原子核物理实验研究。其间，何泽慧开始同1937年到巴黎大学镭学研究所居里实验室攻读博士学位的钱三强通信。多事之秋，寄居异国他乡，两颗年轻的心贴得更紧，何泽慧与钱三强正式确立了恋爱关系。

1945年，何泽慧首先研究并观测到了正负电子几乎全部交换能量的弹性碰撞现象。她的这一研究成果被世界权威综合性科学周刊《自然》杂志报道，被誉为"科学珍闻"。这一年何泽慧32岁，年轻的她开始在物理学领域展露非凡的才华，成为世界物理学领域一颗冉冉升起的新星。

首次发现铀四分裂现象

1945 年，德国战败，海德堡的研究所被美军占领。1946 年 4 月，何泽慧离开德国来到巴黎，与钱三强在巴黎的中国驻法使馆登记结婚，并于当晚举行了婚礼，居里夫妇等科学家出席了他们的婚礼。婚后，何泽慧与钱三强一起在居里夫人的法兰西学院核化学实验室从事原子核物理研究工作，共同开始了物理科学探索生涯。

1946 年夏，何泽慧与钱三强前往伦敦参加英国皇家学会举行的纪念牛顿诞辰 300 周年庆祝会。会上，剑桥大学卡文迪许实验室的格林和利夫教授宣读了他们关于使用核乳胶研究铀原子核裂变现象的报告，并展示了一张原子核裂变径迹的核乳胶照片。照片中出现了一个三叉形状的径迹，格林和利夫对此未作解释，只是说这条径迹是 α 粒子，且与铀原子核裂变无关，其他外国参会者也没人提出异议。然而细心的钱三强注意到了这条径迹，对之产生了浓厚的兴趣。

此前，国际物理学界人士一般认为铀原子核分裂只可能分为两个碎片，照片上出现三叉形状的径迹，说明铀原子核存在三分裂的可能。钱三强将这一情况默默记在心里。从伦敦回到巴黎后，钱三强立即组织科研小组进行原子核裂变实验，捕捉铀原子核三分裂径迹，何泽慧也加入了科研小组，与大家共同开展实验。

何泽慧他们先将核乳胶片放进硝酸铀酰溶液中浸泡几分钟，再将核乳胶片取出晾干放到回旋加速器上，用快中子或热中子照射，等核乳胶片上积累了一定数量的铀原子核裂变径迹后进行显影和定影，再用显微镜进行观察。然而核乳胶片灵敏度很高，胶片中的氢氮元素经快中子或热中子照射产生了许多反冲质子和质子径迹，而且天然放射的 α 粒子经硝酸铀酰溶液浸泡后也在核乳胶层里形成了许多径迹。为了减少这些径迹对铀原子核裂变径迹的干扰，何泽慧与团队成员苦苦探索，终于找到了一种对核乳胶进行一定程度减敏的处理办法。

铀原子核的裂变径迹通常只有 1 微米粗、20 微米长，分布在 40 微米厚的乳胶层中，必须用高倍显微镜放大才能看清楚。每天，何泽慧与团队成员用高倍显微镜仔细地观察乳胶层，一天要观察分析几百张相片，除了吃饭、睡觉，其他时间都在实验室里度过。何泽慧在显微镜前一坐就是好几个小时，一遍遍地操作显微镜，小心谨慎地转动显微镜的旋钮，将焦点对准乳胶层的各个层次，仔细扫描，逐一观察。一天下来，何泽慧眼酸腿疼，全身僵硬，连站起来都很困难。但何泽慧毫无怨言，仍然坚持每天坐在显微镜前，不厌其烦地反复进行观察。

经过连续几个星期的观察，何泽慧与团队成员终于找到了一些三叉形状的铀原子核裂变径迹，发现在多数情况下三叉径迹处于同一平面，有共同的起点，其中两条短而粗，另一条细而长。经过分析，何泽慧与团队成员确定前两条属于中等质量的铀原子核裂变产物，第三条是质量比较轻的铀原子核裂变产物。

接着，何泽慧与团队成员又对三叉径迹的夹角进行了测量演算，证明三叉径迹就是铀原子核三分裂形成的径迹。何泽慧和钱三强合作完成了论文《俘获中子引起铀的三分裂》，于 1946 年年底发表在《法国科学院公报》上，论文署名第一作者为钱三强，何泽慧为合作者。

1946 年 11 月底，钱三强和何泽慧共同观测到一个新型的三叉事例，与以前二重一轻的径迹不同，这个事例三条径迹都比较短而粗，应该都是相对比较重质量的裂变产物径迹。

1946 年 11 月 22 日晚，何泽慧仍在实验室工作。她用显微镜观察一张早前的核乳胶底片，突然发现里面有一个点发出了两长两短的四条径迹，四条径迹几乎处于同一平面上。何泽慧惊喜地叫来钱三强，夫妻俩经过认真仔细的分析研究，确定这是一条铀原子核的四分裂径迹。他们拍下影像，制作成照片送给居里夫妇，并在照片右上方写上"献给我们的导师约里奥－居里夫妇"，在照片下方写上"俘获一个慢中子引起的铀的四分裂"。

随后，何泽慧和钱三强完成了论文《铀四分裂的实验证据》，发表在《法国科学院公报》上，论文署名何泽慧为第一作者，钱三强为合作者。不久他们又完成了论文《铀三分裂与四分裂的能量与几率》，发表在 1947 年 1 月的《法国科学院公报》上。在这篇论文中，他们指出铀原子核三分裂与二分裂之比大约为千分之三，而四分裂概率小于万分之二。

铀原子核三分裂与四分裂现象的发现在国际科学界引起了巨大反响，各国科学专家和学者纷纷称赞钱三强和何泽慧为"中国的居里夫妇"。何泽慧也因为率先捕捉到世界上第一例铀原子核四分裂径迹，被称为"中国的居里夫人"。

1947 年年初，钱三强和何泽慧获得一项殊荣：法国科学院亨利·德巴微物理学奖。1947 年春，约里奥－居里在世界科学工作者协会会议上，亲自宣布了三分裂、四分裂成果，并评述说："这是第二次世界大战以后物理学一项有意义的工作"。

1948 年 6 月 10 日，钱三强与何泽慧带着不到一岁的女儿，经过一个多月的海上漂泊，终于回到阔别 11 年的祖国，开始了他们为中国原子能科学事业奋斗的历程。

新中国成立后，从组建中国科学院近代物理所（后改为原子能所），到主持建成"一堆一器"（中国第一个重水型反应堆和第一台回旋加速器），再到组织"两弹"攻关，何泽慧为我国原子能事业的发展作出了重大贡献。

献慧中国，泽被后世

尽管在法国取得了重要科研成就，也拥有了美满的家庭，但何泽慧与钱三强始终没有忘记出国学习的初衷，一心要回到祖国，为祖国贡献自己的才华和智慧。

1948 年 6 月 10 日，何泽慧与钱三强谢绝居里夫妇的挽留，放弃在法国的优厚待遇，带着不满一岁的女儿，满怀爱国热忱踏上返回祖国的路程。经过一个多月的海上漂泊，他们回到祖国的怀抱，出任清华大学教授，同时负责组建北平研究院原子学研究所。

1949 年新中国成立后，何泽慧与钱三强又全身心地投入我国原子核科学研究基地——中科院近代物理研究所的创建工作中。此时的中国，各行各业正处于百废待兴的时期，核物理研究更是一片空白，没有人才，没有资金，没有设备，属于"三无学科"，物理研究所的筹建困难重重。对此，何泽慧早就做好了思想准备，她对别人说道："我们早知道国内的情形，回来并不是来享受的，而是来吃苦的。我希望在自己的国家，领导本国的青年做一些事，进行一些研究。"

面对困难，何泽慧与钱三强没有气馁，而是凭借信念和勇气全力开创中国的核物理事业。夫妇俩每人每天骑着一辆自行车，到旧货店或废品收购站购买旧五金器材和电子元器件等材料，回到所里后再画图，然后依图制造简易仪器设备。人手不够，他们就把自己一个人当两个人用。那阵子他们几乎整天都在忙碌着，甚至连年幼的女儿都无暇顾及。经过一番艰辛的努力，何泽慧与钱三强等人终于于 1957 年成功组建了中国科学院近代物理研究所。

在筹建中国科学院近代物理研究所的过程中，何泽慧还担任乳胶组组长，带领团队成功研制出性能达到国际先进水平的核乳胶。

核乳胶是一种能记录单个带电粒子径迹的特制乳胶，由溴化银微晶体和明胶等物质混合组成，是研究高能粒子的重要工具，对于核物理研究具有不可替代的重要性。当时世界上只有英国和苏联两个国家掌握了制造核乳胶的技术，但从国外购买核乳胶成本高，而且运送到国内用时太久使得其灵敏度降低很多，不利于开展核物理研究，因此自主研发核乳胶成了我国核物理研究的当务之急。

研制核乳胶对于何泽慧来说是一个巨大的挑战。当时中国照相制片工业基础薄弱，缺乏先进的设备，而何泽慧所学的专业又与制造核乳胶相差甚远，一切都要从零开始。在简陋的条件下，何泽慧亲力亲为，带领实验小组一步一个脚印地摸索，反复进行试验。在 3 年的时间里，他们一共做了 420 次试验，终于在 1953 年研制出灵敏度可与英国伊尔福 C-2 型乳胶相媲美的核乳胶，但是还存在溴化银颗粒发生聚沉的问题，有待改进。经何泽慧严格把关，实验小组在 1956 年年初成功解决了聚沉问题，研制出对质子、α 粒子及核裂变碎片都反应灵敏的核-2 和核-3 乳胶，何泽慧等人因此获得我国首届自然科学奖三等奖。

1958 年，何泽慧参与了我国第一台反应堆和回旋加速器的修建。反应堆及回旋加速器建成后，何泽慧担任中国科学院中子物理研究室主任，领导我国的中子物理研究工作，她研制了几台实验设备，探索出了各种热中子和共振中子核数据的测量方法，为开拓我国中子物理与裂变物理实验领域作出了重要贡献。此外，她还瞄准快中子谱学的国际发展趋势，组织力量开展相关研究，使中国快中子实验工作很快达到了当时的国际水平。

从 1964 年起，何泽慧开始担任中国科学院原子能研究所副所长，积极配合我国核武器技术人员开展相关研制工作，成功研制原子弹点火中子源，为我国原子弹、氢弹技术突破提供了重要支撑。

1965 年，我国的氢弹研制进入关键阶段，二机部发现锂同位素反应截面测量的数据可能存在计算错误，立即安排原子能研究所对此数据进行测算，以验证数据的准确性。按照正常的进度，此数据的测算一般需要两年，何泽慧带领小组成员夜以继日地进行测算，只用了几个月的时间就找到了数据中的漏洞，从而保证了我国氢弹的研制工作得以顺利进行。

"两弹一星"元勋之一彭桓武对何泽慧所做的这项工作给予了高度评价："这是何先生很大的一个贡献！因为她，中国核武器研制才没有走弯路。"如果没有何泽慧的努力，中国的氢弹或许会晚很多年才能研制成功。

1973 年，何泽慧担任中国科学院高能物理研究所副所长，积极推动我国进行宇宙线超高能物理和高能天体物理的研究，开创了中国的高空科学气球，发展了空间硬 X 射线探测技术及其他配套技术，有力地推动了我国的宇宙线超高能物理和高能天体物理的发展。此外，何泽慧还热心关注、倾力建设中国的教育科研事业，在她的带领和影响下，一批年轻的科研人员迅速成长为我国原子核科学和空间科学事业各方面的骨干力量。

自从回国后，何泽慧将自己全部的时间精力都倾注在我国的核物理科学事业上，在核科学领域孜孜不倦地辛勤耕耘。直到耄耋之年，她仍然坚持全天上班，为祖国的核物理事业发挥自己的余热。

2011 年 6 月 20 日，97 岁的何泽慧在北京协和医院逝世，走完了她平凡而又伟大的一生。何泽慧是中国知识分子的光辉榜样，她出身显赫却从不骄傲夸耀，成就卓越却始终保持谦逊，用自己的一生诠释了淡泊名利、甘于奉献、开拓进取、锐意创新的科学家精神，为中国的科技发展树立了一座不朽的丰碑。正如名字"泽慧"一样，何泽慧的智慧、成就将永远泽被后世，成为中华文明宝库中一笔珍贵的财富。

何泽慧名言

★ 对国家有益的，我就做！

★ 任何人，只要认真努力做了，就好！

★ 各行各业的人只要自己做出成绩、做出水平，都是国家需要的。

★ 科研工作者要发扬自力更生、艰苦奋斗的精神，要立足常规、着眼新奇。

各界赞誉

★ 何泽慧先生是中国原子能物理事业开创者之一，是中科院近代物理研究所的创建者之一。她以满腔的热忱领导开展中子物理与裂变物理的实验，她积极推动了祖国宇宙线超高能物理及高能天体物理研究的起步和发展。

——1957年诺贝尔物理学奖获得者 李政道

★ 何泽慧先生在物理学领域功勋卓著。她首先观测到正负电子碰撞现象，被英国《自然》杂志称之为"科学珍闻"；她与丈夫钱三强合作发现了铀核裂变的新方式——三分裂和四分裂现象，在国际科学界引起很大反响；在她的主持和带领下，中国高能物理领域取得了骄人的成绩，缩小了与国际水平的差距。人要有报国之心，亦要有报国之能，何泽慧先生就是这样一位难得的人才。

——新华社

黄纬禄：乘风破浪铸"神剑"

黄纬禄（1916—2011），安徽省芜湖市人。

身份：火箭与导弹控制技术专家，中国工程院院士，国际宇航科学院院士。

成就贡献：中国航天事业奠基人之一，中国导弹事业主要开拓者，长期从事导弹武器系统研制工作，提出"一弹两用"设想，领导了中国第一枚固体潜地战略导弹的研制，开创了中国固体战略导弹研制先河，探索出中国固体火箭的研制规律，奠定了中国火箭与导弹技术发展的基础；参与了中国"东风"等型号中近程、中程、中远程、远程液体弹道导弹，以及中国第一颗人造地球卫星"东方红一号"控制系统的研制，填补了中国导弹与航天技术的空白。

荣誉奖项：杰出科学家奖，全国科学大会奖，国家科技进步奖特等奖，全国五一劳动奖章，"两弹一星"功勋奖章。

萌生制造"飞弹"梦想

1916 年 12 月 18 日，黄纬禄生于安徽芜湖的一个文化世家。小时候的黄纬禄，皮肤黝黑，相貌平平，性格内向，寡言少语，两三岁时还不会说话。与皮肤白皙、活泼大方的哥哥、姐姐相比，可谓"相形见绌"，父母也不太喜欢他，时常将他丢在一旁，让他独自一人玩耍。

然而父母的冷落、忽视，无形中也使黄纬禄养成了隐忍平静、坚强刚毅、外柔内刚的性格，铸就了他以后独特的处世风格和人格魅力，奠定了他执着理想、沉迷事业、顽强进取、锐意创新的精神基础。

黄纬禄的父亲黄慎闻是清朝秀才，知识渊博，曾担任小学的国文老师，他虽然不喜欢黄纬禄，但很重视对他的教育。黄纬禄 6 岁时，父亲就将他送进私塾读书。黄纬禄在私塾每天跟随私塾先生诵读《三字经》《百家姓》《千字文》等蒙学课文。他很厌倦这种死记硬背的学习方式，虽然大声朗读课文，但眼睛却时不时地望向窗外，有时他还以肚子疼为由，央求母亲帮他向私塾先生请假。尽管如此，黄纬禄的国文课学得并不差，私塾先生让他背诵课文内容时，他都能背得滚瓜烂熟，这也反映了黄纬禄思维敏捷、大脑聪颖。

黄纬禄 8 岁那年，父亲将他送进芜关小学读书。在芜关小学，黄纬禄的求知欲望被激发出来，学校丰富的课程、灵活的教学方式让他感觉进入一个崭新的天地，他对各门课程都产生了兴趣，兴致勃勃地投入学习中。

芜关小学的国文老师不要求学生一味地死记硬背课文，而是引导他们注重理解课文的内容，这使黄禄受益匪浅，对他日后养成独立思考、注重实践的习惯起了重要作用。

芜关小学也开设手工课，黄纬禄对手工课很感兴趣，做手工物件时十分投入。老师将材料发给学生，告诉学生按照要求制作物件，黄纬禄常常第一个就将物件做好，做的物件既结实又精美，因此没少得到老师的夸赞。通过制作手工物件，黄纬禄提高了自己的动手能力。

黄纬禄学习积极性高，又十分刻苦，常常独自一人待在角落里看书、做作业，有时一待就是好几个小时，甚至忘了回家吃饭。一天中午，家中的保姆喊他回家吃饭，他迟迟没有回应，嘴里还嘀嘀咕咕地说着什么。保姆见状吓坏了，以为黄纬禄是受了什么刺激才会有这样反常的举动，连忙回去将情况告诉黄纬禄的父亲。父亲听了也吃了一惊，慌慌忙忙地赶来，却见黄纬禄坐在小板凳上，捂着耳朵，闭着双眼，正在聚精会神地背诵乘法口诀，这才放下心来。

小时候的黄纬禄，对自然界的一切都充满好奇，对于一些常见的自然现象总爱问几个"为什么"。为什么天是蓝色的，树是绿色的？为什么云会四处飘动，鸟会飞得那么高？为什么木头会浮在水面上，而铜钱却会沉到水底？

有时放学后，黄纬禄就同小伙伴来到芜湖鸡毛山后的小山坡上放飞竹蜻蜓。竹蜻蜓是中国古老的一种玩具，整体呈 T 字形，横着的一片像螺旋桨，中间有一个小孔，小孔中插着一根竹棍，小孩子用手搓转竹棍，竹蜻蜓就会不断旋转飞向天空，当升力减弱时才落到地面。

小伙伴在放飞竹蜻蜓时，常常相互比试，看谁的竹蜻蜓飞得更高、更远。喜爱动脑的黄纬禄则独自在一旁琢磨起来。

看着在天上飞来飞去的竹蜻蜓，黄纬禄心中忽然产生一个念头：能不能将竹蜻蜓做成一个会飞的"炸弹"呢？

琢磨了一会儿，黄纬禄想出了一个制造竹蜻蜓"炸弹"的方案：将一组竹蜻蜓用橡皮筋连接起来，前面装几个竹蜻蜓，让它们往前飞；上面再装几个竹蜻蜓，让它们往上飞。在竹蜻蜓的下面系上一颗"炸弹"，在"炸弹"引线上绑一根香，事先计算好香的长度和竹蜻蜓的飞行时间，然后把香点燃，竹蜻蜓飞到"敌人"的上方时引爆"炸弹"，这样不就做成了一个会飞的"炸弹"了吗？

虽然黄纬禄当时并没有做出一颗会飞的竹蜻蜓"炸弹"，但制造会飞的"炸弹"的想法一直留在他的心中，促使他不断地去思考、去探索。若干年后，黄纬禄在中国导弹领域担当重任，大展身手，他那个制造会飞的"炸弹"的设想终于变成了现实！

立誓研制"争气弹"

1936 年，黄纬禄以总分第一的成绩进入国立中央大学电机系。1937 年"七七事变"爆发后，黄纬禄随学校迁至重庆。目睹山河破碎的凄惨情景，亲历颠沛流离的苦难生活，黄纬禄痛苦地思索并积极寻找救国之路，立下了"科学救国"的高远抱负。

1943 年，英国工业协会到中国招收实习生，黄纬禄被选中，先后进入伦敦标准电话电缆公司、马可尼无线电公司实习。实习期间，他险遭德国 V-1 导弹轰炸，侥幸逃过一劫。黄纬禄见证了从英吉利海峡对面打过来的 V-1 导弹的威力，十分好奇，又寻找机会参观了 V-2 型弹道导弹，对 V-2 导弹的构造有了大体的了解。从此，他萌生了研制导弹的念头，实习经历为他后来参加并主持研制我国多种不同型号的导弹奠定了基础。

1945 年，黄纬禄考入英国伦敦大学帝国学院无线电系攻读研究生，于 1947 年毕业，获得硕士学位。同年 10 月，他谢绝友人的挽留和英国公司的高薪聘请，怀着报效祖国的理想毅然回国，到上海电信工业局电工研究所担任研究员，1952 年被调至中国人民解放军通信兵部电子科学研究院任研究员。

1956 年年初，黄纬禄因为工作表现出色，被上级派往北京，到中南海怀仁堂聆听钱学森关于火箭与导弹技术的报告。钱学森以德国的 V-1、V-2 导弹为例，系统阐述了导弹发展概况及其在国防事业中的重要作用，并且强调指出：我们中国人不比外国人笨，外国人能做出来的东西，我们中国人也一定能做出来。听了钱学森的报告，黄纬禄热血沸腾，深受鼓舞，决心为祖国的导弹和国防事业贡献自己的力量。

1956 年，在周总理的亲自领导下，我国数百名科学家和技术人员联合制定了新中国第一个科学发展规划——《1956—1957 年科学技术发展远景规划》（以下简称《十二年科学规划》）。黄纬禄也参与了规划的制定工作，对国家 12 年内科学发展的计划提出了自己的见解。《十二年科学规划》提出了研制中国自己的导弹的战略目标，包括研制射程 500~600 千米的地地导弹，射程 100 千米的地空导弹，射程 15 千米的空地导弹和空空导弹等，我国导弹研制事业就此拉开了序幕。

1957 年，黄纬禄被调至刚成立不久的导弹研制机构国防部第五研究院（以下简称"五院"），担任五院二分院第一设计部下属三个研究室之一地地导弹控制系统研究室主任，负责导弹的"中枢神经"——控制系统的设计工作。在五院，黄纬禄和同事们严格遵守"上不告父母，下不告妻儿"的工作铁律，同心协力，为研制我国的第一颗导弹夜以继日、呕心沥血地奋战着。

我国导弹的研制是从仿制苏联的 P-2 导弹开始的，1958 年 4 月，上级将 P-2 导弹的仿制型号命名为"1059"（即"东风一号"导弹）。为了尽快搞清 P-2 导弹的构造与设计思路，黄纬禄每天 7 点就来到办公室，研究苏联提供的图纸资料，不断地进行计算、论证。经过一段时间的摸索，他弄清了导弹控制系统的工作原理，带领全室工作人员解决了导弹控制系统研制中出现的很多问题，成为导弹控制系统研制方面的带头人。1958 年 12 月，黄纬禄因工作能力突出，技术水平过硬，被上级提拔为院二分院第一设计部副主任。

1960 年 7 月，正当我国仿制导弹工作进行到关键时刻时，苏联却背信弃义，撕毁协定，将中国境内的苏联专家全部撤走。毛主席号召广大科技工作者，自力更生，依靠自己的力量研制导弹和原子弹。

黄纬禄对于苏联的背信弃义行为异常愤慨，和同事们互相约定，决心拼尽全力将导弹研制出来，造出中国的"争气弹"，为全体中国人民争口气。

当时，从事导弹研制的大多数技术人员以前从未接触过导弹，黄纬禄一边开展研究，一边编写教材，为大家讲解导弹的相关知识。他鼓励大家："做研究，像爬山一样，只要坚持不懈地往上爬，再高再陡的山也能登顶。"

为了早日研制出"东风一号"导弹，黄纬禄开始了每天工作十几个小时的超负荷工作状态，如同一架高速运转的机器，不知疲倦地连续运转着。研制导弹需要进行海量的数学计算，当时五院还没有像如今的运算量大、运行速度也快的先进计算机，只有一部老式的手摇计算机，黄纬禄带领团队成员依靠这台手摇计算机，反复进行着计算，人工计算导弹在空中的飞行姿态、轨迹，以及导弹攻击目标的精准度等。

经过黄纬禄等全体技术人员的齐心奋战，1960 年 10 月，我国仿制的第一枚近程地地弹道导弹"东风一号"诞生，于 11 月 5 日发射成功，实现了我国军事装备史上导弹从无到有的重大突破。中国的"争气弹"横空出世，腾跃长空，向世界证明了中国人的智慧和中国国防的实力！

1964 年 6 月 29 日，我国第一枚自行研制的液体中近程弹道导弹"东风二号"发射成功，揭开了我国自主研制导弹发展史上的新篇章，标志着我国已经掌握导弹设计的基本理论与方法。1966 年 10 月 27 日，"东风二号甲"导弹携带核弹头成功发射，我国"两弹结合"核试验取得圆满成功，拥有了真正可用于实战的核武器。

黄纬禄和同事发扬自力更生、勇于登攀的精神，仅用 10 年时间便走过了从仿制到自主创新研制的科研突破之路，实现了我国导弹设计与生产技术的零的突破，使我国液体战略导弹研制技术达到了世界领先水平。

"巨浪一号"掀巨浪

"东风一号"和"东风二号"导弹都属于液体导弹，使用的液体燃料需要特殊的储存和操作条件，在导弹发射前需要加注，而且加注的时间很长，这使得导弹的机动性、隐蔽性都很差，缺乏二次核打击能力，而固体导弹则不存在这些缺点。

为了加强国防防御力量，提高我国导弹打击能力，1967 年，中央军委决定研制由潜艇发射的固体潜地战略导弹——"巨龙七十一号"（1972年更名为"巨浪一号"）。导弹定位为"一弹两用"：既是核潜艇导弹，在海下由核潜艇发射，又是陆基机动导弹，在陆地上由机动车辆发射。

"巨浪一号"导弹的研制是在没有经验、没有资料、没有设备，以及外国进行严密技术封锁的极端艰难的情况下开展的。当时，参与研制导弹的一些单位在"干打垒"土质房屋中生着炉火做研究，一些综合性的大型地面试验只能在废弃的食堂里进行，使用的计算工具则是传统的计算尺、算盘和手摇计算机、电动计算机，研制的过程缓慢又艰难。

1970年4月，"巨浪一号"的研制进入关键阶段，黄纬禄临危受命，被上级调到负责潜地导弹研制的七机部（即1965年由国防部五院改建的第七机械工业部）四院四部担任总体设计部主任，由液体导弹控制系统的领头人变为固体潜地导弹技术总负责人。

到任后，黄纬禄立即进行深入调查，全力以赴地投入工作中。研制"巨浪一号"需要建设大型水池，模拟水下发射试验，这要耗费大量的资金。黄纬禄经过调查分析，提出了"台、筒、艇"三步走的研制试验方案：第一步在陆地发射台发射导弹，第二步在陆地的发射筒中发射导弹，第三步在潜艇中从水下发射遥测弹。方案实施后，取得了显著的效果，不仅大大简化了试验设施，节约了大量研制经费，为国家节约资金几十亿元，还节省了研制时间，加快了研制进度。

为了验证"巨浪一号"模型弹从高空落入海中之后能冲入多深，以及是否有砸艇的危险，黄纬禄又打破常规，提出在南京长江大桥上进行模型弹落水试验。1970年7月，试验在南京长江大桥上开展。临近盛夏，烈日暴晒下的南京长江大桥如同火炉一般，"巨浪一号"模型弹壳体内的温度高达50℃，操作环境异常严酷。几位年轻的试验人员轮换进入弹壳体内工作，一个个热得大汗淋漓、筋疲力尽。年过半百的黄纬禄不顾大家的劝阻，毅然钻进模拟弹壳内，协助试验人员工作，与试验人员一同接受"烤验"。

为实现"巨浪一号"的"一弹两用"，1979 年 4 月，上级任命黄纬禄为固体潜地导弹"巨浪一号"和陆基机动导弹"东风二十一号"两个型号导弹的总设计师，黄纬禄肩上的担子更重了。

参与"巨浪一号"研制的单位多达 109 个，涉及 19 个省市、10 个工业部门、3 个研制基地，单位分散，人员众多，难免出现各自为政、进度不一的情况。为了使所有参与单位能够同心协力开展工作，确保"巨浪一号"的研制按预定的计划向前推进，黄纬禄不辞辛苦，奔波辗转于各单位之间努力协调，亲临现场指导技术人员工作并解决疑难问题。

为调动大家的积极性，更好地解决问题，黄纬禄充分发挥技术民主的重要作用，制定了"四共同"原则：有问题共同商量，有困难共同克服，有余量共同掌握，有风险共同承担。黄纬禄认为，在导弹研制过程中因技术问题发生意见分歧，一方完全有道理、一方完全没有道理的情况几乎是没有的，在处理技术问题时，他从不以权威身份轻率拍板，总是发扬民主，尊重大家意见，深入现场调查，依据事实给出结论。他认真民主、实事求是的工作作风让广大技术人员深受感动，无论自己的意见被采纳与否，大家都心悦诚服。

"四共同"原则用于技术管理，能够有效解决技术问题，保证计划顺利推进；用于人员管理，能够协调各方意见，保障大家一体同心，后来发展成为中国航天科研战线协调工作、解决问题的"金科玉律"。

在黄纬禄的带领下，广大技术人员勇敢地向困难发起挑战，开展了大量的各类试验验证，反复修正导弹设计方案，终于在固体导弹技术和潜射技术方面取得了重大突破。

1982 年 10 月 12 日，在渤海海面上，"巨浪一号"如同一条喷火的

"蛟龙"跃出海底，呼啸着直冲蓝天，最后成功坠入预定海域。"巨浪一号"的成功发射，证明我国已经自行研制出第一代固体潜地导弹，标志着我国成为具有自行研制潜地导弹和水下发射战略导弹能力的国家，正式具备了实施二次核打击的能力。1985 年 5 月，新型陆基机动导弹"东风二十一号"成功发射，填补了我国固体战略导弹技术的空白。时任国防部长的张爱萍高兴地说道："国防科技研究贵在独创，'巨浪一号''东风二十一号'堪称范例！"

成功的背后，是黄纬禄巨大的付出。长年累月的辛勤工作让黄纬禄落了一身的病：十二指肠球部溃疡、输尿管结石、心脏病……1982 年，在组织执行"巨浪一号"发射试验任务的短短两个多月的时间里，66 岁的黄纬禄体重减少了 11 千克。同事们都说"黄老是剜下自己的血肉补在导弹上了"，黄纬禄则自豪地说："11 千克相对于动辄以吨计算的导弹来说算不了什么，但是将这血肉'补'在导弹上，成就的却是一个民族的希望和骄傲！"

晚年的黄纬禄，仍然关心着我国导弹的研制和航天事业的发展，拖着病躯不辞辛苦地奔走于导弹、火箭的试验现场，奋斗在沙漠戈壁滩最前线。2011 年 11 月 23 日，黄纬禄因病在北京逝世，享年 95 岁，走完了他近一个世纪的壮阔人生。临终时他留下了人生中最后一句话："假如有来生，我还要搞导弹！"

黄纬禄将毕生心血倾注于祖国的导弹事业，带领团队坚持不懈、顽强拼搏、奋力攻关、开拓创新，铸造了一枚枚导弹"神剑"，为中国竖起了一面面坚固的导弹之盾，让中华民族挺直了脊梁。他铸造的导弹已成为国之胆，他闪光的思想已化作剑之魂，他的功绩与他的名字将永远镌刻在祖国的国防事业丰碑上！

黄纬禄名言

★ 假如还有来生，我还要搞导弹。

★ 在成绩面前，要尽量考虑别人的贡献；失败了，要尽量考虑自己的责任。

★ 成功固然可喜，失败也不可悲，往往失败当中所取得的经验教训比成功时候所取得的经验还要宝贵。

各界赞誉

★ 要深入学习他（黄纬禄）始终坚持胸怀祖国，开拓进取、敢为人先的创新品质，注重民主、大力协同的工作作风，严己宽人、诲人不倦的人格魅力，忠诚事业、默默奉献的崇高境界。

——中国航天科工运载技术研究院党委书记 杨西玲

★ 他（黄纬禄）用全部生命写就导弹人生，表达了对中国导弹事业的满腔热忱。

——光明网

程开甲：隐姓埋名铸核盾

程开甲（1918—2018），祖籍安徽省徽州，江苏省苏州市人。

身份：理论物理学家，中国科学院院士。

成就贡献：中国核武器事业开拓者之一，主持了30多次核试验，解决了中国核试验中的一系列关键技术难题，建立了中国特色的核试验科学体系，在核武

器的研制和试验中作出了突出贡献；建立、发展了中国核爆炸理论，系统阐明了大气层核爆炸和地下核爆炸过程的物理现象及其产生、发展规律；开创、规划领导了抗辐射加固技术新领域研究；建立了热力学内耗理论，推导出狄拉克方程，提出并发展了超导电双带理论和凝聚态TFDC（托马斯–费米–狄拉克–程模型）电子理论。

荣誉奖项：国家科技进步奖特等奖，全国科学大会奖，国防科技进步奖一等奖，"两弹一星"功勋奖章，国家最高科学技术奖，"八一"勋章，改革先锋奖章，"感动中国2018年度人物"之一，"中国海归70年70人"之一。

与诺贝尔物理学奖擦肩而过

程开甲出身江苏省吴江县（今苏州市吴江区）盛泽镇一个商人家庭。8岁那年，他父亲因病去世，母亲离家出走，程开甲无所依靠，性格变得非常孤僻，对任何事都不感兴趣。他读小学时，成绩常常倒数第一，二年级时连续留级两年，成了学校有名的"年年老板"（意为"年年坐冷板凳"）。

后来在五姐及老师的教导、鼓励下，程开甲重新振作起来，开始爱上了学习，展露出过人的学习天赋。

1937年7月，程开甲高三毕业，同时报考了浙江大学物理系、上海交通大学机械系，结果两所大学同时录取了他。程开甲最终选择了浙江大学，受教于束星北、王淦昌、陈建功、苏步青等学界一流的老师。

程开甲刚进入浙江大学，日军就开始向杭州逼近，日机不时轰炸杭州及附近地区，浙江大学无法正常上课，校长竺可桢只得带领全校师生辗转搬迁，一边转移，一边开课，历经艰辛。1939年11月24日，浙江大学迁至贵州湄潭，在这里暂时安顿下来。在湄潭，程开甲一直学习至大学毕业。

大学毕业后，程开甲留在浙江大学物理系担任助教，其间他开始钻研相对论和基本粒子。不久，程开甲被学校派到湄潭附近的永兴镇，辅导物理系一年级学生学习。

永兴镇有着厚重的历史文化底蕴，浙江大学分部曾在这里办学7年。当时，浙江大学分部教学条件十分简陋，学校伙食也很粗糙，但这并没有让程开甲丧失对生活的热情，停止对学术的研究。他就着昏暗的煤油灯光，依靠手头仅有的资料，开始了一个人的学术长征。

努力终有回报。程开甲从相对论角度分析，首次计算出与测量结果一致的水星运动轨道。他独立撰写的第一篇论文《用等价原理计算水星近日点移动》，于1945年发表在国际知名学术刊物《自然》上。

不久，程开甲又完成论文《对自由粒子的狄拉克方程推导》，并将论文寄给狄拉克。狄拉克是英国理论物理学家，也是1933年诺贝尔物理学奖获得者，所谓"狄拉克方程"连狄拉克本人都没证明过。而程开甲利用相对论原理完成了狄拉克方程的证明，这在当时是一个具有开创性的重大学术成果。狄拉克非常高兴，亲自向英国各大学术刊物推荐程开甲的这篇论文，论文最终发表在《剑桥哲学学会会刊》上。

1944年，程开甲完成了题目为《弱相互作用需要205个质子质量的介子》的论文，提出存在一种新介子，并计算出新介子的质量为205个质子的质量。王淦昌看后非常高兴，将论文推荐给英国学者李约瑟。李约瑟也十分欣赏程开甲的论文，将论文推荐给狄拉克。不料狄拉克并不认同程开甲的观点，回信说："目前基本粒子已太多了，不需要更多的新粒子，更不需要重介子。"结果，程开甲这篇闪烁智慧光芒、蕴含开创性洞见的论文没有得到发表。

1979年，美国马萨诸塞州坎伯利基哈佛大学莱曼实验室的格拉肖、温伯格和英国伦敦帝国科技学院的萨拉姆。格拉肖的获奖成果是通过实验证实了基本粒子之间的弱电相互作用理论，预言了弱中性流的存在，他当时测得的新粒子质量与程开甲当年的计算值基本一致。

就这样，程开甲与诺贝尔物理学奖擦肩而过，这也成了他一生中的遗憾。

勇挑重担，研制原子弹

1945 年，经李约瑟推荐，程开甲获得英国文化委员会的奖学金，于 1946 年 8 月赴英国爱丁堡大学留学，在英国著名物理学家、诺贝尔物理学奖获得者玻恩指导下从事超导电性理论的研究。1948 年秋，程开甲获得爱丁堡大学博士学位，被英国皇家化学工业研究所聘为研究员。

1950 年，程开甲谢绝导师玻恩的挽留，毅然辞掉英国待遇优厚的工作，返回祖国。归国后，程开甲先后执教于浙江大学、南京大学，为了国家的发展需要，他先后两次更换专业。

1960 年，程开甲被秘密调至北京，担任第二机械工业部第九研究所副所长，参与原子弹研制工作，分管核材料状态方程理论研究和爆轰物理研究两部分工作。

核材料状态方程又称"核物质状态方程"，它描述了核材料的压力、体积和其他相关物理量之间的关系，是描述原子核之间相互作用并发生反应时的一种表达方式。原子弹是利用铀-235 或钚-239 等铀原子核材料的裂变反应，瞬间释放出巨大能量而爆炸的。要研制出原子弹，就必须求导出铀-235、钚-239 状态方程，了解核反应（指原子核与原子核，或者原子核与各种粒子，如质子、中子、光子或高能电子之间的相互作用引起的各种变化）前后原子核的种类、数量以及核反应中释放的能量等信息。

当时，国内没有实验条件获得铀-235、钚-239 的状态方程，而美、英、法、苏联等国对中国进行技术封锁，严禁任何人向外泄露内部资料、信息，程开甲与九所的科研人员没有任何相关资料可以参考，只有靠自己摸索。

为了能够早日求出核材料状态方程，程开甲不分昼夜地思考、计算着，到了废寝忘食的地步。有时正在吃饭，他突然想到一个数据，就立即把筷子倒过来，蘸着碗里的汤汁在桌子上演算。

一次，程开甲在食堂排队买饭，把一张饭票递给在窗口卖饭的师傅，对他说："这个数据，你拿去验算一下。"食堂师傅一听愣住了，心想这个我可不会。排在程开甲后面的邓稼先提醒程开甲："程教授，这儿是食堂啊！"

经过半年的艰辛探索，程开甲终于求解出了核材料状态方程，并利用 TFD（托马斯－费米－狄拉克）模型计算出了原子弹爆炸时弹心的压力和温度，在理论上弄清了原子弹内爆过程的物理规律，为原子弹的总体设计提供了依据。

下一步的工作就是进行爆轰试验。爆轰试验是原子弹设计和生产过程中的一个重要环节，是联结原子弹理论设计与成功爆炸的关键一环。只有爆轰试验过关了，原子弹的总体设计才可以结合理论设计、爆轰试验结果，完成整个核装置的设计，制造出真正的原子弹。

在九所科研人员的共同努力下，到 1961 年下半年，原子弹的理论设计、结构设计、工艺设计都依次顺利展开，关于原子弹爆炸的一些关键技术也取得突破性进展。1962 年 9 月 11 日，二机部向党中央呈报《关于自力更生建设原子能工业情况的报告》，提出在 1964 年，最迟在 1965 年上半年实现我国第一颗原子弹爆炸试验的"两年规划"，得到党中央的批准。

两年之内，不仅要把原子弹研制出来，还要让它爆响，时间异常紧迫。上级决定兵分两路，一路进行原子弹的研制攻关，另一路进行原子弹爆响阶段的技术攻关，由程开甲领头开展原子弹爆响阶段的技术攻关工作。1962 年 12 月，总参谋部组建核试验技术研究所，由程开甲担任副所长。从此，程开甲正式登上了中国核试验的前沿阵地，与中国核试验结下了不解之缘。

程开甲走马上任后，立即着手研究、制定我国第一颗原子弹爆炸试验方案。他力排众议，决定第一颗原子弹爆炸试验采取塔爆的方式进行，并计算出安放原子弹的铁塔高度为 102.43 米。在测控方面，他决定采用有线测控方案，铺设电缆进行遥控、遥测，这样既简单、经济，又保密、可靠。程开甲还带领技术人员对原子弹地面爆炸所引起的地面放射性污染进行了科学的论证和计算。程开甲所做的这些工作，为我国第一次原子弹爆炸试验提供了可靠的依据，确保试验得以顺利进行。

程开甲将试验方案向上级呈报，得到批准。随后，他带领核试验技术研究所的全体工作人员，紧张地投入我国第一颗原子弹爆炸试验的准备工作中。

程开甲组织力量，对原子弹爆炸试验涉及的所有难题进行集中攻关，将所需解决的关键问题、技术难点分解为上百个课题，在全国范围内开展了一场集科研、试验、技术和生产于一体的协同会战。在那段时间里，程开甲担任技术总负责人、工程总指挥、进度总监等职务，四处奔波，忙得不亦乐乎。研究单位技术上碰到难点，他要出面指导；生产厂家遇到困难，他要出面帮助解决；哪个单位的任务落后于进度，他要监督催促。

经过全体人员的奋力拼搏，在原子弹爆炸试验"零时"到来之前，程开甲与团队成员终于完成了所有任务，向党和国家献上了三份厚礼：

切实可行的试验方案，有定量分析的核爆炸效应图像，独立自立研制的性能可靠的 1700 多台（套）测试、取样、控制等方面的仪器设备。

经过实地考察、缜密论证，程开甲与张爱萍、张蕴钰等领导将我国核爆炸地址选在"死亡之海"罗布泊。1964 年 10 月 16 日，随着一声巨响，蘑菇云腾空而起，中国第一颗原子弹在罗布泊成功爆炸，举国欢腾，世界震惊。

第一颗原子弹成功爆炸后，程开甲又主持制定了原子弹空爆试验方案，与科研人员一起投入原子弹空爆试验的准备工作中。1965 年 5 月 14 日，原子弹准确地在罗布泊靶场上空预定高度成功爆炸。

原子弹空爆试验成功，标志着中国正式拥有了可用于实战的核武器。1966 年 10 月 1 日，程开甲与朱光亚、郭永怀、王淦昌、彭桓武、邓稼先等人受邀登上天安门城楼，参加国庆观礼活动。这是党和国家给予他们的殊荣，也是全体中国科技工作者的无上荣光。

为了周总理的嘱托

1963 年，美、英、苏三国签订《部分禁止核试验条约》，企图剥夺中国进行核试验的权利。为打破西方国家的核垄断，党中央毅然做出发展地下核试验的决定。

一天，周总理在中南海的办公室召集李觉、朱光亚、郭永怀、王淦昌、程开甲等人，听取他们关于第一颗原子弹研制和试验准备的汇报。大家汇报完毕后，周总理又问："地下核试验是怎么回事？"

当时，大家正全力以赴进行第一颗原子弹的研制与试验，并没有关注地下核试验，对地下核试验都不清楚，一时间谁都回答不上来。周总理于是告诉大家："先回去研究一下。"

从北京回到罗布泊试验基地后，程开甲立即着手研究地下核试验的相关问题，程开甲一边忙于进行地面、空中核试验的准备与试验，一边着手为地下核试验做准备。

1963 年，程开甲先后写成《关于进行地下核试验的一些看法》《关于进行地下核试验的初步建议》《关于进行地下核试验的建议和资料》，系统阐述了自己对于地下核试验的看法，并提出了有关地下核试验的初步研究课题。

1964 年 5 月，程开甲召开核试验技术研究所的技术会议，正式开始地下核试的前期准备工作。同年 7 月，经程开甲牵头联系，研究所与中科院物理所、自动化所、地化所以及部队相关单位召开联合会议，安排测试项目，落实测量仪器的研制工作。

按照计划，1966 年 5 月进行第一次地下平洞方式核试验。所谓"平洞核试验"，就是在选定的山体中开掘一条满足核试验安全要求的水平坑道，在爆室、测试间、测试廊道分别放置核弹和各种探测仪，按照设计方案进行回填、堵塞后，进行核爆炸的试验。平洞核试验与地面、空中核试验有着很大的区别，对于核试验技术有着特殊的要求，需要解决一系列新的工程技术、测试技术上的难题。

程开甲经过思考、分析，针对地下核试验的特点确立了开挖、埋深、回填、自封、测量、取样等相关研究课题，组织、指导理论研究室科研人员开展各项工作，进行理论研究和计算分析。经过一段时间的探索，程开甲决定与力学测试室、基建工程处一起，先进行一次化爆模拟试验。他针对核试验安全问题提出了三条要求：不冒顶、不放枪、不泄漏。

但是第一次化爆模拟试验失败了，试验弹爆炸产生的高压气体将堵塞物全部冲出洞外，如同"放枪"一样，形成了巨大的烟雾团。接下来进行的第二次化爆试验效果也不理想。基建施工队的同志打趣说，"化爆"都爆不成，别说"核爆"了。

程开甲没有气馁，带领大家继续研究，终于弄清了问题的原因，提出了具体的解决办法：在坑道施工时，采取前封后堵的办法实现廊道自封，确保试验安全。

不久，九院和核试验技术研究所召开任务协调会。会上，大家对程开甲提出的廊道自封办法表示担心。因为当时美、苏等国的地下核试验曾发生过多起洞塌、污染物泄漏事故，如果不能实现廊道自封，后果将会十分严重。大家与程开甲进行了激烈的争论，程开甲坚持己见，引用相关原理、数据说明廊道自封办法是可行、可靠、安全的。

会后，程开甲组织人员进行了几次化爆模拟试验，均获得了不错的效果。之后，程开甲提出的廊道自封办法一直沿用在我国地下平洞核试验中，确保了试验的安全。

1969年8月，在周总理的亲自主持下，中央专委在人民大会堂召开会议，听取二机部九院和核试验基地关于第一次地下核试验准备工作情况的汇报。周总理一边听工作人员汇报，一边不时询问相关问题，并特别指出：地下核试验首次进行，缺少经验，一定要注意安全。会后不久，周总理和中央专委指示：9月25日前完成地下核试验一切准备工作，待命试验。

接到命令后，程开甲立即与基地科研人员一起在试验场区四处考察，最后将试验地点选在"2604高地"。基地施工部队昼夜施工，克服重重困难，向石灰岩山体内一米一米地纵深掘进，开掘出一条特殊设计的地下长廊形坑道。

9月15日，主坑道末端的方形爆室放置了试验弹和各种探测器，雷管也插接完毕。施工人员按照要求对坑道进行回填、堵塞，地下核试验准备工作至此全部完成。

9月23日零时15分，一声撼天动地的巨响之后，"2604高地"剧烈地抖动起来，震动像波浪一样起伏，地表腾起的尘烟如柱，山仿佛瞬间长高了，巨石从山下滚下来，响声如雷……

爆后25分钟，核试验技术研究所回收队进入爆区，抢收第一批测试数据。结果表明：我国首次地下平洞核试验取得成功！之后，程开甲又主持了第二次、第三次平洞试验及首次竖井核试验，均获得圆满成功。

平洞、竖井核试验的相继成功，证明了我国已经具备自主设计、制造、测试和使用各种类型、规模的核武器的能力，标志着我国基本完成了地下核试验技术的探索攻关。自1980年以后，我国不再进行大气层核试验，试验方式全部转入地下，核试验水平跨上了一个崭新的台阶。

程开甲牢记周总理的嘱托，带领工作人员努力探索地下核试验技术，在地下核试验中取得了辉煌的成就，向党中央、周总理交上了一份完美的答卷。

2018年11月17日，程开甲因病在北京逝世，享年101岁。程开甲隐姓埋名，扎根大漠，先后成功设计并主持了我国首次原子弹、氢弹爆炸试验、平洞、竖井核试验和增强型原子弹爆炸试验等数十次核试验，将毕生心血献给了国家的核武器事业，为锻造改革开放安全屏障、推进科技强国事业作出了重大贡献，是以身许党许国的时代楷模，将永远受到后人的尊敬与怀念！

程开甲名言

★ 我这辈子最大的心愿就是国家强起来，国防强起来。

★ 我这辈子最大的幸福，就是自己所做的一切，都和祖国紧紧地联系在一起。

★ 科学技术研究，创新探索未知，坚韧不拔耕耘，勇于攀登高峰，无私奉献精神。

各界赞誉

★ 程开甲是一名纯粹的科学家。

——中国核试验基地首任司令员 张蕴钰

★ 决策上项目，决策用我，两个决策，都需要勇气，程老就是这样一个有勇气，敢创新的人。

——中国工程院院士 邱爱慈

★ 空投、平洞、竖井、朔风、野地、黄沙，戈壁寒暑成大器，于无声处起惊雷！一片赤诚、一生奉献，一切都和祖国紧紧相连。黄沙百战穿金甲，甲光向日金鳞开！

——2018 年度"感动中国人物"颁奖辞

杨振宁：让中国人恢复了科学自信

杨振宁（1922—），字伯瓘，安徽省合肥县（今肥西县）人。

身份：理论物理学家，中国科学院院士，美国国家科学院外籍院士。

成就贡献：与李政道合作提出宇称不守恒定律，对粒子物理学的发展产生了深远影响；与米尔斯合作提出杨—米尔斯理论，开辟了量子可积系统和多体问题研究的新方向；与费米合作提出了基本粒子的第一个复合模型；创建全美华人协会，为中美建交破局发挥了重要的作用；促成中国与美国的多项科技合作项目，推动了中国物理学研究的国际化进程；重视祖国的科学教育事业，指导青年学者研究和参与国际学术交流活动，捐款建立实验室、设立奖学金，为中国科学教育水平的提升作出了巨大贡献。

荣誉奖项：求是终身成就奖、爱因斯坦奖章、中国国际科技合作奖、鲍尔奖、费米奖、费萨尔国王国际科学奖，"感动中国2021年度人物"之一，"中国海归70年70人"之一。

从小立下拿诺奖大志

　　杨振宁出生于安徽的一个书香门第家庭，自幼活泼好动，顽皮淘气，对新生事物充满了好奇。1929 年，杨振宁跟随在清华大学任教的父亲杨武之来到北京，就读于清华大学附近的成志小学。

　　小时候的杨振宁虽然顽皮淘气，但学习起来非常投入，学习成绩在班上总是名列前茅。当时，清华大学的教授们谈起孩子们的学习情况时，经常提起"杨武之之子"，对杨振宁赞不绝口。久而久之，"杨武之之子"的大名传遍了清华园，甚至传到相邻的燕京大学。著名物理学家谢希德后来回忆说："当我的弟弟们小时贪玩、学习不够认真时，父亲常以'杨武之之子'的好学精神为典范来教导他们……"

　　1933 年秋，杨振宁进入崇德中学（今北京第三十一中学）学习。在崇德中学，杨振宁各科成绩都很优异，并且显露出了数学方面的天赋。初一上学期，他的期末考试成绩在全班 30 人中名列第六。在崇德中学，除了读书以外，杨振宁也积极参加课外活动，进行体育锻炼，像打球、溜冰、游泳等运动，他都掌握得非常熟练。

　　杨振宁上中学时，不管是在学校还是在家里，只有有空闲，就抱着书阅读。这也是他坚持了一辈子的习惯。

　　崇德中学的图书馆是杨振宁经常光顾的地方，在那里，他尽情地遨游在知识的海洋中，如饥似渴地汲取着知识的营养。

　　图书馆中有一本名叫《中学生》的杂志，内容非常丰富，介绍了文学、历史、自然、社会等各类知识，杨振宁十分喜欢，每一期他都不落下，从头至尾仔细地阅读。

通过阅读《中学生》，杨振宁接触到 20 世纪二三十年代爱因斯坦在物理学上的重大发现——相对论，以及量子力学等现代物理学的前沿知识。不过当时这些知识对他来说实在是太深奥了，他还不能完全理解，而这也激起了他对物理学的兴趣，无形中指引他走上了物理研究的科学道路。

崇德中学图书馆有大量的科普书籍，为了能够更充分地吸收这些书籍中的知识，杨振宁时常从图书馆中借出这些书，拿回家反复阅读。对于书中介绍的科学上的新发现以及奇妙的科学知识，他充满了好奇，这也进一步激发了他探索未知世界的欲望。

在崇德中学图书馆，有一些物理学家写的科普书籍，里面介绍了量子力学等现代物理学知识。对于这方面的知识，杨振宁虽然不能理解透彻，但仍然充满了兴趣。

杨武之时常给杨振宁讲一些历史、科学方面的人物故事，正是从父亲那里，杨振宁第一次知道了诺贝尔奖，感受到了诺贝尔奖的分量。

一天，杨振宁在图书馆发现了一本英国天文物理学家亚瑟·艾迪顿写的《神秘的宇宙》，津津有味地翻阅起来。这本书用通俗的语言讲述了 20 世纪早期物理学领域的一些重大研究成果，讲到了相对论和量子力学，还介绍了许多获得诺贝尔奖的物理学家。杨振宁被书中介绍的知识深深吸引了，更对书中提到的物理学家充满了敬仰之情。回到家后，他一本正经地向父母宣布："我要研究宇宙，长大后要拿诺贝尔奖。"这一年，杨振宁 12 岁。

诺贝尔奖的分量谁人不知？但世界上又有几人能获得诺贝尔奖？儿子的豪言壮语让父母感到吃惊，都认为儿子不过是随便说说而已，因此只是对儿子慈爱地笑了笑，并没有将儿子的话太当一回事。

岂料 23 年之后，杨振宁少年时的一句"妄语"竟成了事实，他与另一位名叫李政道的青年一同登上了诺贝尔物理学奖的领奖台！

志向引领人生，远大的志向可以激发一个人产生强大的进取动力，充分发挥潜能，向着远方的目标奋力前行，创造奇迹。杨振宁正是在少年时期立下了拿诺贝尔奖的高远志向，萌发了当科学家的念头，才能在日后的人生征途中始终保持着对科学的热情，孜孜不倦地探索，最终登上物理学的高峰，取得了辉煌的成就。

登上诺贝尔奖领奖台

1944 年，22 岁的杨振宁以优异的成绩顺利通过西南联合大学的研究生毕业考试，获得理学硕士学位。同年，他考取了第六届留美公费生，成为全国物理专业中唯一被录取的留美生。

1945 年年底，杨振宁来到美国芝加哥大学，先后在美国著名物理学家费米、泰勒的指导下攻读博士研究生。在芝加哥大学求学期间，杨振宁结识了正在这里攻读博士研究生的中国留学生李政道，两人时常在一起讨论物理学前沿问题，交流各自的学习心得，结下了深厚的友谊。

1948 年 6 月，杨振宁顺利通过博士论文答辩，获得芝加哥大学博士学位，并留校任教，担任物理系讲师。其间，杨振宁与费米合作提出了"费米—杨模型"，与李政道合作发表了论文《介子与核子和轻粒子的相互作用》，有力地推动了粒子物理学的发展。

1949 年秋，杨振宁来到普林斯顿高等研究所工作，得到普林斯顿高等研究院院长、美国"原子弹之父"奥本海默的欣赏，被聘为永久研究员，不久又被升为教授，直至 1966 年，他在此度过 17 年学术黄金期。

1952 年 12 月，杨振宁受布鲁克海文国家实验室高能同步稳相加速器部主任柯林斯邀请，到布鲁克海文国家实验室做关于多重介子方面的实验。在这里，他与哥伦比亚大学博士研究生米尔斯合作探讨，研究规范场理论，于 1954 年提出"杨—米尔斯场理论"，在物理学界引起强烈反响，物理学领域的规范场研究由此迈入一个崭新的阶段，"杨—米尔斯规范场理论"成为 20 世纪物理学最为重要的成就之一。

杨振宁到普林斯顿高等研究院工作后，又将李政道推荐给奥本海默。不久，李政道也来到普林斯顿高等研究院工作，与杨振宁成了同事。工作期间，两人经常肩并肩走在普林斯顿高等研究院内的草地上，边走边讨论科学问题。

他们的亲密合作在普林斯顿高等研究院被传为佳话。奥本海默曾说："杨振宁和李政道这两个年轻的中国人一起走在普林斯顿的草地上，就像是一道美丽的风景线——因为他们代表着研究所里愉快合作的最佳典范。"

1953 年，李政道被哥伦比亚大学聘为助理教授，3 年后又升为教授。尽管哥伦比亚大学与普林斯顿高等研究院有些距离，但杨振宁和李政道仍然保持联系，每个星期抽出一天时间到对方家里，讨论一些物理学中的重大问题。

他们之间的互访持续了 6 年，两人围绕基本粒子理论和统计力学进行了深入的交流、探讨。他们彼此了解，但在气质、个性和趣味等方面却又有着明显的不同。这种相互间的取长补短，极大地提高了他们的知识水准。而他们的亲密合作，最终也结出了硕果。

20 世纪早期，在物理学领域流行一个定律——宇称守恒定律，它一直被物理学家们奉为圭臬，有着不容置疑的神圣地位。宇称守恒定律指出：在任何情况下，任何粒子的镜像与该粒子除自旋方向外具有完全相同的性质。该定律于 1926 年被提出，在强力、电磁力和万有引力中相继得到证明，但是到了 1956 年，此定律遭到了挑战。一些科学家通过实验发现，θ 和 τ 两种介子的自旋、质量、寿命、电荷等完全相同，这显示它们是同一种粒子，但 θ 介子在衰变时产生 2 个 π 介子，τ 介子在衰变时产生 3 个 π 介子，这又说明它们是不同的粒子。

1956 年，李政道和杨振宁在深入细致地研究了各种因素之后，大胆断言：τ 和 θ 是完全相同的一种粒子（后来被称为 K 介子），但在弱相互作用的环境中，它们的运动规律不一定完全相同，也就是说，这两个粒子如果互相照镜子的话，它们的衰变方式在镜子里和镜子外不一样，用科学语言来说，θ 粒子和 τ 粒子在弱相互作用下是宇称不守恒的。

杨振宁和李政道的观点公开后，物理学界顿时炸开了锅，很多物理学家都对他们报以嘲讽："质疑宇称守恒定律，是不是太愚蠢了？""太搞笑了，如果宇称真的不守恒，我可以倒着走。""想推翻宇称守恒定律？太不自量力了吧？"

面对纷至沓来的质疑，杨振宁和李政道没有退却，他们决定用实验来证明自己的观点。

他们设计了 5 个可以验证弱相互作用环境下宇称守恒性的实验，希望有人能进行实验验证。但是几乎所有的实验物理学家都对他们提出的实验方案不感兴趣，认为实验方案太难了，成功的可能性极小。

杨振宁和李政道没有放弃，最终找到了当时在哥伦比亚大学任教的华裔女科学家吴健雄，吴健雄非常爽快地答应了他们的请求。

吴健雄用两套实验装置观测金属元素钴的放射性同位素之一钴 –60 的衰变。她在极低温、强磁场的条件下，把一套装置中的钴 –60 原子核自旋方向转向左旋，把另一套装置中的钴 -60 原子核自旋方向转向右旋，两套装置中的钴 -60 原子互为镜像。但是实验结果证明，两套装置中的钴 -60 放射出来的电子数有很大的差异，而且电子放射的方向也不互相对称，这就证实了弱相互作用中的宇称不守恒。

1957 年 1 月 15 日，哥伦比亚大学举办新闻发布会，向全世界郑重宣布：在弱相互作用条件下，宇称守恒定律不成立。紧接着，美国物理学会也专门组织了一次会议，报告宇称不守恒理论及相关实验进展。这也意味着，杨振宁和李政道的科研成果得到了全世界的认可。

1957 年 10 月底，诺贝尔物理学奖评选委员会正式向全世界宣布，1957 年诺贝尔物理学奖由杨振宁和李政道二人共同获得。

12 月 10 日，杨振宁和李政道一同登上了瑞典斯德哥尔摩的诺贝尔领奖台。瑞典皇家科学院的代表克莱因教授高度评价了杨振宁、李政道的成就，他说："两位物理学家由于对宇称守恒定律做了精湛的研究，从而导致次原子粒子方面的重要发现，因而共同获得诺贝尔奖……这两位获奖者所进行的研究，实际上推翻了 30 多年来被普遍认为是自然基本定律的所谓'宇称守恒定律'。"

杨振宁与李政道代表中国人站在了诺贝尔奖的领奖台上，诺贝尔奖历史上第一次写下了中国人的名字，这是令无数中华儿女骄傲的事情。此前，很多中国人缺乏自信，认为诺贝尔奖与中国人没有缘分。然而，杨振宁与李政道以他们非凡的成就，让全世界看到了中国人的智慧和实力，向世界证明了中国人在科学领域同样有着非凡的才能和巨大的潜力。

1957 年，杨振宁获得诺贝尔奖后，有记者现场采访他，问道："您认为最值得骄傲的荣誉是什么？"

杨振宁自豪地表示："我认为，我这一生中最为重要的功绩，就是助力中国人重新找回了对于科学的自信！"

1995 年，杨振宁在接受香港记者采访时又说："我一生最重要的贡献是帮助中国人改变了觉得自己不如人的心理，我想，我在科学工作方面的成就帮助中国人的自信心增强了。"

事实确实如此，作为华人科学家，杨振宁在世界上首次获得诺贝尔奖，不仅在当时"壮了中国人的胆"，让中国人恢复了自信，而且在之后也鼓舞和激励了无数在科学道路上孜孜探索的中国人。

为祖国富强不懈奔走

杨振宁获得诺贝尔物理学奖后，为了利用美国优越的教学条件和先进的科研设备进行物理学研究，选择加入了美国国籍。尽管加入了美国国籍，但是杨振宁心里始终惦记着祖国，关心着祖国的一切，寻找和利用一切机会为祖国效力，为祖国的繁荣、富强贡献自己的力量。

从 1971 年到 1973 年，杨振宁一共四次回国探亲。其间他访问、参观了全国很多地方，拜会昔日的师长、同学，举办了多次座谈会，并先后受到周总理和毛主席的接见。之后，他将提升中国的国际形象作为自己的一项重要工作，四处奔走，忙碌不休。他在美国多个场合发表演讲，介绍中国的经济建设情况，到欧洲、南美洲、东南亚等地讲学或访问时，也经常应邀做关于中国情况的报告，向外国展示真实的中国，消除外国人对中国的误解，维护、提升中国的国际形象。

与此同时，杨振宁致力于促进中美关系实现正常化。1977 年，杨振宁与何炳棣一起牵头成立了"全美华人协会"，两人分别担任会长和副会长。他们奔走于美国的唐人街，团结华人一起向美国政府施压，促进美国与中国建立外交关系。他还以全美华人协会的名义，在《纽约时报》上刊登了整版广告启事——《致美国卡特总统公开信》，呼吁美国正视中国地位，早日与中国建交。

杨振宁一直关心祖国的科研教育事业，为推动祖国科研教育事业的发展付出了大量的心血。他利用自己在国际物理学界的影响力，劝说在美国的华人科学家回国访问，与中国学者进行学术交流。在他的努力下，陈省身、李政道、林家翘、牛满江等100多位华人科学家陆续回国探亲、访问、发表演讲。与此同时，很多美国科学家也对中国抱着友好的态度到中国访问，与中国学者进行交流，中美两国科学交流的大门就此打开。

杨振宁也积极帮助中国学者走出国门，到国外大学、学术机构访问参观，开展科技合作活动。1980年，杨振宁在纽约州立大学石溪分校发起成立"与中国学术交流委员会"，并设立CEEC奖金，资助中国学者到石溪分校做访问学者。在近10个月的时间里，来自中国各高校和研究机构的学者在石溪分校做了很多研究工作，范围十分广泛，涉及人类学、社会科学及工程、自然科学等领域。杨振宁十分关心这些中国学者的研究方向和进展，为他们提出一些有针对性的建议，指导他们开展研究。很多曾经到石溪分校访问的中国学者，如谷超豪、杨福家、陈洼洱、王元等，后来都成为中国科学院院士。

为了帮助中国培养科研人才，杨振宁倡导创建了香港中山大学高等学术研究中心基金会，资助广东中山大学开展教学研究工作，促进了中山大学高等学术研究中心的成立。香港中山大学高等学术研究中心基金会从1983年成立到2007年结束，24年间总共资助了广东中山大学约3500万元，资助了上百个基础研究项目。

杨振宁极为关心中国青少年的成长，倡导并创办了中国科学技术大学第一届少年班。此外，他还倡导设立了"亿利达青少年发明奖""吴健雄物理奖""陈省身数学奖""陈嘉庚青少年发明奖"，鼓励青少年勤于思考、勇于创新，培养创造性思维和动手能力。

2003 年，杨振宁辞去美国的高薪工作，卖掉自己在美国的房产，返回祖国，来到清华园定居，将自己居住的房子命名为"归根居"。回到清华后，杨振宁多次向清华大学捐款，累计捐款 600 多万元，并协助创办了清华大学高等研究院，还亲自确定了清华大学高等研究院的研究方向，并定期对学生的研究工作进行评估和指导，帮助他们改进、完善研究方案，提高研究水准。

为了促进清华大学高等研究院的发展，杨振宁利用自己的私人关系，邀请诺贝尔奖获得者和一些国外大学的学科专家到清华大学演讲、做报告，开展学术交流活动。他还利用自己的影响力从国外请回了一些顶尖科技人才，比如聂华桐、翁征宇、林家翘、姚期智、王小云等，壮大了中国的科研队伍。

通过一系列努力，杨振宁为中国引进、培养了一大批优秀的科技人才，极大地增强了中国的科技和教育力量。提到杨振宁为中国科技和教育所作的贡献时，物理学家周光召说道："杨振宁至少为中国培养了 10 个中国科学院院士和 5 个著名大学的校长。"

多年来，杨振宁始终怀有对祖国的深厚感情，自觉肩负着一种特别的责任，以一片赤诚之心回报祖国，谱写了一篇诺贝尔奖获得者归国报国的壮丽华章，赢得了国内外科学界和全球华人的尊敬与赞扬。

杨振宁名言

★ 宁拙毋巧，宁朴毋华。

★ 但愿人长久，千里共同途。

★ 神州新天换，故园使命重。学子凌云志，我当指路松。

★ 科学研究需要有一个好的传统，而且需要长时间的积累和沉淀。

各界赞誉

★ 杨先生的世界是科学的世界，也是中西融会的世界，他将中国文化的根和西方科学的精神完美地结合在一起。他既属于中国，也属于全世界；他带动世界了解中国，更推动中国走向世界。

——清华大学原校长 顾秉林

★ 杨振宁对于中国最重要的贡献，不仅是帮助国人改变了觉得自己不如人的观念，极大地增强了国人的自信心，而且一直理性务实地参与推动中国科学的发展。

——中国科学院院士 施一公

★ 杨振宁是全世界几十年来，可以算为全才的三个理论物理学家之一。

——1959 年诺贝尔物理学奖获得者 埃吉诺·塞格雷

邓稼先：许身核弹壮国威

邓稼先（1924—1986），安徽省怀宁县人。

身份： 核物理学家，中国科学院院士。

成就贡献： 中国核武器理论研究工作的奠基者和开拓者之一，核武器研制与发展的主要组织者、领导者之一，为中国原子弹、氢弹的原理突破和试验成功及  其武器化立下卓越功勋；发展了许多提高核武器性能、突破核武器小型化原理等关键技术，为新型核武器的重大原理突破和研制试验作出了重大贡献；为青年科技人员传授专业知识和技能，指导、培养了大批优秀科研人才。

荣誉奖项： 全国自然科学一等奖，国家科技进步奖特等奖，"两弹一星"功勋奖章，"100位新中国成立以来感动中国人物"之一，"中国海归70年70人"之一。

毅然回国，为国效力

邓稼先于1924年生于安徽省怀宁县白麟坂镇一个文化世家，未满一岁就随母亲离开家乡迁往北平（今北京市），与在北京大学任教的父亲邓以蛰一起生活。受父亲的影响，邓稼先自幼就表现出强烈的求知欲望，酷爱读书学习。

1941年秋，邓稼先考入西南联合大学物理系。西南联大聚集了当时中国最优秀的学者和学生，邓稼先在这里接受了系统的专业知识教育，打下了扎实的学术基础。

1945年，从西南联大毕业后，邓稼先先后在昆明市文正中学、培文中学教授数学，其间参加了中国共产党领导的"民主青年同盟"，积极投身民主运动。1946年夏，邓稼先从西南辗转回到北平，被北京大学物理系聘为助教。这一年，他刚满22岁，是北京大学最年轻的助教。

经过再三考虑，邓稼先决定去美国留学，学习前沿科学知识，为参与祖国未来的建设储备更先进的知识。他的这一想法得到了父亲邓以蛰的支持。

1948年秋，邓稼先通过美国普渡大学的考试，赴该校物理系深造。邓稼先出国前，父亲邓以蛰语重心长地叮嘱他："稼先，你此次到了美国，要珍惜这个难得的机会，发奋学习西方先进的科学技术。中国明日之强盛，要靠科学。贫穷落后就要被人欺侮。每一个华夏子孙，都应该为中华崛起而奋斗。"

邓稼先紧紧地握住父亲的手，连连点头："无论如何，我都不会辜负爸爸对我的期望……"

邓稼先是以自费生的身份进入普渡大学的，入学后，他学习十分刻苦，各门功课的考试成绩都达到了优异级别，获得了奖学金，生活也因此有了改善。凭借勤奋的学习精神、扎实的知识基础和敏捷的思维，邓稼先仅用 1 年 11 个月的时间就修满了学分，完成了博士论文，于 1950 年 8 月取得博士学位。这一年，邓稼先刚满 26 岁，普渡大学的师生们称他为"娃娃博士"。邓稼先的导师德哈尔对他的学习表现十分满意，高兴地称他是"来自东方的高才生"。

邓稼先获得博士学位后，导师德哈尔劝说他去英国，与他一起对氚核的物理性能进行更深入的研究。当时英国的大学拥有世界一流的实验室，在那里做研究，可以站在物理学发展的前沿，取得更加辉煌的研究成果。这对有志于从事科学研究的青年学者来说，是很有诱惑力的。然而，邓稼先心中只有祖国和亲人，他始终牢记出国前父亲对他的叮嘱，一心要学成归国，为祖国效力。

1950 年 8 月 31 日，获得博士学位仅 9 天后，邓稼先毅然放弃在美国优越的生活条件，义无反顾地登上"威尔逊总统"号轮船，踏上了返回祖国的路程。

邓稼先匆忙回国，除了思国心切、渴望为国出力外，还有另外一层原因。当时，美国国内出现了一股反共反苏的排外浪潮，在政治、教育和文化领域有不少人被扣上"莫须有"的罪名，遭到迫害。邓稼先早就有一种不祥的预感。1950 年 6 月，朝鲜战争爆发，国际形势急剧变化，中美关系变得更加紧张，邓稼先认为如果不尽快行动、尽早回国，就会夜长梦多，产生极为严重的后果，因此，他在 8 个月前就开始办理回国的手续。后来发生的事实证明，他的判断没有错，钱学森就是因为受到无端的怀疑被美国联邦调查局带走关押的，一直被关押了 5 年之久，在各方营救下才得到释放，返回祖国。

回国后，邓稼先被正在招揽人才的钱三强看中，进入刚刚组建半年的中国科学院近代物理研究所，在理论组任助理研究员，不久又升为副研究员。从 1950 年 10 月起，他在这里工作了大约 8 年，在彭桓武教授的直接领导下从事原子核理论研究，为我国原子核物理研究奠定了坚实的基础。

隐姓埋名研两弹

新中国成立后，美国依仗手中的原子弹，不时挥舞"核大棒"对我国进行核威胁。毛主席高瞻远瞩，决定以戈止武、以核制核，研制核武器，进行最有效的自卫，保卫国家安全。

1955 年 1 月 15 日，毛主席、周总理等国家领导人在中南海召开会议，听取李四光、钱三强汇报我国核科学研究的现状。正是从这一天开始，新中国拉开了发展核事业的序幕。

1955 年 4 月，钱三强作为中国代表与苏联代表谈判，签订了苏方援助中国发展核事业的协议。协议规定，苏联向我国援建一座重水型实验性反应堆和一台回旋加速器（以下简称"一堆一器"），并派专家来中国协助中国技术人员设计、研制原子弹。

1958 年 7 月，第二机械工业部（以下简称"二机部"，后改为核工业部）在北京成立核武器研究所（以下简称"九所"），由二机部九局（核武器局）局长李觉兼任所长。当时，中国杰出的核物理学家基本上都在原子能研究所，九所可用之人并不多，所长李觉十分着急，嘱咐钱三强尽快物色一名业务能力强、政治素质过硬的技术人才，来九所研究苏联援助的原子弹模型，并带领大家进行资料的翻译、学习。钱三强经过慎重思考，决定由邓稼先担任这一重任。

1958 年 7 月的一天，钱三强把邓稼先叫到办公室，神情凝重地告诉他："国家要放个'大炮仗'，调你去做这项工作，你看怎么样？"

"大炮仗？"邓稼先马上明白，这是原子弹，但一时没有做好思想准备，自言自语道："我能行吗？"

钱三强鼓励他道："这件事关系国家的安危，我相信你能干好！"

邓稼先立即明白了这项工作的性质与意义，他用坚毅的眼神望着钱三强，用力点了点头。

随后，邓稼先被任命为九所理论部主任，负责中国原子弹的理论设计工作。那时，除了组织之外，没有人知道邓稼先究竟在哪里工作，具体在做什么。其实九所离邓稼先的家只有一站之遥，但他的妻子许鹿希一直不知道他的工作地点和工作内容。因为保密需要，邓稼先不能乘坐公交车到单位附近的公交站下车，他总是在稍远的地方下车，再步行到单位。

新中国成立初期，工业基础薄弱，连一辆汽车、一辆拖拉机都造不出来。在这样的情况下，要自主研制原子弹谈何容易。当年，美国第一颗原子弹的科研队伍里有不少世界一流的物理学家，至少有 14 人是诺贝尔奖得主。

当时，邓稼先所带领的团队只有 28 名刚刚毕业的大学生，这些大学毕业生对于核武器研制的知识与技术可谓一知半解。因此，中国原子弹的研制一开始就遭遇了巨大的困难。尽管如此，邓稼先也没有放弃，他边工作边教课，为学生们讲授戴维斯的《中子运输原理》、泽尔道维奇的《爆震原理》和柯朗的《超声速流与冲击波》等核物理课程。在邓稼先的耐心讲解下，新来的大学生们很快掌握了很多核物理知识，提高了对核物理技术的认知水平，其中一些人后来还成为我国核物理研究领域的专家。

原子弹理论设计的主攻方向基本由邓稼先一人承担。那段时间，他整天都在思考，晚上回到家后不时走神，躺在床上，脑子里还在专心想着工作上的事情……

1959年6月，苏联政府突然单方面终止协议，强行撤走中国境内的全部专家。在极端困难的条件下，党中央决定自力更生，依靠自己的力量研制原子弹。

苏联专家撤走后，九所首先要做的最重要的事，就是继续进行原子弹理论及基本结构模型方面的研究。为了加快原子弹的研制进度，经上级协调，九所在全国范围内抽调了一些物理学、力学和数学方面的专家，其中就包括著名物理学家王淦昌、彭桓武、郭永怀等人。

研制原子弹和其他武器的最大区别在于，原子弹没有可以借鉴的实物或类似的武器，一切都靠想象。极其复杂的方程式、令人头疼的数学概念、闻所未闻的结构方式、数以万计的数据，全都需要计算，工作量十分庞大。

邓稼先带领团队依靠4台苏式手摇计算机、计算尺和算盘，不舍昼夜地进行着复杂的计算，算完的纸带子和计算机的穿孔带子，一捆捆地放进麻袋里，一个个麻袋堆满了整间屋子。

理论部的所有人都像上足了发条的时钟，一刻不停地运转、演算。那段时间，邓稼先白天在办公室里带领大家计算，晚上回家躺在床上，眼睛盯着天花板，在脑海中推导公式……

靠着吃苦耐劳、无私忘我的拼搏精神，到 1963 年年初，邓稼先与其团队成员终于迎来了胜利的曙光，完成了包括结构、尺寸和材料等在内的原子弹理论设计模型，我国第一颗原子弹的轮廓被勾勒出来，原子弹的"龙头"工作圆满完成。

1963 年秋天的一个傍晚，邓稼先向妻子和女儿辞行，临行前没有告诉她们自己要去哪儿，只是说去一个很远的地方。从此，邓稼先仿佛人间蒸发了一般，他的妻子、父母，以及所有的亲朋好友都不知道他去了哪里，在做什么工作，什么时候回来。

邓稼先这次去的地方，是位于青海省海晏县的一片荒原——金银滩。邓稼先和九所的其他科研人员来到这里，进行原子弹部件加工以及原子弹总装工作，为原子弹大型爆轰试验做准备。金银滩海拔 3200 多米，年均气温为零下 4 摄氏度，高寒缺氧，自然条件十分恶劣，邓稼先与同事冒着严寒，经过不懈的努力，终于造出了原子弹试验模型。1963 年 11 月 20 日，邓稼先在青藏高原进行了缩小比例的聚合爆轰试验，进一步验证了已经完成的理论设计方案和一系列试验结果。

1964 年 9 月 29 日，我国第一枚原子弹拆装完毕，从青海金银滩装车启程，运往新疆罗布泊核试验基地。邓稼先和王淦昌、彭桓武、郭永怀等人赶到基地，参加核试验。10 月 16 日下午 3 时整，中国第一颗原子弹爆炸成功！

邓稼先和所有参加核试验的工作人员在听到那声震动天地的巨响后，如奔涌的潮水般争先恐后地跑出地下指挥所，兴奋地欢呼、跳跃，帽子、衣物都被扔上了天空。他们紧紧相拥，彼此祝贺！中国原子弹的成功爆炸，打破了美、苏核垄断，改写了中华人民共和国在世界格局中的地位。

1965 年 1 月，毛主席又适时提出了"原子弹要有，氢弹也要快"的号召，我国研制氢弹的攻坚战又打响了。为了尽快研制出氢弹，九院成立了两个氢弹原理攻关小组，一个在北京，一个在上海，由主任邓稼先和副主任于敏分别负责。邓稼先又马不停蹄地投入氢弹的研制工作中，开始在北京、上海两地之间奔波，领导并参与了中国第一颗氢弹的研制和实验工作。

1967 年 6 月 17 日上午 8 时 20 分，我国第一颗氢弹在罗布泊基地成功爆炸。在原子弹、氢弹爆炸的烟云中，中国让整个西方世界震惊，同时赢得了平等和尊严。

鞠躬尽瘁，以身殉职

由于常年与放射性物质打交道，邓稼先不断受到放射性物质的伤害，健康状况一天天恶化。

在我国进行的 45 次核试验中，邓稼先参与了 32 次，其中 15 次是由他在现场组织指挥的。1979 年，在一次核弹空投试验中，悬挂核弹的降落伞突然在半空破裂，1 吨重的核弹从高空坠落，当场被摔裂。为了避免出现毁灭性的后果，邓稼先冒着生命危险独自一人冲上前去，拾起摔破的核弹碎片仔细检查，因而受到了极为严重的核辐射伤害。

邓稼先回到北京后，妻子许鹿希让他去医院检查。检查结果令她吃惊不已，邓稼先的小便中带有放射性物质，骨髓里也侵入了放射性物质，肝脏已被损伤。这说明邓稼先已经被放射性物质严重损伤，患癌症的概率非常大。许鹿希劝他及时治疗，以免病情加重。但邓稼先却不在乎，不久又回到核试验基地，带病继续工作，错过了最佳治疗时间。

也就在这一年，邓稼先被上级任命为核工业部第九研究院院长，他的科研任务逐渐艰巨。但他却迎难而上，拖着病体投入更加艰难的科研工作中，依然像过去一样拼命工作。

1982 年的一天，邓稼先亲自到试验现场指导，井下突然有一个信号测不到了，大家十分着急地忙碌着，考虑到他的身体纷纷劝他回去，但他只说了一句话："我不能走。"直到他指挥大家解决了问题，才和大家一同回去休息。

1985 年，邓稼先病情严重，身体十分虚弱，上级强行安排他住进解放军 301 医院接受治疗。经过医生检查，邓稼先患上了直肠癌。301 医院专门组织了一个医疗小组，决定为邓稼先做肿瘤清除手术。尽管做了手术，但邓稼先所患的直肠癌已经是晚期，癌细胞已在体内扩散，他的病情无法好转。

得知自己的病情，邓稼先平静地对妻子说："我知道这一天会到来，但没想到来得这么快。"他拉着妻子的手，安慰妻子道："生命来自大地，最后又回到大地，这是很自然的事情。清代诗人龚自珍有一句诗，'落红不是无情物，化作春泥更护花'，古人有这种情怀，我们不应逊于古人。"

做完手术后，邓稼先心里始终惦记着核试验工作。手术后第 4 天，邓稼先让核研究院的人把有关核试验的最新材料和书籍寄到医院来。他撑着病体，仔细阅读材料和书籍，研究世界核大国的核武器发展水平和军控动向。

1986 年 4 月 2 日，邓稼先和于敏共同签名，向上级提交了一份关于我国核武器发展的建议书。凭着对党和国家的无限忠诚，对事业的无比执着和坚强的毅力，他完成了这份凝聚自己无数心血的建议书。这是他在临近人生终点时对祖国所作的最后贡献。

邓稼先去世前一个月，国家决定公开他的身份，宣传他的光辉事迹。1986年6月24日，《人民日报》《解放军报》等重要报刊，同时刊发了题为《"两弹元勋"——邓稼先》的长篇报道，全面介绍邓稼先的先进事迹。至此，世人才第一次知道邓稼先的名字，知道他是"两弹元勋"，知道他是中国第一颗原子弹和第一颗氢弹理论方案的主要设计者。

7月15日，国务院副总理万里来到病房看望邓稼先，告诉他国务院已经决定授予他"全国劳动模范"荣誉称号和"五一劳动奖章"。两天后，党和国家领导人来到医院，为邓稼先颁发"五一劳动奖章"和证书。

1986年7月29日，邓稼先与世长辞，享年62岁。临终前，他仍然放心不下核事业，叮嘱同事们在尖端武器研制方面要勤勉努力："不要让人家把我们落得太远……"

"如果有来世，我还是选择中国，选择核事业，选择你。"这是邓稼先在弥留之际对妻子许鹿希说的话。

从1950年海外留学回国，到1986年去世，在30多年的漫长岁月中，邓稼先一直从事原子核理论研究工作，多次领导、主持了我国重大核试验工作，把生命中最美好的年华和最有价值的部分奉献给了祖国。

作为我国"两弹一星"的功勋人物之一，邓稼先怀着强烈的责任感、使命感和对国家的深厚情感，以"鞠躬尽瘁、死而后已"的精神，在祖国一穷二白的年代，带领团队艰苦奋斗、顽强拼搏，研制出中国第一颗原子弹和第一颗氢弹，为新中国赢得了长久的和平，让中华民族挺直了脊梁！他的赫赫功勋将永载史册，他的名字将永远被镌刻在共和国的丰碑上，散发熠熠的光彩！

邓稼先名言

★ 不要让人家把我们落得太远。

★ 一不为名，二不为利，但工作目标要奔世界先进水平。

★ 核武器事业是成千上万人的努力才取得成功的，我只不过做了一小部分应该做的工作。

★ 我不爱武器，我爱和平，但为了和平，我们需要武器。假如生命终结后可以再生，那么我仍然选择中国，选择核事业。

各界赞誉

★ 稼先既是杰出的科学领导，又是认真细致的实干家。

——中国著名核物理学家 于敏

★ 邓稼先的一生是有方向的、有意识地前进的，没有彷徨，没有矛盾。如果稼先再次选择他的途径的话，他仍会走他已走过的道路。

——1957 年诺贝尔物理学奖获得者 杨振宁

黄旭华：为国"深潜"铸核艇

黄旭华（1926—2025），祖籍广东省揭阳市，广东省汕尾市人。

身份：船舶专家，核潜艇研究设计专家，中国工程院院士。

成就贡献：参与并领导中国第一代核潜艇的研究设计工作，担任第一代核潜艇副总设计师和第二任总设计师，主持、

参与了中国第一艘鱼雷攻击型核潜艇、第一艘弹道导弹核潜艇的研制，为我国核潜艇技术和核潜艇事业的发展奠定了重要基础；培养锻炼了一大批优秀的核潜艇和船舶科技人才。

荣誉奖项：国家科学技术进步特等奖，全国科学大会奖，国防科工委二等奖，国家最高科学技术奖，"2013年度感动中国十大人物"之一，共和国勋章。

为救国改名"旭华"

黄旭华出生于广东省海丰县田墘镇（今广东省汕尾市红海湾区田墘

街道）的一个乡村医生之家，从小就表现出很强的学习能力和动手能力。

童年时代的黄旭华，总能用平凡而不起眼的小物件制作出一些新奇的玩具。那些纸板、木板、橡皮筋等物件，经过黄旭华一摆弄，就变成了纸飞机、风筝、弹弓、弓箭、竹蜻蜓之类的玩具。镇上的小伙伴们都很喜欢和他一起玩，常常聚集在他身边，请求他帮自己制作各种玩具。

一次，黄旭华搜集了纸板、泡沫、木头、橡皮筋、旧渔网等材料，打算做一条能在水中航行的"小船"。他和小伙伴们一起来到海边，将材料摆在沙滩上，然后七手八脚地忙开了。他将纸板剪成椭圆形，在前面用一些泡沫垫起来作为"船"头，然后用剩余的纸板做了"船"身，又用木头做了一个明轮"船"尾，还用一根橡皮筋将它固定在"船"身上，一条"小船"就这样诞生了。

小伙伴们都很高兴，簇拥着黄旭华来到海边。黄旭华把"小船"放到水里，转动明轮，"小船"居然平稳地向前挺进。小伙伴们开心得又蹦又跳，一起拍起手来。从此，黄旭华在心里埋下了一个梦想：将来自己一定要造一艘大轮船，驾驶大轮船在浩瀚的大海上迎风破浪，周游世界。

黄旭华出生时，他的父亲黄树毅按族谱为他取名"黄绍强"，希望他长大后能够自立自强，做个顶天立地的男子汉。但黄绍强长大后并没有使用父亲为他取的名字，而是自作主张改了个名字。

黄旭华上中学时，正值日军侵略中国，中华大地饱受蹂躏。为了不使学业中断，他辗转多地求学，目睹了祖国山河破碎、百姓四处逃难的凄惨景况，内心悲愤不已。他决心努力读书，掌握先进的科学文化知识，日后走科学救国之路，报效祖国，为中华之崛起贡献自己的全部力量。

1941 年，黄绍强在哥哥的帮助下，辗转千里来到桂林中学读高中。为了激励自己，他正式将自己的名字改为"黄旭华"，希望中国将来能够像旭日一样冉冉东升，屹立于世界民族之林，绽放出耀眼夺目的光芒。

改名后，黄旭华给父亲黄树榖写了一封信，将自己改名的原因告诉了父亲。黄树榖对儿子改名倒没什么意见，但是"旭华"这个新名字让他有些不高兴，因为黄旭华的祖父名叫黄华昌，名字里也有个"华"字，黄树榖认为儿子的名字与祖父的名字犯冲，很不吉利。于是，他给儿子回信说："你们兄弟都是'绍'字辈，你爷爷才是'华'字辈，你怎么能改成跟爷爷一辈呢？"

尽管没有得到父亲的赞同，但黄旭华已经打定主意，坚持用新名字。他向父亲解释说："爷爷曾经是一位'武秀才'，如今国难当头，国家正遭受侵略。天下兴亡，匹夫有责，我理当发愤努力，为国分忧，报效国家。爷爷一定能理解我的心情，所以我就不改回原来的名字了。"

就这样，黄旭华后来一直使用自己的新名字，并时刻牢记心中的愿望，为祖国的崛起、强大而刻苦学习，孜孜求索，顽强拼搏。

少年时代的黄旭华，已经表现出了非凡的志向和过人的见识，怀着对国家的深厚情感，将自己的个人命运与国家、民族的命运紧紧地联系在一起，自觉履行作为一名中华儿女应有的责任，与祖国同呼吸、共命运。

研制中国第一艘核潜艇

1945 年，黄旭华以优异成绩考入交通大学造船工程系。在校期间，他受到多位名师指导，努力学习造船理论与技术，并积极投身爱国民主运动，并于 1949 年加入中国共产党，成为一名坚定的爱国主义者。

新中国成立后，黄旭华以满腔热忱投入新中国的建设洪流之中，先后进入华东军管会船舶建造处、轮船招商局、上海港务局和船舶工业管理局工作。20世纪50年代末，中苏关系恶化，苏、美两个军事大国不断对中国进行核威胁。在这种情况下，党中央决定自力更生，研制"两弹一星"和核潜艇。1958年，黄旭华作为首批技术骨干，被上级秘密调至北京的核潜艇总体设计组，参加核潜艇研制工程（以下简称"09工程"），正式参与核潜艇的研制工作。从此，他隐姓埋名，深潜30年，为国铸核艇。

1961年11月，黄旭华因为工作出色，被上级任命为"09工程"副总工程师，负责核潜艇的总体设计和技术配套工作，从此走上核潜艇研制的重要领导岗位。

核潜艇研制初期遇到了一系列困难。首先，极度缺乏技术人才，当时包括黄旭华在内的29人核潜艇研制团队，没有一人系统学习过核动力方面的专业知识；其次，缺乏资料，没有任何技术资料可参考；再次，没有高精尖设备，难以制造出精密的核潜艇配件、元件；最后，核潜艇究竟是什么样子，参与研制的工作人员都没有见过，对于核潜艇的吨位、下潜极限深度、水下自持力、航速等技术参数，大家也毫无概念。面对重重困难，黄旭华和同事们没有丧失信心，决心靠自己摸索，想尽一切办法研制出中国自己的核潜艇。

因为保密需要，1965年，黄旭华和同事们来到濒临渤海辽东湾的葫芦岛上工作，在这里度过了长达10年的研制核潜艇的艰辛生活。当时的葫芦岛，杂草丛生，人迹罕至，非常荒凉，而且气候十分恶劣，常年风沙弥漫。大家住的是简陋的半成品房，四面透风，到了冬天，人即使盖着厚厚的棉被仍被冻得直打哆嗦。房间里白天不供应水，到了晚上才会来一点儿水。每人每月只供应三两油，主食一般是苞米面和带糠的高粱米，菜就是土豆、白菜和萝卜这几样。

在葫芦岛上，黄旭华和同事们怀着对国家的无限深情，以苦为乐，斗志昂扬，全身心地投入核潜艇的研制工作中，力求早日将核潜艇研制出来，向党和人民交出一份合格的答卷。

不久，核潜艇的研制工作出现了转机，中国外交人员从美国和中国香港带回两个核潜艇玩具模型，其原型就是美国建造的世界上第一艘弹道导弹核潜艇"乔治·华盛顿"号。黄旭华对核潜艇玩具模型进行了仔细的"解剖"，最终搞清了"乔治·华盛顿"号核潜艇的内部构造。随后，黄旭华又组织技术人员，开展核潜艇技术大攻关，陆续攻克了核潜艇动力装置、声呐系统、惯性导航系统、武器系统等技术难关，为核潜艇的成功研制奠定了坚实的技术基础。

1968年11月，我国第一艘核潜艇开始动工建造。核潜艇内的仪器、设备极为繁杂，光是控制阀门就有一万多个，各种仪表也有几千个，制造工艺非常复杂，涉及大量复杂的数据，需要运用三角函数、对数等复杂的运算公式进行计算，得出精确、可靠的结果。当时没有计算机这样先进的计算工具，黄旭华就用传统的算盘和计算尺进行计算，带领大家争分夺秒、日夜不停地计算着。他将全体人员分成两组，只有当两个小组计算出的数据完全一致时才继续往下进行，数据稍有出入，就必须重新计算。

为了控制核潜艇的重心与重量，确保核潜艇的稳定性与可操作性，黄旭华要求所有上艇设备、管线都要过秤称重，重量值必须精确到小数点后两位。黄旭华亲自过问称重工作，一旦发现有不正确的称重数据，就将仪器、设备退回给工作人员重新过秤。

靠着这些看起来很基础的"土方法"，黄旭华和研究人员终于研制出了合乎要求、性能优越的核潜艇。1970 年 12 月 26 日，我国第一艘核潜艇下水试航，获得圆满成功。

为了使核潜艇尽快形成战斗力，在之后的 4 年时间里，黄旭华和同事们又进行了包括近 600 次的核堆启堆、提升功率、发电、主机试车等系泊试验，以及 20 多次累计 6000 余海里的海上航行，200 多次水上、水下高速巡航，不断完善核潜艇的各项性能，解决核潜艇在试验、试航中暴露出来的一些问题。

1974 年，"八一"建军节这天，我国第一艘核潜艇被中央军委命名为"长征 1 号"，舷号为"041"，交付北海舰队，正式加入海军服役。

以身试险，为国深潜

1983 年 3 月，黄旭华被任命为"09 工程"总设计师。这一年，黄旭华即将进入花甲之年，但他精神不减当年，志气旺盛，干劲十足，决心带领全体研究人员持续拼搏，再创辉煌，使中国的核潜艇事业更上一层楼。

1988 年 4 月，我国"长征 4 号"核潜艇在南海执行一项深潜试验任务。所谓"深潜试验"，是指潜艇在交付海军使用前，必须潜到工作深度和极限深度，检验其设计方案是否合理、建造质量是否达标。只有在深海里完成了试验，弹道导弹核潜艇才算正式建造成功，才具有战斗力。

我国核潜艇的研制一直在北方进行，但深潜试验的地点却选在了南海。这是因为进行核潜艇深潜试验需要至少 300 米的海下深度，而北方的渤海、黄海和东边的东海，海域都较浅，不适合进行核潜艇深潜试验。

核潜艇深潜试验风险较大，对于艇员来说是一个巨大的挑战。在极限深度，一张扑克牌大小的钢板所承受的压力是1吨多，对于100多米长的艇体而言，只要任何一个地方出现问题，比如，一条焊缝有问题，一个阀门封闭不足，都可能导致艇毁人亡。1963年4月10日，美国"长尾鲨"号核潜艇在波士顿以东海域进行深潜作业时，潜艇机舱部位的管道系统突然断裂，潜艇沉入海底，"长尾鲨"号上的129名艇员全部遇难。

前车可鉴，对于这次"长征4号"深潜试验，黄旭华万分慎重。他带领工作人员对"长征4号"从头至尾仔细检查了一遍，在潜艇的一些重要部位做了标识，并附上说明文字。比如，在通海阀门、蒸汽管等关键设备上挂上牌子，说明此设备应如何操作，出现紧急情况应如何处理，负责操作、监控的是谁，维修人员又是谁等内容。

为了应对可能出现的意外情况，黄旭华还进行了应急部署：在南海选定一个深度为300米的地方，提前放置打捞救援设备，若核潜艇出现不测，可以第一时间实施救援，另外，在核潜艇上也放置一些专门的支撑和堵漏设备。

作为"09工程"的总设计师，黄旭华本来是不必亲自参加深潜试验的，而且他年事已高，这一年已经65岁了，身体状况也不允许他这么做。领导和同事都劝说他不要参加深潜试验，但是黄旭华不听劝阻，坚持要与艇员一起进行深潜试验，与大家共同完成中国核潜艇第一次深潜试验的伟大壮举。他语气坚定地对大家说："我是总设计师，我要负责到底，我要为核潜艇和100多人的生命安全负责。我爱我的国家，事关核潜艇事业，我可以牺牲一切！"

4月29日上午9时，"长征4号"载着黄旭华等176名参试艇员驶至预定海域。一切准备就绪后，潜艇开始下潜，但在完成潜水均衡后，潜艇的水声系统出现了通信不畅的问题。黄旭华当机立断，命令驾驶员将潜艇上浮到潜望深度（潜艇在水下使用潜望镜观察海情和空情时所处的航行深度）进行观察。

艇内的气氛顿时变得紧张起来，有人提议唱一下《血染的风采》这首歌，以便让大家精神放松一下。

黄旭华一边指导工作人员收集各种数据，一边认真思考如何应对不期而遇的突发状况。幸运的是，因黄旭华和工作人员之前做了大量的安全准备工作，加上艇员操作规范，这次深潜试验最终获得了成功。中午12时10分52秒，"长征4号"第二舱深度计的指针指向了300米，并略有超出。大家都屏住了呼吸，不知道下一刻会发生什么。

这时，艇体不再发出"咔咔"的声音，那几处渗水处也未出现更多的漏水。随着一声"停"的指令，舱里爆发出一阵阵欢呼声："成功了！我们成功了！"

"长征4号"核潜艇成功下潜到了极限深度，艇内的机械设备也正常运转。这意味着我国攻击型核潜艇的艇体结构设计完全合格，达到设计目标，符合实战要求。

当"长征4号"浮出海面时，负责指挥、后勤、救援等任务的几十艘舰船同时拉响汽笛，向艇上的全体人员致敬。黄旭华站在"长征4号"核潜艇的背上，激动地挥动着手臂，向大家表示谢意。汽笛声、欢呼声回荡在辽阔的南海海面上，久久不息……

在这次深潜试验中，因为海水压力过大，黄旭华的牙龈、眼底、耳朵都渗出了血。这次试验让黄旭华成为世界上第一个亲自下水做深潜试验的核潜艇总设计师。

中国核潜艇研制工程在当时被列为国家最高机密，所有参与核潜艇研制的工作人员都不能对外暴露自己的工作单位、工作性质与工作任务。作为核潜艇总设计师的黄旭华，为了国家的需要，隐姓埋名工作了近30年。近30年中，他没有一次回老家探望父母，只能通过一个海军的信箱和父母联系。父母只知道他在北京工作，从来不知道他在什么单位，在做什么。父亲去世前，黄旭华也未能赶回家看望父亲。

在核潜艇战线上，黄旭华隐姓埋名、呕心沥血、默默奉献，将一生最宝贵的年华奉献给了祖国的核潜艇事业。他的人生功绩赫赫，却也如核潜艇一样无声而神秘。他忠于祖国、恪尽职守、勇于担当、无私奉献的精神，感染着一代又一代的年轻人。黄旭华肩负历史赋予的重任，无怨无悔地献身中国的国防科技事业。

黄旭华名言

★ 对国家的忠，就是对父母最大的孝。

★ 花甲痴翁，志探龙宫。惊涛骇浪，乐在其中。

★ 此生属于祖国，属于事业，献身核潜艇事业，此生无怨无悔。

★ 当祖国需要我一次把血流光，我就一次流光；当祖国需要我一滴一滴流血的时候，我就一滴一滴地流！

各界赞誉

★ 时代到处是惊涛骇浪，你埋下头，甘心做沉默的砥柱；一穷二白的年代你挺起胸，成为国家最大的财富。三十载赫赫而无名，花甲年不弃使命，你的人生正如深海中的潜艇，无声但有无穷的力量。

——2013年度"感动中国人物"颁奖辞

★ 黄旭华，中国第一代核潜艇总设计师，为国家利益隐姓埋名、默默工作，60多年来潜心技术攻关，为核潜艇研制和跨越式发展作出巨大贡献。

——2019年"共和国勋章"颁授评语

顾方舟：以子验药造"方舟"

顾方舟（1926—2019），祖籍浙江宁波，上海市人。

身份： 医学科学家，病毒学专家，第三世界科学院院士。

成就贡献： 中国脊髓灰质炎疫苗研发生产拓荒者，首次用猴肾组织培养技术从患者粪便中分离脊髓灰质炎病毒，成功研制脊髓灰质炎活疫苗，这种疫苗的推广使用极大地降低了中国脊髓灰质炎的发病率；成功研制三合一糖丸剂型脊髓灰质炎疫苗，解决了疫苗不受孩子喜爱和不易运输、储存的问题；成功研制脊髓灰质炎单克隆抗体试剂盒，在脊髓灰质炎病毒单克隆抗体杂交瘤技术上取得成功；建立了脊髓灰质炎病毒分离与定型方法，制定了脊髓灰质炎活疫苗的试制与安全性标准，主持制定了中国第一部脊髓灰质炎活疫苗制造及检定规程，指导了中国后来20多年数十亿份疫苗的生产与鉴定，为中国消灭脊髓灰质炎伟大工程作出了重要贡献。

荣誉奖项： 中国生物医学工程终身贡献奖，中国免疫学会终身成就奖，中国医学科学院60周年十大科技成就奖，最美奋斗者，人民科学家，"感动中国2019年度人物"之一。

苦难岁月立下从医志向

1926 年 6 月 16 日，位于上海市郊方桥镇的顾家又诞生了一名男婴。因为顾家之前已经有了一个儿子，名叫顾方乔，母亲周瑶琴心想"乔"下应该有"舟"，于是给刚出生的男婴取名"顾方舟"。

正如名字所寓意的那样，日后顾方舟走上了悬壶济世的行医道路，生命化为一座无形的方舟，庇护着千千万万的中国儿童免受疾病的侵袭，脱离苦难，走向新生。

顾方舟的父亲顾国光在海关任职，母亲周瑶琴是一名教师，两人都有一份体面的工作，在当时民众生活水平普遍不高的年代，顾方舟的家庭条件已经算"小康"水准了，幼年的顾方舟过着衣食无忧的安逸生活。

但是到了 1930 年，也就是顾方舟 5 岁那年，灾难降临了这个家庭，顾国光在检查海关过往人员时不幸染上了黑热病。在当时中国医疗技术落后的情况下，黑热病属于一种很难治愈的疾病，尽管周瑶琴四处求医为丈夫治病，并且花光了夫妻二人多年来攒下的所有积蓄，仍然没有帮助丈夫战胜病魔，没过多久，顾国光就被病魔夺去了生命，原本幸福的家庭从此失去了顶梁柱，只靠周瑶琴一人苦苦支撑。

父亲临终前痛苦的表情，给年幼的顾方舟留下了深刻印象，也在他心中留下了深深的伤痛，他决心长大后当一名医生，救死扶伤，解除病人的痛苦，拯救患者的生命。小小年纪的顾方舟，心中已经悄悄种下了一颗从医的种子。

顾国光去世后，周瑶琴独力难支，无法在上海立足，于是带着几个孩子回到娘家宁波市洞桥镇前王村，将孩子托付给母亲照料，自己考入杭州广济产科专门学校，学习助产专业知识。

1934年，周瑶琴从广济产科专门学校毕业，带着顾方舟等几个孩子辗转来到天津，在英租界租了一间房子挂牌开业，成为一名职业助产士。周瑶琴不辞辛苦地工作，下班后就立即赶回家生火做饭，打理家务，同时指导孩子们学习。

在艰难的岁月里，周瑶琴勉励顾方舟说："要好好读书，要争气，长大了，你要当医生。"母亲的话给了顾方舟莫大的鼓舞，使他更加坚定了从医的决心。

1937年7月7日，日军发动"卢沟桥事变"，7月30日，日军从大沽口登陆攻进天津，天津沦陷。当时，顾方舟正在天津由教会创办的汇文中学读初中，每天都要拿着通行证进出租界上下学。日军统治了学校，强迫学生学日语，顾方舟和同学们被迫学习日语，一旦日语学不好就会被日语老师打板子，直到手被打肿为止。每当这个时候，顾方舟心中就燃起了怒火，立志努力学习科学文化知识，学成报国，让苦难的祖国强大起来，不再遭受欺侮。

1944年，顾方舟考入北京大学医学院医学系，实现了自己的从医理想。在全民抗战的艰难岁月里，顾方舟在学习之余也经常跟随老师到前线救治受伤的中国军人，到民间为百姓免费诊治疾病，在实践中提高了医学水平。一次，顾方舟跟随老师来到河北的一个矿场，给生病的矿工看病，发现工人的生活环境非常恶劣，矿场内卫生条件极差，传染病肆虐，很多矿工因为感染传染病去世，尸体也没能得到妥善处理，进一步加剧了传染病的流行。顾方舟颇为心痛，决心日后投身公共卫生事业，改善百姓的生活环境，避免传染病流行，让悲剧不再上演。

大学期间，顾方舟积极参加社会活动，于 1947 年 10 月加入中国共产党。1950 年初夏，顾方舟大学毕业，同学们纷纷选择当外科医生，有同学劝顾方舟也当外科医生，顾方舟却说："我要研究病毒学，从事公共卫生事业。"

同学感到很不解，问道："你外科成绩那么优异，为什么不从事外科工作，以便发挥自己的特长呢？"

顾方舟认真地说道："当外科医生一年只能救治有限的人，国家现在缺少公共卫生方面的人员，我从事这方面的工作一年能救助更多人，让千百万人受益。"

毕业后，顾方舟进入大连一家卫生研究所，从事痢疾等传染病的研究。1950 年 10 月 25 日，为抗美援朝、保家卫国，党中央组成中国人民志愿军赴朝参战。战争期间，很多志愿军战士感染了痢疾，顾方舟被派往朝鲜前线，救治患病的志愿军战士。

在前线没待多久，顾方舟接到上级命令返回大连。原来，当时美军在朝鲜战场上使用了细菌武器，很多志愿军战士感染了细菌病毒，生命受到威胁，战斗力也受到了影响。为此，党中央决定派遣一批优秀的大学生前往苏联学习病毒学知识，为应对美国发起的细菌战储备人才，顾方舟很幸运地被选中。

1951 年，顾方舟被组织派往苏联医学科学院病毒学研究所深造，师从列夫科维奇教授学习病毒学理论知识，成为国内第一批留学苏联的学生。1955 年夏，顾方舟以优异成绩获得副博士学位，结束了在苏联的留学生涯，回到了祖国。

以子试"毒"验药效

顾方舟从苏联回国后，被组织安排到北京昌平流行病研究所工作。

当时，国内正流行一种传染性极强的疾病，疾病感染群体为年幼的孩子。疾病首先在江苏省南通市出现，随后迅速蔓延，短短一周的时间就从南通蔓延到上海、济南、青岛等地。一时间，全国上下人心惶惶，家长们如临大敌，不让自己的孩子出门，有的甚至辞去工作在家守护孩子，还封上了自家的门窗。

疫情引起了国家的重视，卫生部门组织医护人员进行深入调查，最后确定疾病类型为脊髓灰质炎，也就是我们常说的"小儿麻痹症"。患上这种疾病的孩子，轻则腿脚变形，失去行走能力，成为残疾人，重则失去生命。当时，脊髓灰质炎在世界上属于疑难病症，我国医疗水平不发达，还没有专门用于治疗脊髓灰质炎的药品，孩子一旦感染了这种疾病，将来的生活会十分困难。

脊髓灰质炎是由脊髓灰质炎病毒引起的急性传染病，可以通过粪便、唾液等多种途径传播，即使孩子不出门也有可能感染这种疾病。随着时间的推移，越来越多的孩子患上了脊髓灰质炎，很多家长带着患病的孩子来到北京求医，希望传染病专家可以救救自己的孩子。其间顾方舟也接待了不少这样的家长，但他只能告诉家长自己也无能为力。看到家长们焦虑无助的痛苦神情，顾方舟心如刀绞，决心研制出治疗脊髓灰质炎的疫苗，将千万遭受脊髓灰质炎病毒折磨的儿童从死亡边缘抢救回来。

1957 年，31 岁的顾方舟临危受命，带领研究小组来到解放军军事医学科学院，进行脊髓灰质炎的研究工作，向脊髓灰质炎这个病魔正式发起挑战。顾方舟带领小组成员跋山涉水，调查了北京、上海、天津、青岛等地脊髓灰质炎患者的粪便样本，用猴肾组织培养技术分离脊髓灰质炎病毒，并用病原学和血清学的方法，证明了此次疫情是以Ⅰ型脊髓灰质炎病毒为主的病毒大流行。1958年，顾方舟又从患者粪便中分离脊髓灰质炎病毒并成功定型，走出了治疗脊髓灰质炎坚实的第一步。1958年，顾方舟被任命为中国医学科学院病毒学研究所脊髓灰质炎研究室主任。

此时，全国的疫情形势日趋严重，各地医院接受的脊髓灰质炎患者日益增多，阻止疫情蔓延、防治脊髓灰质炎刻不容缓。而防治脊髓灰质炎的最佳途径就是为患者注射脊髓灰质炎疫苗。为了能够尽快研制脊髓灰质炎疫苗，1959年3月，卫生部派遣顾方舟等人到苏联考察疫苗的生产工艺。

考察期间，顾方舟参加了脊髓灰质炎疫苗国际会议，在会议上了解到脊髓灰质炎疫苗有两种类型：一种是美国研制的死疫苗，安全但价格昂贵，打一针就要10美元，而且需要打3针才行，这对中国绝大多数家庭来说是一笔沉重的负担；另一种是苏联研制的活疫苗，成本是死疫苗的千分之一，价格低但安全性存疑。经过综合考虑，顾方舟决定选择更适合我国国情的活疫苗。他将自己的考察结果上报中国卫生部，建议采用活疫苗路线防治脊髓灰质炎，得到卫生部的采纳。1959年12月，卫生部批准成立脊髓灰质炎活疫苗研究协作组，任命顾方舟为协作组组长，负责脊髓灰质炎疫苗的研究工作。

随后，顾方舟带领小组成员紧锣密鼓地开展了研究工作。他制订了"两步走"的研究方案：先进行动物试验，动物试验通过后再进行人体临床试验。1960年11月至1961年8月，在顾方舟的主持下，云南昆明郊外的中国医学科学院医学生物学研究所研制出三个型号的防治脊髓灰质炎活疫苗，经猴体试验表明，疫苗具有良好的防治脊髓灰质炎功效，接种疫苗的猿猴没有出现任何不良症状。

动物试验顺利通过，接下来就进行临床试验，也就是将活疫苗直接接种到人的身上。如果疫苗接种者没有出现感染的症状，就意味着疫苗是安全的，可以正式生产投入使用。

但是人和动物的生理结构毕竟不同，猿猴接种疫苗没有出现问题，不代表人接种疫苗后就会平安无事，一旦试验失败，后果将不堪设想。那么，由谁来充当这第一个人体试验者呢？

此时，全国各地陆陆续续有很多孩子感染了脊髓灰质炎，疫苗迟一天送到患病的孩子身边，孩子就会多一分危险。顾方舟知道时间一刻也不能耽搁，他不愿在临床试验阶段耽误更多的时间，于是主动提出由自己来进行实验，验证疫苗的安全性。大家纷纷劝阻他不要冒这个险，但他毫不犹豫地拿起一份100人份疫苗的溶液一口喝了下去。大家都吓坏了，为他感到担忧。一周时间过去了，顾方舟没有出现任何不良反应，大家纷纷开始鼓掌，庆祝临床试验的阶段性胜利。

然而顾方舟并没有感到高兴，他在心中不断思考：脊髓灰质炎的发病人群是孩子，疫苗针对的也是孩子，孩子的耐受性明显不如成年人，成年人服用疫苗没有出事，孩子服用了会不会产生不良后果？一旦产生不良后果，岂不是要了全国成千上万孩子的命？

为此，必须要用孩子进行疫苗接种试验，可是孩子都是父母的命根子，哪家父母愿意冒险让自己的孩子做"试验品"呢？到哪里去找孩子来做试验呢？

为了让千万孩子脱离脊髓灰质炎病毒的魔爪，顾方舟决定用自己的儿子做试验。他不想让妻子知道这件事，一天夜里趁着妻子睡熟，将一小瓶疫苗溶液灌入才一岁多的儿子口中，含着泪水对儿子说道："儿子，爸爸对不起你，希望你能原谅爸爸！"

由于疫苗溶液略带苦味，儿子哭了出来。妻子惊醒过来，看到桌上的小药瓶，立刻意识到发生了什么，哭喊道："他是你的亲生儿子啊！孩子才一岁多，要是有个三长两短怎么办？"

顾方舟劝慰妻子："我不让我的孩子喝，让人家的孩子喝，没有这个道理！我自己研制出来的疫苗，如果连自己的孩子都不敢让用，还怎么好意思拿给别人家的孩子用呢？成千上万个孩子正在被病毒折磨呢！"接下来的日子，夫妻俩小心陪着孩子，只要孩子一哭闹，两人的心就提到嗓子眼。幸好一个月过去了，儿子没有出现任何不良反应，经抽血化验，儿子的血液中检测出了脊髓灰质炎病毒抗体，说明疫苗是安全有效的。

顾方舟给儿子接种疫苗的消息很快传了出去，实验室的同事们对顾方舟的大义举动极为敬佩，感动不已，纷纷提出让自己的孩子也接受疫苗接种试验，结果这些孩子没有一人产生不良反应，脊髓灰质炎疫苗研制战役终于迎来了胜利的一刻！

随后，脊髓灰质炎疫苗开始在几个试点城市进行接种，经过反复验证，疫苗的确可以有效预防脊髓灰质炎。于是，我国开始大规模生产脊髓灰质炎疫苗，并在全国范围接种。

小小糖丸护佑亿万儿童

脊髓灰质炎疫苗投入使用不久，新的问题又出现了。

因为疫苗被做成了口服液型，所以对储存条件要求非常严格，需要在低温条件下进行冷藏储存。同时，这也给疫苗的运输造成了不便，在一些偏远地区，交通不发达，疫苗经长途运输，几经辗转送到患者身边时已经失效了，不能产生应有的治疗效果，不少患者因此错过了最佳治疗时间，留下了终生的遗憾。

另外一个重要的问题是，疫苗味道十分苦涩，孩子们都不喜欢喝，不配合医生治疗。有的父母想方设法哄孩子，好不容易将疫苗溶液倒进孩子嘴里，结果被孩子一口吐出。这些都给疫苗的接种和推广带来了难度。

对此，顾方舟感到非常苦恼，整日思考如何改进疫苗，使疫苗既便于储存和运输，又能让孩子们都爱喝。一天，他看到孩子们争着分抢果盘里的糖果，大脑中立即闪现一个念头：为什么不把疫苗做成像糖果一样的东西呢？

顾方舟立即行动，带领小组成员开始研发新疫苗。经过反复的试验，他们在疫苗液体中加入葡萄糖、奶粉等原料，按比例进行调配，最终制作出了香甜可口的糖丸剂型脊髓灰质炎疫苗。糖丸疫苗不仅保持了原疫苗的药效，还可以在常温下保存两个月，在家用冰箱中还能保存更长的时间。延长保质期还解决了运输的问题，因为其口味香甜受到了孩子们的喜爱，从而解决了孩子不愿接种的问题，可谓一举三得。

经过试点使用，糖丸疫苗的功效和优点都得到了验证。随后，国家开始大量生产糖丸疫苗，在全国进行推广，边远地区也用上了糖丸疫苗，全国儿童脊髓灰质炎的发病率得到了有效的控制。

1978年，我国开始启动脊髓灰质炎免疫计划，顾方舟针对脊髓灰质炎的特点，考虑到肠道病毒在小儿肠道内繁殖对疫苗功效所造成的影响，以省、县、镇和乡为单位制定了最佳疫苗服用程序、儿童免疫力维持时间等免疫策略，确保 7 岁以下儿童疫苗服用率在 95% 以上，并规定疫苗在 11 月到次年 2 月间服用，避免夏秋季节其他肠道病毒对疫苗药效的干扰。通过这一举措，顾方舟为全国儿童建立起了一道强大的免疫屏障，有效遏制了脊髓灰质炎的传播，保护了广大儿童的生命安全。

不过，糖丸疫苗要完全发挥作用，令服用者终生免疫，服用者需要在不同年龄段分期领服，前后共需服用 3 次，这给疫苗服用者、生产单位及医院都带来了不便。为了解决糖丸疫苗的这一缺点，顾方舟又钻进实验室，带领小组成员不断改进糖丸疫苗，最终研制出包含 Ⅰ、Ⅱ、Ⅲ 型的三价混合型糖丸疫苗，服用者只需吃一次糖丸疫苗，便能实现对所有脊髓灰质炎病毒的全免疫，从而大大简化了疫苗服用流程，缩短了疫苗服用时间。

三价混合型糖丸疫苗投入临床应用后，很快就产生了效果，全国脊髓灰质炎发病率显著减少，到 1988 年，各地上报的髓灰质炎病例仅有 667 例。

1990 年，我国提出了"全国消灭脊髓灰质炎计划"，向脊髓灰质炎发起了最后冲锋。在各级政府的领导下，经过广大医护人员的共同努力，我国脊髓灰质炎病例连续数年快速下降，到 1993 年，发病率仅为 0.046/10 万，按照当年 2100 万的出生人口计算，全国只有不到 10 名儿童感染了脊髓灰质炎，这样的成果在世界范围内首屈一指。1994 年 9 月，在湖北襄阳发现一例脊髓灰质炎病例，自此，再也没有发现由本土脊髓灰质炎病毒引起的脊髓灰质炎病例。

2000 年 7 月 21 日，卫生部举行了中国消灭脊髓灰质炎证实报告签字仪式，时年 75 岁的顾方舟作为代表，在报告上郑重签下了自己的名字，我国成为无脊髓灰质炎国家。2000 年，世界卫生组织正式宣布：中国本土脊髓灰质炎病毒的传播已被阻断，成为无"脊灰"国家，这等于向全世界宣告：中国在和脊髓灰质炎病毒的战斗中获得了全面胜利！从1957年到2000年，顾方舟同脊髓灰质炎病毒战斗了44年，终于迎来了最后的胜利。

2019年1月2日，顾方舟在北京逝世，享年92岁。临终前他说道："我一生只做了一件事，值了！孩子们，快长大，为祖国效力！"顾方舟的妻子在献给丈夫的挽联上写道："为一大事来，鞠躬尽瘁；做一大事去，泽被子孙。"这是对顾方舟为发展中国卫生事业顽强拼搏、无私奉献一生的绝佳写照。

顾方舟倾尽毕生心血，为我国消灭脊髓灰质炎工程画上了一个圆满的句号，也在我国医药卫生史上树立了一座永恒的丰碑。一颗小小的糖丸，护佑着亿万儿童的健康，提起顾方舟，人们总是充满敬佩之情，亲切地称呼他为"中国脊髓灰质炎疫苗之父""糖丸爷爷"。顾方舟的名字和事迹，将被永远铭记在人们心中，永载中国医学的史册。

顾方舟名言

★ 我不让我的孩子喝，让人家的孩子喝，没有这个道理。

★ 我一生只做了一件事，就是做了一颗小小的糖丸。

★ 我一生做了一件事，值得，值得。孩子们，快快长大，报效祖国。

各界赞誉

★ 顾方舟穷尽毕生心血，守护儿童健康，为脊髓灰质炎防治事业作出了贡献，是医学工作者的榜样。

——中国科学院院士 曾益新

★ 舍己幼，为人之幼，这不是残酷，是医者大仁。为一大事来，成一大事去，功业凝成糖丸一粒，是治病灵丹，更是拳拳赤子心。你就是一座方舟，载着新中国的孩子，渡过病毒的劫难。

——2019 年度"感动中国人物"颁奖辞

于敏：中国氢弹之父

于敏（1926—2019），原名于愍，河北省宁河县（今属天津市）人。

身份：核物理学家，中国科学院院士。

成就贡献：中国核武器理论研究领军人物之一，率先开展原子核物理理论研究，与合作者提出了原子核相干结构模型，填补了中国原子核理论的空白；与邓稼先共同提出"加快核试验进程"的建议，提前规划了中国核试验的部署，为提升中国核武器水平、推动核武器装备部队发挥了前瞻性作用；领导和参与了中国氢弹理论的预先研究，主持完成了氢弹原理试验，为中国第一颗氢弹成功爆炸作出了重大贡献；突破新型核武器初级小型化原理，提出了中子弹的设计指标，指出了中子弹研制的主攻方向，为中国第三代核武器的成功研制作出了贡献。

荣誉奖项：全国五一劳动奖章，"两弹一星"功勋奖章，国家最高科学技术奖，改革先锋，"感动中国2014年度十大人物"之一，共和国勋章。

出生寒门，立志救国

1926 年 8 月 16 日，河北省宁河县（今天津市宁河区）芦台镇一个小职员家庭迎来了第二个孩子，他就是于敏。于敏小时候聪明好学，对新知识充满了好奇，遇事总爱问"为什么"，喜欢探究事情的真相。于敏出生时，正值军阀混战时期，社会动荡不安，人民生活极为困苦，尽管收入微薄，家境贫寒，父母依然坚持送于敏去读书。

童年时代的于敏，喜欢阅读历史书籍，非常敬仰中国古代的英雄人物，被诸葛亮"鞠躬尽瘁，死而后已"的奉献精神，以及岳飞、文天祥、林则徐等爱国将领的英勇事迹深深感动，萌生了"天下兴亡，匹夫有责"的思想意识。他希望长大后能够像岳飞等英雄人物一样，成为国家的栋梁之材，为国家作出自己的贡献。

于敏 12 岁那年，日军占领了天津。一次，于敏骑着自行车上街，不料迎面碰上了日军的一辆吉普车。凶残的日军开着吉普车径直向于敏冲来，在即将撞上他的一刹那才停了下来。日军停车并非出于仁慈，而是考虑到在繁华地段伤害一名无辜的中国男孩会激起公愤，不好收场。尽管如此，日军还是冲下车来，对着于敏劈头盖脸地一顿痛骂，当众羞辱了他一番。

在自己的国土上被日本侵略者当众凌辱，却无力反抗，有理也无处申辩，少年于敏悲愤难言，深感民族尊严受到了严重的践踏。这件事激起了于敏内心深处的爱国情怀，也促使他立下科学救国的决心。他暗暗立下誓言，决心发愤学习科学技术，用科学的力量改变祖国积贫积弱的落后面貌，一定要让祖国强大起来，不再受外国的欺凌。

此后，于敏更加勤奋学习，成绩在班上一直遥遥领先。临近高中毕业时，于敏的父突然失业，家中失去了唯一的经济来源，原本勉强度日的家庭雪上加霜，无力再供于敏继续上学。幸好于敏的同学陈克潜的父亲非常欣赏于敏，认为他是个可造之才，通过关系为他在学校申请了资助金，于敏这才得以继续上学。

1944年，18岁的于敏考上北京大学（以下简称北大）工学院，就读于电机系。北大全新的教学环境、浓厚的学习气氛让于敏耳目一新，他兴致勃勃地全力投入学习，在知识的海洋中尽情畅游。在北大学习期间，为减轻家中负担，于敏寒暑假从不回家，暑假到景山乘凉学习，寒假待在宿舍裹着旧军大衣学习。

除了学习本专业的课程外，于敏还时常到数学系旁听，学习高等数学知识。于敏超强的记忆力、超群的理解力和领悟力使他在学习中一直保持领先的优势。一次，数学系组织了阶段考试，试卷难度很大，整个数学系学生的平均分只有20分，最高分也不到60分，而于敏则考了满分，于敏的名字也因此响彻北大，被师生们誉为"天才中的天才"。

1945年，美国在日本广岛投放了人类历史上第一颗原子弹，正在读大二的于敏深感震惊，也认识到了物理科学的威力，怀着不能让祖国遭受核武器威胁的强烈愿望，他于1946年毅然转入物理系，学习量子场论，将理论物理确定为自己的专业研究方向，从此与物理结下了不解之缘。

1949年，于敏以物理系第一名的优异成绩成为中华人民共和国成立后北大第一届毕业生，同时考取了北大理学院研究生，并担任助教。在张宗燧（时任北大理学院院长）和胡宁等教授的指导下，于敏继续深入研究理论物理，完成了第一篇论文《核子非正常磁矩》。于敏超强的学习能力令他的导师们赞叹不已。一提起于敏，张宗燧就连连称赞："我教了一辈子，从未见过于敏这么好的学生！"

研制中国第一颗氢弹

1951 年，于敏以优异的成绩从北大理学院研究生院毕业，被核物理学家钱三强、彭桓武调到中国科学院近代物理研究所，从事原子核理论研究工作。

1952 年，美国研制出世界上第一颗氢弹，并成功地进行了爆炸试验。1957 年，在美国的帮助下，英国首枚氢弹也成功试爆。随后，苏联、法国也积极研制自己的氢弹。这些帝国主义国家利用自己的核武器技术优势，多次肆无忌惮地对中国进行核讹诈、核威胁，中国面临着严峻的国际形势。

面对美、英等国咄咄逼人的核威慑，毛主席毫不畏惧，多次强调"美国的原子讹诈，是吓不倒中国的"，后来又下达紧急指示："原子弹要有，氢弹也要快！"

为响应毛主席的号召，国家首先成立了专门研究原子弹的原子核物理研究小组。小组成员只有 8 人，于敏为其中之一。之前于敏专攻量子场论，现在研究原子核理论等于改行，一切要从头开始。凭借自己的聪明才智及刻苦钻研的精神，于敏很快就掌握了核物理学的精髓，在铀原子核壳结构理论、粒子能谱研究等方面取得了突破性成果，还写出了多篇重量级论文，使我国的原子核研究屡上新台阶。因为成就突出，1956 年，于敏升任为原子核理论组组长。

1961 年，我国的原子弹研制到了最紧要的关头，氢弹的研制也提上了议事日程。1 月 12 日，二机部副部长钱三强邀请于敏到他的办公室密谈，向于敏强调氢弹的研制刻不容缓，意义重大，请于敏出任轻核理论组副组长，参加中国氢弹原理的预先研究。

经过多年的研究，于敏在原子弹领域已经取得了不少成果，如果接下氢弹理论研究的重任，就意味着又要改行，一切又要重新开始。但他眼神坚定，毫不犹豫，一口答应。于敏明白国家利益高于一切，个人荣辱根本不重要，在核威胁迫在眉睫、国家处于危急存亡之际，必须服从国家需要，全力以赴，为国出力。于敏毫不犹豫地答应了钱三强的请求。从此他隐姓埋名 28 年，潜心钻研氢弹原理，开启了默默无闻、无私奉献的国防科研生涯。

氢弹是国际公认的一种在原理和结构上都十分复杂的核武器，其研制难度比原子弹还要大。当时，世界核大国都对氢弹技术严格保密，我国没有任何可以参考的资料与可供借鉴的技术。此时中苏关系破裂，苏联撤走了中国境内的所有专家与设备。如果说我国制造原子弹还有苏联专家撤走前提供的图纸资料作为研究的基础，那么氢弹的研制则完全是从零开始。

于敏内心非常清楚，研制氢弹要靠外部援助已经绝无可能，唯有依靠自己的力量。做出抉择后，于敏和钱三强约定，一定要赶在法国之前把氢弹研制出来。

在上级支持下，于敏组建了一支由 31 名青年科研人员组成的氢弹预研小组，在艰苦卓绝的条件下展开对氢弹原理的攻坚。经过 4 年的不懈努力，于敏团队终于探索出了氢弹的设计路径，编制了计算氢弹试验数据的程序，建立了氢弹关键部件的模型，为氢弹原理的突破奠定了坚实基础。

1964 年 10 月 16 日，我国第一颗原子弹成功爆炸，中央决定加快氢弹的研究步伐，将二机部轻核理论组调入第九研究设计院（以下简称"九院"，今中国工程物理研究院）理论部，整合两支队伍协同进行氢弹原理和技术攻关。1965 年 1 月，于敏出任九院理论部副主任，与邓稼先、周光召、黄祖洽等人分头探索，最终整理出三四套可能成形的氢弹设计方案，但还需要通过计算机进行大量的计算验证，以确定最优设计方案。由于北京的计算机不够用，同年 9 月到 12 月，于敏带领九院理论部的科研人员赶赴上海，利用华东研究所刚刚研制成功的 J501 电子计算机进行"百日会战"。

J501 计算机运算速度每秒只有 5 万次，而且 95% 的运算时间都被分配给了原子弹的研制。于敏带领大家利用剩余 5% 的运算时间，再加上算盘、计算尺等传统计算工具，进行了大量的系统计算，终于厘清了氢弹构型方向，从数以万计的演算纸、运算纸带里整理出了一套从原理、材料到构型都基本完整的氢弹设计方案。

于敏带领团队建立的氢弹构型被称为"于敏构型"，是全球范围内仅有的两种氢弹构型之一（另一种是美国的氢弹 T–U 构型）。相比之下，于敏构型比 T–U 构型设计更为精巧，依据于敏构型制造的氢弹体积更小、重量更轻、更容易投放，而且在稳定性、可靠性、安全性和保存时间上也优于 T–U 构型，极大地提升了氢弹的实战性。于敏构型打破了西方国家的技术封锁，为中国氢弹的发展开辟了全新的道路。

1966 年 12 月 28 日，我国首次氢弹原理试验在罗布泊核试验基地拉开序幕。试验前夜，核试验基地气温降至零下 30 多度，于敏顶着刺骨的寒风，攀爬到 102 米高的铁塔顶端，逐一检查、校正测试设备。核试验基地坐落于青藏高原，空气稀薄，于敏产生了严重的高原反应，呼吸困难，脸色惨白。即便如此，他仍坚持检查完所有测试设备，直到确认没有任何问题时才离开基地，返回宿舍。

1967年6月17日上午8时20分，罗布泊上空传出一声震天动地的巨响，由飞机空投的威力达330万吨梯恩梯当量的氢弹成功爆炸，中国抢在法国前面成为世界上第四个拥有氢弹的国家。

330万吨梯恩梯当量的爆炸威力与于敏之前计算的结果基本一致。这天夜里，于敏终于踏踏实实地睡了一个安心觉。

惊天事业，沉默人生

在氢弹爆炸成功后，于敏并没有停止前进的步伐，于1969年带领团队来到四川绵阳的深山，踏上了核武器研究的新征程。1970年，于敏被调到位于青海省金银滩草原的221厂工作。1980年，于敏升任核武器研究院副院长、核武器理论研究所所长，全面负责我国第三代核武器的原理突破工作，之后成功突破新型核武器初级小型化原理，研制出我国第三代核武器中子弹。1988年，在于敏的指挥下，我国中子弹爆炸试验获得圆满成功。至此，中国核武器设计达到了国际先进水平。

1988年，于敏卸任核武器研究院副院长职位，改任顾问，同年他的名字被解禁，但解密程度有限，许多史实仍没有公开。

从1961年1月临危受命担任轻核理论组副组长，接受氢弹原理研究任务，到1988年身份解密，于敏隐姓埋名了整整28年，将自己的大半生献给了中国的核科技事业。其间，于敏的名字及其所从事的工作成为国家机密，于敏也总是对国家机密守口如瓶，连他的妻子都不知道他的真实身份，不知道他在做什么工作。

1965年9月，于敏带领团队前往上海华东计算技术研究所开展氢弹设计的"百日攻关"。

临行前他回家向妻子孙玉芹告别，说自己将要出差到外地办公。之前于敏已经有两个月没有回家了，现在刚回家就又要出差，孙玉芹感到很失落。她一边帮于敏整理行李，一边念叨："说走就走，去哪儿？去几天？几个星期还是几个月？过年能回家吗？"

面对妻子的提问，于敏无法回答，只能保持沉默。

见丈夫不说话，孙玉芹不免有点儿生气，她忍不住地问丈夫："你能不能正面回答我一次？哪怕就一次！你知道吗？你老是不在家，别人家的孩子就感到奇怪，问我们孩子'你爸爸是干什么的？'孩子说'不知道。'其他孩子就讥笑说'真好笑，连自己爸爸干什么都不知道！'为此孩子没少流泪。请你告诉我，你到底在做什么，好不好？你告诉我一个准确答案，行不行？"

听说孩子因为自己受委屈，于敏愧疚地低下了头，一个字也说不出来。看着丈夫愧疚的模样，孙玉芹叹了一口气，说到："不能说是吧？那你平时都吃什么呀？这总能告诉我吧？"

于敏也只是支支吾吾地说，自己吃的和家里没什么两样。孙玉芹忍不住流下了眼泪，哽咽道："我不求你家财万贯，也不求你天天在家，我就是希望你好好的，别把身体给弄坏了……"

由于工作的特殊性，于敏常年奔波在外，家中一应事务都落在了妻子肩上。孙玉芹不仅要照顾孩子、赡养老人，还要应对街坊邻居的猜疑和议论。但孙玉芹始终以一副笑脸对待生活，不辞辛苦地打理家务，默默支持着丈夫工作。直到 1988 年于敏的名字被解禁，孙玉芹才知道丈夫这些年在做什么工作，深深为丈夫感到自豪。邻居们也恍然大悟："没想到老于是搞这么厉害的秘密工作！"

2012 年，孙玉芹因心脏病突发骤然去世，于敏老泪纵横，万分沉痛，他自责地说到："我第一个亏欠的就是我的爱人。她完全是劳累过度去世的，她照顾了我 55 年，我对不起她。"后来他在一篇文章中引用唐朝诗人元稹的诗句"惟将终夜长开眼，报答平生未展眉"，以表达自己对妻子的无限思念之情。

面对荣誉和功绩，于敏也总是保持沉默，从不夸耀。1967 年 6 月，我国第一颗氢弹成功爆炸的消息传遍全国，举国欢腾，为这项伟大成就作出重大贡献的关键人物——于敏却选择了继续保持沉默。当有人要将"氢弹之父"的桂冠送给他时，他总是摇头婉拒，谦逊地说到："核武器是成千上万人的事业，一个人的力量是有限的。你少不了我，我缺不了你，必须精诚团结，密切合作。"

据中国人民解放军原总装备部退休干部宋炳寰回忆，在工作中，于敏总是做最难的开头工作，建立好理论框架和设计路径，再让年轻的技术人员去完成下一步的工作；在工作中出现了问题时，于敏就及时出现在大家身边，热心地帮助大家解决问题，可当大家做出成果要在科研报告上写上他的名字时，他总是谦虚地说"工作都是大家做的"，并将自己的名字从报告中划掉。

1999 年 9 月 18 日，73 岁的于敏首次公开露面。在北京举行的科技专家成就表彰大会上，于敏被授予"两弹一星"功勋奖章，这位隐姓埋名、默默奉献的科学家终于走入公众的视野中。在代表获奖者发表获奖感言时，于敏仍然保持着一贯的谦逊，强调成就是集体智慧的结晶，是整个团队的功劳，自己只是做了应该做的事情。

2015年1月9日，89岁的于敏坐着轮椅缓缓来到人民大会堂，从习近平总书记手中接过该年度唯一的一张国家最高科学技术奖获奖证书。这是他一生中第二次也是最后一次在公众场合中露面。在崇高的荣誉面前，于敏依然保持着淡然的态度，在接受记者采访时他说到："一个人的名字早晚是要消失的，这一生能把自己的微薄之力融入祖国建设的事业中，感觉足以自慰了。"

于敏住房的客厅墙上挂着一张条幅，上面写着"淡泊以明志，宁静以致远"10个大字，这既是他心迹的真实流露，也是他人生的最好写照。晚年的于敏过着极其俭朴的生活，很少接受记者采访，也不愿向人们谈论自己的功绩。他热情地关注年轻一代科研工作者的成长，经常勉励年轻人要把个人理想与国家需要结合起来，努力为国家多作贡献。

2019年1月16日，于敏因病在北京逝世，走完了他93年波澜壮阔的人生。于敏一生忠于祖国，无私奉献，为我国核武器事业的发展壮大作出了不可磨灭的历史性贡献。他的名字，将永远被人们铭记；他的事迹，将永远激励人们不断前行，为国争光。

于敏名言

★ 我不允许任何人对中国动武。

★ 身为一叶无轻重，愿将一生献宏谋。

★ 一个人的名字，早晚是要没有的。能把自己微薄的力量融进祖国的强盛之中，便足以自慰了。

各界赞誉

★ 于敏填补了中国原子核理论的空白，使中国原子核理论水平达到国际先进水平。

——中国科学院院士 钱三强

★ 原子核理论是于敏自己在国内搞的，他（于敏）是开创性的，是出类拔萃的人，是国际一流的科学家。

——中国科学院院士 彭桓武

★ 于敏是一个出类拔萃的人，是中国的氢弹之父。

——1922 年诺贝尔物理学奖获得者 尼尔斯·玻尔

孙家栋：圆了中国奔月梦

孙家栋（1929—），祖籍山东省牟平县（今牟平区），辽宁省复县（今瓦房店市）人。

身份：运载火箭与卫星技术专家，中国科学院院士，国际宇航科学院院士，国际欧亚科学院院士。

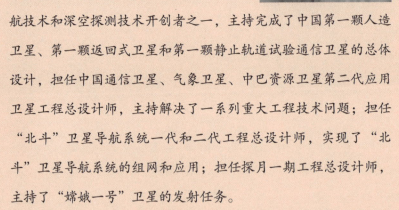

成就贡献：中国人造卫星技术、卫星导航技术和深空探测技术开创者之一，主持完成了中国第一颗人造卫星、第一颗返回式卫星和第一颗静止轨道试验通信卫星的总体设计，担任中国通信卫星、气象卫星、中巴资源卫星第二代应用卫星工程总设计师，主持解决了一系列重大工程技术问题；担任"北斗"卫星导航系统一代和二代工程总设计师，实现了"北斗"卫星导航系统的组网和应用；担任探月一期工程总设计师，主持了"嫦娥一号"卫星的发射任务。

荣誉奖项：斯大林金质奖章，国家最高科学技术奖，"两弹一星"功勋奖章，共和国勋章，"感动中国2016年度人物"之一，"中国海归70年70人"之一。

荣获"斯大林奖章"

孙家栋从小聪慧好学，肯于动脑，很有想象力，但他的求学之路并不平坦。刚读小学时因为他是左撇子被学校退学，他用了整整一年的时间学会了使用右手做事，之后再次进入小学读书。中学时代，受战争影响，他辗转辽宁、黑龙江等地读书，其间多次失学，最后进入哈尔滨工业大学预科班学习俄语，后转入汽车系学习。

1950年元宵节，解放军空军到哈尔滨工业大学招收学员，孙家栋当即报名参军，被派往中国人民解放军空军第四飞行学院，为苏联航空教官当授课翻译。1951年，孙家栋因各方面表面出色，与其他29名学员被选送苏联茹科夫斯基空军工程学院留学深造。

孙家栋非常珍惜这次留学机会，起早贪黑、废寝忘食地学习每一门课，抓住一切机会学习知识、充实自己，常常学习到凌晨一两点才休息。

为了激励学生们努力学习，奋发向上，茹科夫斯基空军工程学院在大门旁边竖起了一座"明星榜"。明星榜上会张贴在年终考试中成绩获得全优5分的学生照片。如果一名学生考试成绩能够每年保持全优，其照片位置每年就会往上挪一点，而且照片还会被放大。

"明星榜"越往上的位置，学生的照片越大，但是数量越来越少，到最顶端就没几张了，通常照片排在最顶端的学生也到了临近毕业的时候。这样的学生将获得苏联高等学府颁发的苏维埃最高荣誉奖章——一枚50克纯金质的"斯大林奖章"。

付出就有回报，孙家栋的刻苦努力很快显出成效，进入学院一年后，他的照片便出现在了"明星榜"上。在茹科夫斯基空军工程学院学习的 6 年零 8 个月中，他的照片一年一年地往上挪，照片的尺寸也从 4 寸（4.8 厘米 × 3.3 厘米）增大到 1 尺（33 厘米 × 25 厘米）左右。当时，整个学院一共只有 5 名学生享受过这样的"待遇"，最终他获得了"斯大林奖章"。

当时中国派出的 30 名留苏学生中，有 7 人因为身体问题和其他原因没能毕业，剩下的 23 人有 4 人获得"斯大林奖章"，孙家栋就是其中之一。据孙家栋的同窗刘从军回忆："在茹科夫斯基空军工程学院的 7 年，孙家栋门门功课都是 5 分，从未得过 3 分、4 分，他是真正的全优生。"

1958 年 3 月 10 日，苏联红军俱乐部内军乐嘹亮，鼓声阵阵，茹科夫斯基空军工程学院正在这里举行"斯大林奖章"颁奖仪式。学院院长及所有教官、教授都前来参加，学院还邀请了军方的好几位将军以及数十位学生家长参加颁奖仪式。

颁奖仪式开始了，伴随着雷鸣般的掌声与雄浑的军乐声，孙家栋等 5 名学生登上了主席台，院长和几位将军为他们佩戴了"斯大林奖章"。瞬间，无数的镁光灯和照相机镜头全都聚焦在他们身上，那些学生家长看着 5 名优秀的年轻人，眼中充满了欣慰。

在颁奖仪式结束后，在学院大礼堂内，学院领导为孙家栋这一届的学生举行了隆重的毕业典礼。孙家栋以优异的成绩顺利毕业，并获得了一枚金光闪闪的象征荣誉和成就的"斯大林奖章"，为祖国和人民争得了荣誉。

在茹科夫斯基空军工程学院留学期间，孙家栋和其他中国留学生在莫斯科大学音乐学院大礼堂受到了毛主席的接见。毛主席发表了热情洋溢的演说，他亲切地对学生们说："世界是你们的，也是我们的，但是归根结底是你们的。你们青年人朝气蓬勃，正在兴旺时期，好像早上八九点钟的太阳，希望寄托在你们身上。"

听了毛主席的演讲，孙家栋备受鼓舞，决心将自己所学的知识全部奉献给祖国，竭尽全力报效祖国，决不辜负党和国家领导人对自己的厚望。

研制"东方红一号"卫星

1958年4月，孙家栋从苏联学成归国，被分配到国防部五院一分院（今中国运载火箭技术研究院）导弹总体设计部，从事导弹研制工作。

因为工作出色，孙家栋先后升任为导弹总体设计室主任、总体部副主任。在钱学森等老一辈科学家的领导下，孙家栋在导弹研究领域奋斗了整整9年，先后参与了仿制苏联近程导弹，自行研制我国中近程导弹、中近程改进型导弹、中程导弹、中远程导弹的工作，由一名普通的导弹总体设计员，成长为一名拥有丰富的导弹设计经验、组织领导能力强的高级研究人员，为推动我国导弹事业的快速发展立下了汗马功劳。

1958年5月，毛主席做出了研制中国人造卫星的重大决策。1965年10月，中国科学院在北京召开中国第一颗人造地球卫星——"东方红一号"卫星的总体方案论证会（又称"651"会议），从而拉开了我国第一颗人造地球卫星研制的序幕。1967年12月，"东方红一号"卫星方案论证协调会在北京召开，这次会议确定了卫星的总体技术目标——上得去、抓得住、听得见、看得见。

1968年，在国防科工委的组织下，中国空间技术研究院正式成立，由钱学森担任院长，负责领导、完成"东方红一号"卫星的研制工作。当时，钱学森身兼数职，分管导弹、运载火箭的研制、试验工作，所承担的任务极为繁重，迫切需要一个帮手为他分担工作任务。钱学森经过慎重思考，将 38 岁的孙家栋调入中国空间技术研究院，担任"东方红一号"卫星总体技术负责人，领导"东方红一号"的研制工作。孙家栋自此由火箭领域转向卫星领域。

在接受任务后，孙家栋立即忙碌起来，他召集卫星总体设计部的所有技术人员，召开了卫星总体和分系统技术方案论证会，制定了"东方红一号"卫星研制总任务，将任务下达各分系统小组执行。随后，孙家栋带领卫星总体设计部科研人员夜以继日、废寝忘食地工作着，分析、计算、画图、设计、试验……最终确定了卫星总体设计技术方案：卫星是一个直径为 1 米的近似圆球的 72 面体，重 173 千克，由结构、热控、电源、短波遥测、跟踪、无线电、音乐装置、姿态测量等部件组成，在升空后采用自旋稳定的方式运行。

卫星研制是一个系统工程，作为卫星总体设计负责人，孙家栋除了忙于处理自己所负责的工作外，还奔走于各卫星分系统小组之间，耐心指导、协调各分系统小组开展研究工作。他整天像个不停旋转的陀螺一样，忙得团团转，连回家的时间都没有。

"看得见"是研制"东方红一号"卫星的目标任务之一。所谓"看得见"，就是指当卫星环绕地球飞行时，地球上的人要能用肉眼看见它。"东方红一号"卫星的直径只有 1 米，在几百千米以上的高空运行，地球上的人看它，就如同在地面看几千米之外的一只昆虫，哪里能轻易看到？

为此，孙家栋就这一问题广泛征求专家的意见。有一名专家通过一把折叠伞产生灵感，提议用韧性好的材料制作一个涂有反光材料的观测裙，放在卫星的运载火箭的最末端，卫星被送到太空后，观测裙和卫星天线一起打开，卫星拖着观测裙向前移动，就如同穿着一条巨大的闪闪发光的裙子在天上飞行，地球上的人看到天上的一个小亮点——观测裙在移动，也就等于看到了卫星。

这一提议引起了孙家栋的兴趣，他立即来到七机部第八研究院，找到研究过"回收伞"的史日耀，问他能不能帮忙设计出卫星"观测裙"。史日耀向孙家栋询问了"观测裙"的用途后，很有把握地回答说"行"。孙家栋听后大喜过望。

随后，史日耀紧张地投入"观测裙"的研制工作中，经过 11 个月的艰苦奋战，终于研制出"观测裙"。但是"观测裙"的重量超出总体要求的允许值很多，其中弹簧就占了很大的比重。研制团队对弹簧进行了多次修改，但是"观测裙"的重量仍超出总体要求的允许值。有人提议去掉弹簧，改用压缩气体弹射的方式。孙家栋采纳了这一建议。结果"观测裙"的不仅重量减了下来，可靠性也得到了提升。

一天，科研人员进行卫星自旋天线释放展开的模拟试验，不料，一节天线突然甩了出来，科研人员试验多次，都出现了这样的问题。孙家栋带领大家仔细查找问题，并向著名力学家胡海昌请教。胡海昌耗费了一夜时间，用笔计算出卫星的运动数据，据此设计出了卫星天线结构修改方案。天线组按照胡海昌的设计方案，修改了卫星天线的结构设计，重新进行了多次试验，都获得了成功。这样，卫星研制过程中的又一个技术难关被攻克了。

在孙家栋的领导下，科研人员同心协力，攻克了一个又一个技术难关，最终成功研制出了"东方红一号"卫星。1970 年 4 月 24 日，"东方红一号"卫星在甘肃省酒泉卫星发射中心成功发射，由"长征一号"运载火箭送入近地点 441 千米、远地点 2368 千米、倾角 68.44 度的预定椭圆轨道，进行了轨道测控和《东方红》乐曲的播送。

"东方红一号"卫星的成功发射，开创了中国航天史的新纪元，中国成为继苏、美、法、日之后世界上第五个独立研制并发射人造地球卫星的国家。

担当"嫦娥工程"总设计师

2000年11月22日，中国政府在《中国的航天》白皮书中指出：中国将进行以月球探测为主的深空探测的初步研究和准备工作。中国深空探测的号角就此吹响！

2001年至2002年，在国防科工委的授意下，孙家栋召集中国航天科技工作者召开会议，对探月一期工程——绕月探测进行全面、系统的综合论证。

当时，我国的航天器最远只能到达距地球7万千米的太空，而月球离地球有38万千米，那么，如何才能将月球探测器顺利送上月球？如何测控距离地球这么远的月球探测器？这是摆在所有参会人员面前的两大难题。

为了尽快解决难题，孙家栋率领专家们废寝忘食地日夜奋战，分析数据、模拟论证……经过两年多的努力，终于制定出相应的问题解决方案：在发射上，利用我国现有的"东方红三号"卫星平台、西昌卫星发射中心、"长征三号甲"火箭，以及其他各种配套技术来发射绕月探测器；在测控上，先在绕月探测器上安装专用探月仪，再利用现有的航天测控网，联合北京、上海、昆明的天文台组成的天文观测系统共同测控绕月探测器。

上述方案科学、严谨、细致、完备，为国家制订探月工程计划提供了有力的依据，为我国探月工程的顺利实施提供了坚实的保障。作为中国航天事业的领军人物，孙家栋总能在关键时刻为中国的航天事业的发展提供明确的指导方向、科学可行的实施方案。

2004 年 1 月 23 日，温家宝总理正式批准建立绕月探测工程项目，并将工程命名为"嫦娥工程"，第一颗绕月卫星命名为"嫦娥一号"。3 月 25 日，"嫦娥工程"第一次工作会暨大总体协调会在北京召开，75 岁的孙家栋被任命为"嫦娥工程"总设计师。

探月工程是一个充满风险与挑战的庞大工程，实施难度比之前的火箭、卫星工程要大很多，作为"两弹一星"元勋、中国航天界老将，孙家栋已经功成名就，这时如果再参与新的航天工程，一旦工程出现问题就会名誉受损，影响他在人们心中的形象。但孙家栋没有考虑这么多，他心里只有一个信念，那就是"国家需要，我就去做"。

月球探测对于所有参与人员而言是一个全新的课题，有很多关键的技术问题需要解决。作为探月一期工程总设计师，孙家栋所面临的压力是巨大的。在工程实施一开始，孙家栋就着眼全局，关注细节，不敢有丝毫的松懈。此时他年事已高，并且患有腰椎间盘突出症，需要依赖拐杖行走，但他仍然像年轻时那样不停地忙碌着，在各部门、系统之间奔走，一年内竟然穿破了好几双布鞋！

2007 年这一年，对于孙家栋来说，是他自参与中国航天事业以来最为繁忙的一年，因为"嫦娥一号"卫星要在这一年发射。为了确保卫星能够顺利发射，他经常乘飞机在全国 20 多个城市之间飞来飞去，协调落实各项任务，简直成了"空中飞人"。一年之内，他先后主持并参与了近百次会议，10 次出入卫星发射场，现场指导了 5 次卫星发射任务。这一年，他几乎没有好好休息过一天，睡过一次安心觉。

老骥伏枥，志在千里。孙家栋全身心投入"嫦娥工程"的实施工作中，带领着中国航天人一步一步地向前迈进，为实现华夏儿女的千年奔月梦不懈地努力着。

辛勤耕耘结硕果，10月24日18时，"嫦娥一号"卫星在四川省西昌卫星发射中心由"长征三号甲"运载火箭发射中心发射升空，向月球飞奔而去。

在"嫦娥一号"卫星升空后，孙家栋不敢有一刻的放松，立刻进行卫星升空后的后续跟进工作。他乘坐专机从西昌卫星发射中心赶回北京，坐镇北京航天飞行控制中心，目不转睛地盯着测控系统大屏幕上显示的卫星运行曲线图，紧密关注卫星的运行状态，唯恐漏过曲线图上任何一点点的起伏波动。曲线图代表卫星的飞行状态，它向上或是向下偏差一丝一毫，都有可能意味卫星出现问题，卫星奔月也随之失败。在卫星被月球成功捕获的一刹那，孙家栋看到卫星的速度值出现一个拐点，他紧张得睁大了眼睛，感觉心就要从胸口跳出来了。

好在是虚惊一场，地面指挥人员对"嫦娥一号"卫星进行了4次加速、1次中途轨道修正、3次近月制动，卫星经过8次变轨，在飞行326小时、运行180万千米后，"嫦娥一号"卫星成功进入环月工作轨道。2007年11月26日，"嫦娥一号"卫星传回第一张月面图。2009年3月1日，"嫦娥一号"卫星完成使命，撞击月球表面预定地点。

"婵娟从此不寂寞，广寒从此不寂寞。"至此，中华民族数千年的"嫦娥奔月"梦想已不再是神话，而是成为活生生的现实。

"嫦娥一号"卫星首次绕月探测的成功，是我国航天事业的一次大飞跃，它标志着中国正式踏上飞向月球的征程，进入世界实施月球探测工程的国家行列，成为世界上为数不多具有深空探测能力的国家。孙家栋在古稀之年出征挂帅，担任探月一期工程总设计师，带领广大科研人员团结奋战，为推进探月一期工程的实施付出了无数心血，最终向祖国交上了一份优异的答卷！

孙家栋名言

★ 国家需要，我就去做。

★ 搞航天工程，没有好坏，只有成败。要保成功，就必须发扬严格、谨慎、细致、务实的作风。

★ 航天事业是千千万万人共同协作的成果，我个人的工作是非常有限的。

各界赞誉

★ 您是在中国航天事业发展历程中成长起来的优秀科学家，也是中国航天事业的见证人。自第一颗人造地球卫星首战告捷起，到绕月探测工程的圆满成功，您几十年来为中国航天的发展作出了突出贡献，共和国不会忘记，人民不会忘记。

——中国著名航天科学家 钱学森

★ 孙家栋无疑是一位战略科学家，总能确定合理的战略目标。在困难面前，他绝不低头；在责任面前，他又"俯首甘为孺子牛"。

——中国科学院院士 叶培建

顾诵芬：一生为国铸战鹰

顾诵芬（1930—），江苏省苏州市人。

身份： 飞机空气动力学家，中国科学院院士，中国工程院院士。

成就贡献： 我国飞机空气动力学研究开拓者之一，飞机设计事业奠基人之一，组织、领导和参与了中国低、中、高三代飞机中的多种飞机气动布局和全机的设计工作，主持研制的歼8、歼8Ⅱ等机型开创了中国自行设计研制歼击机的历史，极大地推动了中国航空工业的发展；主持了飞机的气动力设计，建立了亚音速和超声速飞机气动力设计体系，所创立的飞机气动力设计方法体系至今仍被国内飞机设计采用，为中国后续歼击机的设计作出了历史性的贡献；培养了一大批航空领域的高端人才，推动了中国航空科技事业的整体进步。

荣誉奖项： 航空金奖，何梁何利基金科学与技术进步奖，航空航天月桂奖，国家最高科学技术奖，"感动中国2021年度人物"之一。

炮火中立下救国志向

顾诵芬出生于苏州的一个文化世家，自幼受到淳朴家风的熏陶，继承了厚重的家风传统，小小年纪的他就有了"家国一体"的高尚意识、爱国情怀。

1935年，5岁的顾诵芬与母亲一起被在燕京大学图书馆工作的父亲顾廷龙接到北平（今北京市）居住，随后进入燕京大学附属小学（以下简称燕京附小），开始了他的小学生活。顾诵芬与父母在北平度过了一段幸福的时光，不久，他们一家宁静的生活就被战争的炮火打破了。

1937年7月7日，日军发动"卢沟桥事变"，驻守卢沟桥的中国第二十九军守军奋勇抵抗。日军不断向卢沟桥增兵，并出动飞机在北平四周侦察、扫射，战事时断时续，北平随时都有陷落的可能。

隆隆的炮声日益逼近北平，整个北平陷入一片混乱之中。日本人在城中频繁骚扰百姓，黑帮分子、盗贼也趁火打劫，四处横行，抢劫百姓财物。为免遭抢劫，顾廷龙带着家人不断搬家，一开始住进学校的学生宿舍，后来又到有空闲房间的教授家中借住。

这样东躲西藏了一段时间后，一家人总算在蔚秀园（位于今北京大学西门外马路对面）找到三间小屋，暂时有了一个"避风港"。

国难当头，燕京附小还坚持开学，学校使用的是商务印书馆出版的教科书。在一次上课时，老师要求学生将书中记载国耻纪念日等有反日倾向的内容撕掉。同学们听了，一个个你看我，我看你，不敢动手撕书。

过了一会儿，顾诵芬举起手，询问老师："老师，可以不撕吗？"

老师语气沉重地告诉学生们："虽然受到时局影响，我们不得不撕掉这些内容，但是我们绝对不会忘却这段历史！"

这件事给顾诵芬幼小的心灵带来了极大的伤害，他内心对日本侵略者充满了愤慨，也为国家的命运和民族的未来感到深切忧虑。

1937年7月28日，一个让顾诵芬一生都无法忘记的日子。这天，日军向驻守在北平四郊南苑、北苑、西苑的中国第二十九军发起猛烈攻击，并出动大量飞机狂轰滥炸。

当时，顾诵芬正在自家的小院里玩耍。忽然，他听到天空传来一阵轰鸣声，只见几架日军轰炸机呼啸着从头顶掠过，飞往不远处的第二十九军营地上空。

"轰！轰！轰！"日军向第二十九军营地一个劲地倾泻炮弹。霎时，地面火光冲天，浓烟滚滚。第二十九军营地与顾诵芬家相隔不过几千米，顾诵芬感觉爆炸产生的火光和浓烟仿佛近在眼前，他家的玻璃窗也被爆炸产生的冲击波震得粉碎。

面对这突如其来的灾难，周围的住户不知所措，陷入恐慌之中，大家尖叫着寻找躲避之处，场面混乱不堪。一位名叫韩汝霖的老师受过防空训练，向人们大喊："大家不要慌乱，快躲到桌子底下！"

顾诵芬慌忙钻到一张桌子底下。透过窗口，他看到日军飞机在空中肆无忌惮地盘旋，不断投下罪恶的炮弹，心中不断涌起愤慨，也为中国人民遭受的苦难感到无比难过。

"没有飞机，我们国家就要任意受人欺负。"紧握双拳，顾诵芬在心中暗暗发誓，"我长大了要设计飞机，用飞机守卫祖国的蓝天，让侵略者再也无法在祖国的天空为非作歹！"

年少未敢忘忧国，此时的顾诵芬年仅7岁，就已经拥有了强烈的民族责任感，开始为国分忧了。他立志投身航空事业，从此与飞机结下了不解之缘，誓为祖国建造先进、强大的战鹰！

三上蓝天研歼8

1951 年，顾诵芬从上海交通大学毕业，听从国家召唤，进入航空工业管理局四局第一技术科担任技术员。顾诵芬扎根工作岗位，潜心研究技术，陆续解决了工作中出现的一些关键问题，工作表现十分出色，得到领导和同事们的一致好评。

1956 年，我国第一个飞机设计机构沈阳飞机设计室成立，顾诵芬因为工作表现出色，被任命为设计室气动组组长，负责我国第一架喷气式飞机的气动力设计工作。凭借高度的责任心、丰富的知识储备和扎实的理论功底，顾诵芬突破重重困难，先后完成了歼教 1、初教 1 的气动设计任务，探索出一套有中国特色的飞机气动设计技术，迅速成长为我国飞机气动设计领域的领军人物。

20 世纪 50 年代末至 60 年代初，为了建设一支强大的人民空军，增强我国的防空力量，党中央做出了研制我国新型高空高速歼击机的战略决策。当时，我国的飞机设计基本上是在"一穷二白"的情况下起步的，一开始的工作主要是研究、摸清苏联提供的米格 –21 超声速喷气式战斗机的设计思路与技术。

顾诵芬仔细研究了米格 –21 的外形图、理论图及相关数据，基本搞清了米格 –21 的设计思路。1963 年 7 月，国防部第六研究院召开了摸透米格 –21 设计思路的技术报告会，顾诵芬向会议提交了题为《摸透 62 式飞机的气动力工作》的论文，全面阐述了自己关于构建中国飞机设计中的气动力设计体系的见解。这篇论文是中国飞机设计史上第一份在气动设计方面的堪称规范和标准的技术文献，为我国自行设计新型高空高速歼击机奠定了关键的技术基础。

1964年年初，国防科委第十六专业组空气动力专业组成立，顾诵芬被选拔进入空气动力专业组，从事飞机气动力设计工作。5月，国防部第六研究院召开会议，提出了在米格-21的基础上自行设计一种性能更好的中国歼击机——歼8的要求。

一开始，一所工作的重心是对米格-21飞机进行改进，顾诵芬在这方面做了不少工作，比如优化了飞机整流锥的无级调级功能，增挂了副油箱等。1964年6月，顾诵芬升任一所副总设计师。10月，黄志千被任命为歼8的总设计师，顾诵芬作为一所的副总设计师，自觉地配合黄志千开展工作，积极思考歼8的性能，全方位探索歼8的设计方案，成为黄志千的得力助手。1965年5月，黄志千到开罗出差，因飞机失事遇难。顾诵芬接过黄志千的担子，成为实际上的歼8总设计师。

当时，在讨论歼8的气动布局设计方案时，对于歼8是采用机头进气方式，还是采用两侧进气方式，大家意见不一，争议很大。顾诵芬从气动力设计全局的角度思考，认为两侧进气的飞机结构非常复杂，而此时我国航空系统在飞机两侧进气方面的技术储备不足，如果歼8采用两侧进气方式可能无法顺利诞生，因此应该采用机头进气方式。经过讨论，六院最终采纳了顾诵芬的建议，从而确保歼8的研制得以顺利进行。

经过广大技术人员和工人的协同奋战，到1968年7月，首批两架歼8飞机完成了总装。1969年7月5日，歼8在沈阳飞机厂的机场进行首次试飞，获得成功。

歼 8 虽然首飞成功，但并不意味着歼 8 的研制工作就此结束，后续还有很多工作要做。这是因为，歼 8 是否是一架合格的高空高速歼击机，还要通过不断的试飞来验证。

接下来歼 8 又进行了多次试飞。1969 年 8 月 31 日，歼 8 进行第九次试飞。当歼 8 飞升至 8000 米高空、速度达到马赫数 0.86 时，问题出现了——歼 8 产生了强烈的超声速振动。

顾诵芬反复查看了歼 8 的机身、发动机、座舱和仪表等部位，对歼 8 后机身做了修形处理，又先后在歼 8 后机身增加了一个收缩度缓和的机尾罩，在垂直尾翼末端装了一排涡流发生器，但是歼 8 的超声速振动问题仍然存在。顾诵芬决定亲自乘坐飞机跟在歼 8 后面，近距离观察歼 8 的抖振情况。

领导和同事都不赞成顾诵芬亲自上天参加飞行试验。但顾诵芬坚持自己的决定，在多年的飞机设计工作中，顾诵芬只要认准了一件事，就绝不会放弃。

飞行试验开始前，顾诵芬安排技术人员将红色毛线剪成一根根长约20 厘米的毛线条，黏在歼 8 机尾罩的前后，远远看去，歼 8 仿佛穿了一条红裙子。1977 年夏，顾诵芬与试飞员鹿鸣东一起登上歼 6 飞机。在一切准备就绪后，歼 8 和歼 6 一前一后飞向蓝天。歼 8 在空中分别以一定的马赫数飞行，顾诵芬手拿照相机，全神贯注地观察歼 8 机尾罩上毛线条扰动的情况，并记录所有变化。

就这样，顾诵芬先后 3 次乘坐歼 6 飞上天空，近距离观察歼 8 的飞行情况。飞机落地后，他立即认真检查毛线条的损坏情况，和同事们一起探讨歼 8 飞行中出现的气流扰动情况。

最终，顾诵芬找出了歼 8 振动的原因——后加的弹簧门没有起到吸掉分离气流的作用；机尾罩与平尾后缘根部形成的锐角区造成气流严重分流（贴在该区域的毛线条全部脱离），飞机尾椎经常损坏。针对这些问题，顾诵芬提出了相应的改进方案。

根据顾诵芬的意见，技术人员和工人们对歼8机身尾段进行了整流包皮修形，加装了整流罩，并切除了飞机尾椎，歼8超声速振动问题得到了彻底的解决。

1979年12月31日，经过国防科技工业办公室、国家航空产品定型委员会、空军、六院等部门领导的共同审查，歼8完成了白天型定型工作。1980年3月2日，国家军工产品定型委员会批准歼8白天型定型。同年12月，歼8正式交付空军使用。

1985年7月，歼8全天候型设计又完成了定型。10月，歼8项目荣获国家科学技术进步奖特等奖，顾诵芬名列获奖者名单的第一位。

1986年2月，国家军工产品定型委员会批准歼8生产定型。此后，在整个20世纪80年代，歼8及其改进型成了我国空军的主要作战机种，承担起国土防空的历史重任，在祖国的蓝天筑起了一道道坚不可摧的强大防线。

担纲总师，锻铸歼8Ⅱ

在20世纪70年代后，世界歼击机的发展出现了新的变化，苏、美、法、以色列等世界航空强国纷纷投入大量人力、物力、财力研发新型歼击机，在技术上取得了重大突破，第三代歼击机应运而生。

当时，苏联配备的米格-23、苏-7等歼击机都配备了空地导弹先进的电子火控系统，可以进行超低空突袭。美国的全天候、高机动性 F-15、F-16 歼击机也进入生产阶段。而我国空军早期装备的歼 6、歼 7 根本无法拦截苏、美的新型歼击机，新研制的歼 8 由于诸多因素的限制，缺乏超视距作战的能力，面对苏、美新型歼击机的攻击，几乎没有还手之力。

在这种情况下，中央军委决定尽快研制出能够与苏、美等国第三代歼击机相抗衡的新型歼击机，以增强我国的空中防御能力，保卫祖国的蓝天。

1980 年 5 月，空军向总参和军委科技装备委员会提交了《关于歼 8 改型主要战术技术指标》，9 月，总参和国防科技工业办公室正式批准空军提出的战术技术要求，将新的机型命名为歼 8 Ⅱ。

1981 年 5 月 18 日，三机部召开方案论证会，宣布任命顾诵芬为歼 8 Ⅱ型飞机型号总设计师，三机部副部长何文治为歼 8 Ⅱ行政总指挥。在接到任命后，顾诵芬立即带领设计团队深入进行研究论证，最终确定了歼 8 的改进方向：采用两侧进气方式，安装涡喷 13 发动机，配备高性能的火控雷达及电子对抗设备，经过改进而成的歼 8 Ⅱ将是一架具有全天候拦截攻击能力的现代化战斗机。

为了加强各个研制单位、部门之间的合作，确保歼 8 Ⅱ能够按期研制成功，顾诵芬与何文治领头组织，集合国务院和军方 5 个工业部门，以及航空系统厂所、中国科学院、各地院校等上百家单位和高校联合开展歼 8 Ⅱ的研制工作。

20 世纪 80 年代初，我国各个航空工业场所已经完成了由仿制航空产品向自行研制、生产新产品的转变，但从总体而言，各个厂所还在沿袭仿制生产的那套旧体制。部分场所提供的航空器材、电子设备和武器还非常落后，有的甚至还是苏联于 20 世纪 60 年代生产的产品，与歼 8 Ⅱ

的设计方案完全不配套，至于像拦射导弹、脉冲多普勒雷达、平显火控设备等先进设备的生产则处于一片空白状态。当时国家的经济形势比较困难，上级对歼 8 Ⅱ 的研制经费进行了削减，这些都为歼 8 Ⅱ 的研发工作带来了困难。

在这种情况下，顾诵芬没有坐等条件成熟，而是凭借坚强的意志，带领团队全力以赴，一步一个脚印地将歼 8 Ⅱ 的研制工作向前推进。

1981 年 6 月，歼 8 Ⅱ 木质样机通过了审查，9 月飞机的图纸绘制工作全面展开。虽然歼 8 Ⅱ 从外表看和歼 8 仅有几处不同，总体差别不大，但实际上它内部的系统与歼 8 有很大区别，近 80% 的图纸需要重新绘制。因此，歼 8 Ⅱ 虽属于改型机，但是它的设计工作量却相当于一架新型歼击机的设计工作量。

为了确保图纸能够按时、按质、按量地绘制出来，顾诵芬亲临现场指挥，和技术人员碰头研究图纸绘制的进展情况，每天都忙到深夜，连星期天也不休息，还放弃了出国考察的机会。在顾诵芬的带领下，技术人员白天紧张工作，晚上加班加点，到 1983 年 4 月将歼 8 Ⅱ 的所有图纸绘制完毕，提前完成了发图任务。

1984 年 3 月，歼 8 Ⅱ 01、02 架飞机完成了总装。6 月 12 日上午，歼 8 Ⅱ 01 架飞机在沈阳 112 厂机场首飞成功。

歼 8 Ⅱ 首飞成功后，还必须进行定型试飞，只有通过定型检查，才能正式投产，交付空军使用。相比歼 8，歼 8 Ⅱ 飞机在外形、动力装置、武器火控系统等方面都有较大的改变，除了要做一般的飞行检查外，还要对其改动部分的性能做重点检查。检查工作量大，时间紧，对于顾诵芬来说是一个极大的考验。

为了配合试飞员进行歼 8 Ⅱ 的定型试飞，顾诵芬精心组织，安排技术人员认真编写定型发图、技术文件与审查文件，为定型试飞提供了全面系统的技术服务。

从 1984 年 7 月到 1987 年 10 月 14 日飞完最后一个架次，在 3 年的时间内，歼 8 Ⅱ进行了 800 多架次的大规模试飞活动，圆满完成了飞机、发动机、雷达、自动驾驶仪、航箭发射器、副油箱、交流恒频电源系统、大气数据计算系统等各项试飞任务。在试飞结束后，试飞员和机务人员对歼 8 Ⅱ给予了高度评价，一致认为：歼 8 Ⅱ既是我国历来试飞科目最多、测量参数最多、试飞考核最严格的飞机，也是当时我国自行设计研制的歼击机中性能最好且最有发展前途的一种新型歼击机。

1988 年 10 月 15 日，军工产品定型委员会正式批准歼 8 Ⅱ飞机设计定型。歼 8 Ⅱ从 1980 年立项进入研制环节，到 1988 年完成设计定型，整整用了 8 年时间。

在 8 年的 2900 多个日日夜夜中，顾诵芬带领广大技术人员发扬团结、拼搏、求实、创新的精神，锲而不舍，攻坚克难，付出了无数的心血，投入了大量的精力，为歼 8 Ⅱ的成功研制立下了不朽的功勋，作出了不可磨灭的贡献。

为表彰顾诵芬为歼 8 Ⅱ的研制所作出的杰出贡献，1984 年航空工业部为他记了一等功，并向他颁发了金质奖章和奖金。1990 年，歼 8 Ⅱ获航空工业部科技进步奖一等奖，2000 年又获得国家科技进步奖一等奖。在两次获奖者名单中，顾诵芬的名字都排在第一位，这是党和国家对他杰出的飞机设计能力，以及为歼 8 Ⅱ的成功研制所作的突出贡献的高度认可与赞扬。

顾诵芬名言

★ 仿制而不自行设计，就等于命根子在人家手里。我们必须设计中国人自己的飞机！

★ 心中要有国家，永远把国家放在第一位，要牢牢记住历史，珍惜今天的生活。多读书，多思考，努力学习，认真做好每一件事。

★ 回想我这一生，谈不上什么丰功伟绩，只能说没有虚度光阴，为国家做了些事情。

各界赞誉

★ 顾诵芬是新中国航空工业创建之初，最早参加到航空工业建设和发展事业中的青年知识分子，是新中国培养的有着极高声望的飞机总设计师，是堪称大师级的领军人物。

——《中国科学报》

★ 像静水深流，静水里涌动报国的火，似大象无形，无形中深藏着强国梦。心无旁骛，一步一个脚印，志在冲天。振长策，击长空，诵君子清芬。

——2021 年度"感动中国人物"颁奖辞

袁隆平："东方魔稻"惠世界

袁隆平（1930—2021），江西省德安县人。

身份：杂交水稻育种专家，农业科学家，中国工程院院士。

成就贡献：中国杂交水稻事业的开创者

和领导者，发明了"三系法"籼型杂交水稻，成功研究出"两系法"杂交水稻，创建了超级杂交稻技术体系；通过持续的研究和育种，实现了杂交水稻产量的多次跃升，为解决中国粮食安全问题提供了有力支撑，极大地推进了中国农业科学的发展；开展国际杂交水稻技术合作，将杂交水稻推广到全球70多个国家和地区，为世界粮食供给作出了杰出贡献；培养了大量的农业科研人才，进一步推动了中国杂交水稻技术的创新和应用。

荣誉奖项：国家最高科学技术奖，国家科学技术进步奖特等奖，改革先锋，最美奋斗者，共和国勋章，"感动中国2004年度人物"之一，世界粮食奖。

挑战权威育种学说

袁隆平从小就对土地和农作物有着一种浓厚的情结，期望在广袤无垠的土地上实现自己的梦想。在高中毕业参加大学升学考试时，他不顾父亲的反对，毅然报考重庆相辉学院农学系（后经院系调整并入西南农学院），并如愿考取。

1953 年，袁隆平大学毕业，被分配到位于湖南西部边远山区的安江农业学校当教员。他一边教书，一边从事杂交水稻的研究工作，决心研制出一种全新的、高产的农作物。

当时，我国各行各业的建设大都借鉴苏联的经验和模式，苏联生物学家米丘林、李森科的"无性杂交"学说在我国非常流行，得到生物学界很多人的推崇。所谓"无性杂交"，就是通过嫁接和胚接等手段，将两个遗传性不同的植物进行交流，从而创造新的品种的培育方法，使用无性杂交方法产生的植物杂种称为"无性杂种"。

在大学期间，袁隆平曾接触过米丘林、李森科的学说，对之有一定的了解，至于这一学说是否科学可信，他持怀疑态度。一向注重实践的袁隆平，决定通过实验来验证米丘林、李森科的学说。于是，在授课之余，袁隆平带着学生们组成科研小组，进行"无性杂交"育种试验，希望能培育出一种全新的高产作物。

袁隆平首先选择红薯作为实验对象，将月光花（又称"夜来香"，一种独特的观赏植物，在夜间开放）嫁接到红薯秧上。他想：月光花具有光合作用强、制造淀粉多等特点，根据米丘林、李森科的"无性杂交"

学说，把它嫁接到红薯上，应当能够提高红薯的产量。接着，袁隆平又将西红柿嫁接到马铃薯秧上，还将西瓜嫁接到南瓜秧上做实验。做完这一切后，袁隆平心中充满了期待，隔三差五地就往试验田里跑，为作物浇水、除草、施肥，观察作物的长势。

到了秋天，实验出现了奇迹：用月光花嫁接长成的红薯，个个都比普通红薯大得多，还有一个出奇的大，重达 17.5 斤，大家为它起了个外号——"红薯王"。另外，月光花上也结出了种子。同样，用西红柿嫁接的马铃薯秧上结出了西红柿，在地下挖出了马铃薯；用西瓜嫁接的南瓜秧上，也结出了新奇的大瓜。

到了第二年，袁隆平又开始了实验。他把收藏起来的月光花结出的"红薯种子"，以及西红柿和马铃薯、西瓜和南瓜经过无性杂交而成的种子，细心地播种到试验田里，以验证自己的设想。到了秋天，奇怪的事情发生了：嫁接出来的"红薯种子"竟然没有长出红薯，只长出了孤零零的月光花，那些经过嫁接的"奇花异果"也没再结出新的果实。这说明：用"无性杂交"法培育出的新品种，没有将上一代的优良性状遗传下来。

袁隆平不甘心实验就此失败，在之后的两年中又做了同样的实验，并对作物进行精心管理，除草、施肥、灌溉……可最后他还是失望了——所有实验都和最开始的一样，都以失败告终。

实验遭遇挫折，"无性杂交"育种研究一时无法进行下去，袁隆平开始对米丘林、李森科的"无性杂交"学说产生了怀疑。他认为，实验证明用"无性杂交"法不能改变植物的遗传性与品种，米丘林、李森科的"无性杂交"学说在实践中是站不住脚、有问题的，继续用"无性杂交"法开展植物育种研究是行不通的。

此后，袁隆平开始留心查看各种报刊、图书，试图从中找到一种科学可靠的植物育种方法。一次，他在《参考消息》上看到一则消息：关于 DNA 双螺旋结构遗传密码的研究成果获得诺贝尔奖，现代遗传学已经进入分子水平。袁隆平猛然醒悟，米丘林、李森科的"无性杂交"学说不仅落后，还不科学，这根本不是什么环境遗传学，而是一种欺世盗名的政治遗传学。

袁隆平顿时觉得自己像一只迷途的羔羊，被误导了多年，于是决定改变研究方向。

那么，又该如何进行植物育种研究呢？是否存在一种能够改变植物遗传性与品种的育种方法呢？袁隆平苦苦思索起来。那阵子，他天天都在思考这一问题，有时甚至连吃饭都忘记了。

一天，袁隆平正苦苦思索着，忽然大脑灵光一闪，他想起了自己在大学时接触过的孟德尔、摩尔根遗传学说——"有性杂交"学说。他想：为什么不换条思路，试试用孟德尔和摩尔根的"有性杂交"学说来开展研究呢？想到这里，袁隆平心中豁然开朗，决定抛弃"无性杂交"法，采用"有性杂交"法开展育种研究。

此后，袁隆平将水稻作为研究对象，开始踏上漫长而艰辛的杂交水稻育种研究之路。

20 世纪 30 年代至 50 年代，印度的克丹姆、马来西亚的布朗、巴基斯坦的阿乃姆、日本的冈田正宽，奈良芳次郎等人，都先后开展过杂交水稻的研究，但是都以失败告终。

当时的绝大部分生物学家都认定：给水稻进行杂交是个基本上不可能完成的世界难题！

喜欢独立思考、不迷信权威的袁隆平并不这么想。他认为，中国是一个古老的农业大国，水稻种植历史悠久，不仅有着丰富的水稻种类资源，而且拥有辽阔的土地和充足的阳光条件，开展杂交水稻研究有着得天独厚的条件，人工培育出杂交水稻完全是有可能的。外国人培育不出杂交水稻，不代表中国人在这方面也不行。

“搞杂交水稻，攻克世界难题”，袁隆平在心中给自己定了目标，决心不遗余力地开展杂交水稻研究，找出人工培育杂交水稻的科学方法，大幅提高水稻的单位面积产量，解决世界性的粮荒问题。

呕心沥血培育“东方魔稻”

为了找到一种既简便实用，又能大面积推广的杂交水稻培育方法，袁隆平用了将近3年的时间，请教了很多农业领域的前辈专家，查阅了无数相关资料，搜集了众多实验数据，进行了大量的考证、分析、推理、演算，最终设计出一份缜密、完备、详尽的人工培育杂交水稻蓝图。

首先，找到一种雄性不育株。这种雄性不育株的雄蕊瘦小退化，它不能靠自己的花粉受精结籽，必须通过与另一品种的雄蕊进行杂交才能结籽。

其次，用雄性不育株做母本。将它和其他品种的水稻栽种在一起，等它长出雄蕊和雌蕊时，为它进行人工去雄、授粉。

最后，为了不使母本断绝后代，要给它找两个杂交对象。这两个对象必须具备各自的特点：第一个对象外表与母本很相近，雄蕊虽然瘦小退化，没有生育能力，但是有健全的花粉和发达的柱头，将它的花粉授给母本后，生产出来的水稻具有雄性不育的特征；第二个对象外表与母本迥然不同，也有健全的花粉和发达的柱头，将它的花粉授给母本后，生产出来的水稻具有雄性可育的特征，株高穗大粒多，比母本还要优异。这种水稻才是人类需要的杂交水稻。

为了便于开展研究，袁隆平把母本称作"不育系"，把它的两个对象一个称作"保持系"，一个称作"恢复系"，总称为"三系"。

接着，袁隆平又设计出一套完整的"三系法"杂交水稻培育方案。

首先利用水稻的雄性不育性培育出不育系、保持系和恢复系，"三系"缺一不可，前后衔接，互相支撑。其次通过"三系"配套的方法代替人工去雄杂交法，生产大量的杂交种子，实现成功培育杂交水稻的目的。

实现"三系"配套，需要分三步进行：

第一步：找到天然雄性不育株。利用不育株培育出不育系。

第二步：筛选、培育保持系。用保持系和雄性不育系杂交，使其后代永远保持雄性不育的性状。

第三步：筛选、培育恢复系。用恢复系和雄性不育系杂交，得到的种子在长出禾苗后，恢复雄性可育的能力，能自交结实，增产优势显著。这就是大面积生产需要的杂交水稻。

"三系"配套方案的诞生，为培育、大面积生产杂交水稻开辟了一条广阔的大道。袁隆平以坚强的毅力、过人的胆识、超人的智慧攻克了世界水稻杂交研究难题，世界水稻种植和生产从此掀开了崭新的一页。

按照"三系"配套方案，第一步必须找到天然水稻雄性不育株，可要想在成千上万亩的稻田中找到雄性不育株，无异于大海捞针。但袁隆平毫不畏惧，坚定地踏上了寻找雄性不育株的漫漫征途。1964 年 7 月，经过艰辛的寻觅，袁隆平终于在安江农校水稻试验田里发现了世界上第一株水稻天然雄性不育株。

从 1964 年到 1969 年上半年，历经 5 年半的时间，袁隆平用雄性不育株与近 1000 个水稻品种做了 3000 多次杂交组合试验，但是结果都不太理想，雄性不育株的保持率达不到 100%，高产型杂交水稻仍没有培育出来。袁隆平决定转换试验方向，从亲缘关系较远的野生稻身上寻找突破口，用野生稻与栽培稻进行远缘杂交，以培育新的雄性不育株，从而培育高产型杂交水稻。

从 1969 年下半年开始，每年 10 月中旬到次年 1 月，袁隆平都会带着几名助手，身背试验种子辗转于湘西和祖国南边的云南、广西、海南等省份之间，一边进行杂交水稻育种试验，一边寻找野生雄性不育稻。其间，他们在云南省元江县做试验时遭遇了一场大地震，差点儿丢了性命。

1970 年，袁隆平的助手终于在海南农场附近的一块稻田中找到了野生雄性不育株——"野败"（野生的雄性稻败育种）。"野败"虽然只是野生的稻种，但是如果让它与经过进化的栽培稻杂交，就可以产生优良性状互补的优势杂交品种，再利用"三系"配套法，就可以培育出高产型杂交水稻，从而大幅提高水稻的亩产量。

随后，袁隆平和助手将"野败"与籼稻"广矮 3784"混种在试验田里，在几个月后成功收获了杂交稻种。结果证明：雄性不育株的雄性不育性不仅能够保持下去，而且能够 100% 遗传。"三系"配套方案至此打开了突破口。

1972 年 3 月，在国家科学技术委员会的支持下，由中国农科院和湖南农科院牵头，集合全国 19 个省、市、自治区的农科院和大专院校，组成全国性的科研协作组，与海南南红农场育种工作者紧密配合，开展全国性的水稻"三系"攻关大会战。袁隆平不辞辛苦，频繁奔走于各试验小组之间，为技术人员讲课，指导他们开展试验。

到 1973 年，各地的科研人员成功培育出不育系、保持系、恢复系，杂交水稻"三系"配套宣告成功。1974 年，袁隆平成功选育出第一个可以在生产中大面积应用的强优高产杂交水稻组合——南优 2 号。之后，杂交水稻开始在全国范围内推广，到 1976 年，全国推广杂交水稻总面积达 208 万亩（1 亩 ≈ 0.000667km^2），增产幅度普遍在 20% 以上，中国的粮食产量第一次实现了飞跃。截至 2006 年，我国已累计推广杂交水稻 846 亿亩，共增产稻谷 5200 多亿千克，取得了巨大的经济效益和社会效益。

杂交水稻的增产幅度令世界瞩目，展示了广阔的水稻增产前景。外国专家将袁隆平培育出的杂交水稻称作"东方魔稻"，国际上甚至将它视作中国继四大发明之后的第五大发明，把杂交水稻的研究成果与推广誉为"第二次绿色革命"。

勇攀高峰，征战超级稻

"三系法"育种获得成功，对于袁隆平来说，只是刚刚打开了杂交水稻研究征途中的一扇大门，接下来他又向杂交水稻研究的高峰继续攀登，发起一轮又一轮的攻关。

在攻克"三系法"配套难关后，袁隆平又开始探索更为简捷的培育杂交水稻的方法——"两系法"。

利用"三系法"杂交育种，由于不育系自身不能繁衍后代，必须用保持系跟它杂交，再用由此得到的种子与恢复系杂交，如此才能获得可以大面积生产的杂交稻种。而采用"两系法"育种，就要跳过保持系这一环节，用不育系直接与恢复系杂交育种。

在袁隆平的组织与指导下，从 1987 年开始，我国农业科研人员依据袁隆平的杂交水稻育种新战略，开始了"两系法"杂交水稻的培育工作，最终成功培育出全国第一个通过省级鉴定的"两系法"杂交水稻先锋组合——"培两优特青"。1995 年，"培两优特青"开始在全国大面积推广生产，增产效果显著。相比于"三系法"杂交水稻，"两系法"杂交水稻可再增产 5%~10%，而且米质优异。

"两系法"杂交水稻的研制成功，不仅是世界作物育种史上的重大突破，更是我国杂交水稻研究对世界人民的伟大贡献，使我国的杂交水稻研究水平继续保持在世界领先地位。

1996 年，"两系法"实现大面积生产刚满一年，袁隆平又主动请缨，向国家提出"超级杂交稻"育种计划。

超级杂交稻，顾名思义就是超高产优质水稻。多年来，虽然世界上许多国家都渴望培育出超级杂交稻，但一直毫无收获。1981 年，日本率先在世界上启动"水稻超高产育种计划"，打算用 15 年的时间育成亩产 800 千克的超高产水稻品种；1989 年，国际水稻研究所也制订了"培育超级杂交稻计划"，后改为"新株型育种计划"，经过 10 多年的摸索，他们都未能取得成功。超级杂交稻的培育因此被人们称为"超级神话"，被视作一个难以攻克的世界难题。然而袁隆平让这个神话变成了现实。

袁隆平将"超级杂交稻"育种计划分成两个阶段实施：第一阶段为 1996 年至 2000 年，在同一生态区两个百亩以上的示范片进行试验，实现连续两年平均亩产量达到 700 千克的目标；第二阶段为 2001 年至 2005 年，在同一生态区两个百亩以上的示范片进行试验，实现连续两年平均亩产量达到 800 千克的目标。在整个"超级杂交稻"计划实施后，中国每年的稻谷产量将增加 3000 多万吨。

同年，中华人民共和国农业部（以下简称农业部）批准了袁隆平的"超级杂交稻"育种计划，并任命他为该计划的首席责任专家，负责领头开展并完成该计划。1998 年 8 月，时任国务院总理的朱镕基特批 1000 万元给袁隆平，以支持他开展"超级杂交稻"育种计划。

经过大量的实地调研和反复论证，袁隆平设计出了超级杂交水稻的理想株型模式和选育技术途径。在袁隆平的带领下，超级稻科研小组成员日夜奋战，进行协作大攻关，突破了一个又一个难关，先后培育出"两优培九""Y 两优 1 号""Y 两优 2 号""Y 两优 900"等一系列超级稻种，经试验效果理想，开始大面积试种推广。

2000 年 8 月 25 日和 9 月 10 日，在湖南省郴州市两个超级稻种植示范片，分别举行了超级杂交稻现场验收会。专家经过测产验收，证明两个示范片超级稻的产量都达到了第一期超级稻产量指标。同年，全国一共有 16 个百亩示范片、4 个千亩示范片，亩产量都达到或超过了 700 千克。专家还对第一期超级稻的质量进行了鉴定，证明米质都达到了农业部规定的二级优质米标准。

袁隆平再接再厉，指导小组成员继续选育大面积的第二代超级杂交稻，于 2004 年，提前一年实现第二期超级杂交稻亩产量达到 800 千克的目标。

然而，袁隆平仍然不满足，又提出了将常规育种与生物技术结合，实现第三期超级杂交稻亩产量达到 900 千克的目标。经过广大科研人员的共同努力，2011 年和 2012 年，超级杂交稻第三期两个百亩示范片亩产量分别达到 926.6 千克、917.7 千克，标志中国超级杂交稻第三期计划顺利实现。

2013 年，袁隆平又启动亩产量 1000 千克的超级杂交稻第四期计划。

2013 年 9 月 29 日，第四期超级稻百亩示范片亩产量达到 988.1 千克，基本上实现了超级杂交稻第四期计划。

从 2006 年开始，袁隆平提出了"种三产四"丰产工程，即运用超级杂交稻的技术成果，力争用三亩地产出现有四亩地的粮食。2007 年，"种三产四"工程首先在湖南 20 个县实施，效果非常理想。截至 2012 年，"种三产四"工程在全国示范推广面积达 2000 多万亩，增产 20 多亿千克，为中国的粮食持续稳定增产作出了巨大的贡献。

有专家曾将常规稻、三系法杂交稻、两系法杂交稻、超级杂交稻的平均亩产量做了比较，比例为 100：120：129：181，超级杂交稻的优势由此可见一斑。中国超级杂交稻的研究成果引起了国外的广泛关注，美国《科学》杂志发表文章说："超级杂交稻在中国获得成功，是解决未来世界粮食问题的有效途径"。

袁隆平不仅积极探索杂交水稻的育种、高产技术，而且十分注重农业技术的推广和普及。他多次深入农村，为广大农民传授杂交水稻育种、种植技术和经验，帮助他们提高粮食产量和收入。他还积极推动杂交水稻走向世界，举办杂交水稻技术国际培训班，将杂交水稻种植技术推广到全球数十个国家和地区，为解决全球粮食问题作出了重要贡献。

2021 年 5 月 22 日，袁隆平因病在长沙逝世，享年 91 岁。他一辈子躬耕田野，脚踏实地，以稻秆为笔，以水田为纸，把梦想写在祖国大地上，让杂交水稻绿遍祖国大江南北，为人们带来了绿色的希望。他孜孜不倦的科研探索精神，将永远激励着后人在农业科研的道路上奋力前行。

袁隆平名言

★ 我毕生的追求就是让所有人远离饥饿。

★ 人就像一粒种子。要做一粒好的种子，身体、精神、情感都要健康。

★ 我一直有两个梦，一个是禾下乘凉梦，一个是杂交水稻覆盖全球梦。我希望有朝一日，杂交水稻能造福全世界。

★ 山外青山楼外楼，自然探秘永无休。成功易使人陶醉，莫把百尺当尽头。

各界赞誉

★ 他（袁隆平）是一位真正的耕耘者。当他还是一个乡村教师的时候，已经具有颠覆世界权威的胆识；当他名满天下的时候，却仍然只是专注于田畴，淡泊名利，一介农夫，播撒智慧，收获富足。他毕生的梦想，就是让所有的人远离饥饿。

——2004年度"感动中国人物"颁奖辞

★ 袁隆平的科研成果是继20世纪70年代国际培育半矮秆水稻之后的"第二次绿色革命"。

——联合国教科文组织原总干事 阿马杜－马赫塔尔·姆博

屠呦呦：青蒿济世救苍生

屠呦呦（1930— ），浙江省宁波市人。

身份：药学家，中国中医科学院终身研究员兼首席研究员。

成就贡献：抗疟药青蒿素和双氢青蒿素发现者，1969年承担国家"523"抗疟药物研究项目，担任中药抗疟科研组组长，领导团队收集2000余种方药，编成以640种药物为主的《抗疟单验方集》，通过大量的实验，于1972年从青蒿中分离提纯抗疟有效单体青蒿素。1973年又合成疗效更好的青蒿素衍生物双氢青蒿素。青蒿素的发明开辟了人类抗疟历史新纪元，以青蒿素为基础的联合疗法在全球得到广泛使用，挽救了全球数百万人的生命；致力于推动中西医结合事业的发展，为促成中医药走向现代化和国际化作出了巨大的贡献。

荣誉奖项：全国科学技术大会奖，中国中医研究院最高荣誉奖，美国拉斯克临床医学奖，诺贝尔生理学或医学奖，"感动中国2015年度人物"之一，最美奋斗者，共和国勋章，改革先锋，国家最高科学技术奖。

染沉疴立志学医

屠呦呦出生于浙江宁波市的一个书香门第家庭。她的父亲根据《诗经》中"呦呦鹿鸣，食野之蒿"这句诗，为她取了一个富有诗意的名字"呦呦"，从此她与小草青蒿结下了不解之缘。

受战乱的影响，屠呦呦在中学阶段被迫多次转学，在 1945 年读初三时，屠呦呦不幸染上了肺结核，不得不中止了学业，在家休养了两年多。亲历过病痛的折磨，屠呦呦体会到了常年与药物为伴的无奈与艰辛，于是立下"救死扶伤"的从医理想。

1948 年，大病初愈的屠呦呦进入宁波效实中学读高中。在效实中学，屠呦呦在生物学上的天赋开始表露出来，她的生物成绩在班上一直遥遥领先。她的生物老师曾感叹到："如果所有学生都能和屠呦呦一样，专心听课，勤学好问，我就算再辛苦也开心！"

那时的屠呦呦，文静斯文，不爱说话，穿着也很朴素，并不引人注目。他的老师及同学都不会料到，这名不起眼、不出众的女孩子，若干年后会一鸣惊人，发明了一种神奇的中药，刷新了中国医学及世界医学的历史，在人类医学史上写下了浓墨重彩的一笔。

1951 年初夏，屠呦呦和同学们迎来了毕业的时刻，他们准备报考大学，继续深造，实现自己的梦想。

在报考志愿时，同学们三三两两地聚在一起，热烈讨论着即将面临的高考、自己向往的大学，以及未来要从事什么样的工作。此时，中华人民共和国刚成立不久，百废待兴，各个行业都急需专业人才去建设。

有的同学希望今后能够成为工程师，为祖国的大好河山添砖加瓦；有的同学想当一名光荣的解放军战士，为国家站岗放哨，保家卫国；有的同学梦想当一名人民教师，为祖国培养更多的优秀人才……

屠呦呦没有参与同学们的讨论，而是坐在校园的一个角落，静静地看着手中的一卷厚厚的中医古书，她的理想早就已经确定——研制药物，造福人类。最后，屠呦呦毅然在志愿书上填报了北京大学医学院药学系。

当时，大多数学生选择学习西医，他们认为中华人民共和国的药物应该以西药为主，西医人才最为稀缺。但屠呦呦有自己的看法。她从小到大所学的知识以及患病经历使她深知，中医有许多珍贵的治疗技术和药方，老百姓只需花少量的钱就能寻医治病，而西医的技术源头在西方，刚成立不久的中华人民共和国还遭受西方的敌视，西医的很多技术都被西方国家封锁，难以学到。屠呦呦更愿意成为一名中医，利用大量价格便宜、在山间地头随处可取的药物来治病救人。

为了考上理想的大学，高考前夕，屠呦呦学习更加刻苦了，几乎到了废寝忘食的地步。当时，我国的高考不像现在，采取统一命题、统一考试、统一招生的方式，全国分为华北、西北、东北、华东、中南、西南六大考试区，由各区的高校自主进行招生考试。清华大学、北京大学等名校属于华北考区。高考前一天，屠呦呦离开家乡，长途跋涉，来到浙江省会杭州参加为期三天的高考。

高考成绩公布，屠呦呦金榜题名，如愿以偿地考入北京大学医学院药学系。

在大学时，她义无反顾地选择了在当时看来较为冷门的专业生药学，她认为这个专业最接近具有悠久历史的中医药领域，也最符合自己的研究方向。屠呦呦的梦想就这样启航了，展现在她面前的，是一条光明、漫长且充满艰辛的科研探索之路。

发明抗疟神药青蒿素

1955 年，屠呦呦从北京大学医学院顺利毕业，被分配到刚创办不久的中医研究院（今中国中医科学研究院）中药研究所，成为一名生药研究员。

20 世纪 60 年代，美越战争爆发，在气候湿热的越南战场，疟疾横行，大批的越南士兵因感染疟疾而死亡，越南政府不得不向中国发出了求助请求。中国政府果断答应，立即成立"523 项目组"，全力开展抗疟药物的研究。屠呦呦因为在工作中的出色表现，被任命为"抗疟中草药研究组"组长，正式走上了抗疟战场的第一线。

屠呦呦带领小组成员经过近三个月的艰难搜寻，收集到 2000 多种与疟疾有关的药方。接着，屠呦呦又从 2000 多种药方中筛选出 640 个治疗疟疾的药方，编成《疟疾单秘验方集》一书，于 1969 年 4 月递交给"523"办公室，得到了办公室领导的高度赞扬。随后，"523"办公室将屠呦呦编写的药方集印刷成册，迅速下发到部队及各省、市相关科研单位，让广大医药科研人员在研究工作中参考使用。

2000 多种药方是否都具备治疗疟疾的功效？哪一种药方才能真正治疗疟疾？屠呦呦决定通过实验来检验这些药方的药效，她一头钻进实验室"摇瓶子"，做实验，希望通过实验从数不清的中药材中提炼出真正能够抗疟的有效成分。

屠呦呦夜以继日地在实验室里摇瓶子，用不同的方法煎煮各种药材，从中提取出有效成分，然后用小白鼠做实验，检测药材成分的功效。虽然实验单调而乏味，但屠呦呦丝毫不感到厌倦，一种草药接着一种草药地进行试验，整个过程下来，她一共从200多种草药中提取出380多种有效成分，在小白鼠身上进行了抗疟检测试验。可是效果都不理想，效果最好的一次，疟原虫抑制率也只有40%左右。

屠呦呦并不气馁，带领团队继续进行实验，最后发现青蒿对疟疾有较显著的疗效，但是效果很不稳定，效果好的能抑制68%的疟原虫，效果差的只能抑制12%的疟原虫。抗疟药物的研究再次陷入困境。

屠呦呦重新整理了思路，将目光投向那些厚厚的中医古籍上，希望从中医古籍中找到治疗疟疾的相关线索。一天，屠呦呦打开东晋医药学家葛洪所著的《肘后备急方》，发现里面有一则用青蒿治疗疟疾的记载："青蒿一握，以水二升渍，绞取汁，尽服之。"屠呦呦从中受到启发，认为炮制有效的青蒿药物的关键在于温度，于是重新设计了实验。经过反复实验，她发现青蒿的乙醚提取物去掉其酸性部分，剩下的中性部分抗疟效果最好。到1971年10月，历经191次实验，屠呦呦获得了可喜的结果："191号"青蒿乙醚中性提取物对白鼠疟原虫的抑制率达到100%。

1972年3月，屠呦呦开始带领团队大量生产青蒿提取物，为临床研究做准备。但是在随后的实验中出现了意外情况，服用"191号"青蒿提取物的猴子出现中毒现象，说明"191号"青蒿提取物可能含有毒性。如果"191号"青蒿提取物真的有毒，那么病人服用后，即使治好了疟疾，肝脏也会受到损伤，患上新的疾病，这样的药绝对不能让病人服用！

为了验证青蒿提取物是否存在毒性，屠呦呦不顾大家反对，向领导提交志愿试药报告，决定冒险以身试药。1972年7月，屠呦呦与其他两名科研人员走进北京东直门医院人体实验病房，一连七天服用"191号"青蒿提取物，每次剂量逐渐增加。最后医生为三人进行了心电图、胸透、肝功能、肾功能、血常规等各项检查，没有发现三人身体有任何异常症状，从而证实"191号"青蒿提取物对人体没有毒副作用。

由于"191号"青蒿提取物只是一种药物初成品，不仅颗粒大、剂量大，病人难以下咽，还含有不少杂质，必须对其去粗存精，提炼出最有效的成分，制成药片、药剂，才能大批量生产，投入临床应用。于是，屠呦呦和同事们又开始了新的实验，将"191号"制成溶液，使用氧化铝、活性炭、小麦胚粉、玉米芯碎片、脱脂玉米胚粉等充当吸附剂，过滤溶液，吸取有效成分，以制成纯度最高的结晶状抗疟药。

1972年11月8日，屠呦呦和同事们从"191号"中分离出一种方形白色晶体，经实验证实：只需50~100毫克方形白色晶体，就可以杀死小白鼠体内的所有疟原虫，而它的熔点高达156~157℃，药效极为稳定。抗疟特效药从此诞生，屠呦呦将它命名为"青蒿素"。

1977年3月，经卫生部同意，"523项目组"以"青蒿素结构研究协作组"名义，在《科学通报》上发表论文《一种新型的倍半萜内酯——青蒿素》，向全球报告了青蒿素这一重大药学研究成果，引起了世界各国的密切关注和高度重视。

青蒿素问世后，在全球范围内得到了广泛使用，挽救了无数人的生命，仅在撒哈拉南部的非洲地区，就有150万人因青蒿素而避免死亡。在疟疾高发地，来自中国的青蒿素被称为"东方的神药"。成功后的屠呦呦并没有停止研究的脚步，而是继续埋首实验室，探索青蒿素的奥秘，研发出很多青蒿素衍生物，为推进世界抗疟工作作出了新的贡献。

中国首位诺贝尔奖女得主

2015 年 10 月 5 日，瑞典卡罗林斯卡医学院宣布：中国药学家、中国中医科学院中药研究所首席研究员屠呦呦，爱尔兰科学家威廉姆·坎贝尔和日本科学家大村智三人获得 2015 年度诺贝尔生理学或医学奖。其中，屠呦呦得到一半的奖金，而威廉玛·坎贝尔和大村智分享另一半。

与此同时，卡罗林斯卡医学院礼堂大厅的大屏幕上依次映出三名获奖者的照片。当留着齐耳短发、戴着黑框眼镜、面带严肃微笑的中国女科学家照片出现在屏幕上时，会场爆发出雷鸣般的掌声。

评审委员会向全世界宣布了屠呦呦的科研成果："全球每年的疟疾患者约 2 亿人，而青蒿素在全球疟疾的综合治疗中让起码 20% 的患者免于死亡，让 30% 的儿童患者获得了新生。仅非洲一地，每年就有 10 万人受益于青蒿素。可以说，青蒿素为寄生虫疾病的治疗提供了革命性的解决方案。而这一切都来自中国科学家屠呦呦的杰出贡献。"

评审委员会委员汉斯·福斯贝里对屠呦呦的研究成果给予高度评价："在过去十年间，屠呦呦的研究成果显著降低了疟疾死亡率。"

评审委员会委员让·安德森的评价则更为具体："屠呦呦是第一个证实青蒿素可以在动物体和人体内有效抵抗疟疾的科学家。她的研发对人类的生命健康贡献突出，为科研人员打开了一扇崭新的窗户。屠呦呦既了解中医学知识，也了解药理学和化学，她将东西方医学相结合，达到了一加一大于二的效果，屠呦呦的发明是这种结合的完美体现。""在过去十年间，青蒿素的发现和应用，使全球疟疾死亡率降低了 50%，感染率降低了 40%。这一切均得益于屠呦呦的研究。"

消息一出，潮水一般的电话涌向屠呦呦家，向她表示衷心的祝贺。而此时的屠呦呦正在洗澡，压根没听到电视里的声音。

屠呦呦荣获诺贝尔奖，可谓众望所归，表达了全球疟疾病人的共同心愿——他们对青蒿素发现者一直心存浓浓的谢意，希望其能够获得应有的荣誉与回报。自诺贝尔奖设立至今，仅有 17 位女性科学家获奖，居里夫人是其中之一，而屠呦呦是中国首位获得诺贝尔奖的女科学家。

2015 年 10 月 6 日下午 1 点，诺贝尔生理学或医学奖评委会秘书长兰达尔致电屠呦呦，正式通知她获奖的消息，向她表示热烈的祝贺，并诚挚邀请她于 2015 年 12 月赴瑞典参加诺贝尔奖颁奖典礼。

令人感到意外的是，屠呦呦决定放弃参加诺贝尔奖颁奖仪式，因为她向来低调，对荣誉看得很淡。另外，她年事已高，已经 85 岁高龄了，腰部时常疼痛，出国远行不太方便。屠呦呦的一个同事得知情况，建议她前往瑞典参加颁奖仪式，因为她不仅是代表自己，更是代表中国参加颁奖仪式。屠呦呦认识到领奖事关祖国的荣誉，于是改变主意，准备动身前往瑞典。

为了保证屠呦呦顺利参加诺贝尔奖颁奖仪式，国家中医药管理局专门成立了以中国中医科学院院长张伯礼院士为团长，国家中医药管理局国际合作司司长王笑频、中国中医科学院中药研究所所长陈士林、朱晓新为副团长的 17 人代表团，专门负责她的衣食住行、外交事务、身体健康等相关事宜。

12 月 4 日，屠呦呦在丈夫李廷钊、女儿及代表团的陪同下，从首都国际机场乘飞机抵达瑞典首都斯德哥尔摩。

7 日，屠呦呦在卡罗林斯卡医学院作了题为《青蒿素——中医药献给世界的一份礼物》的演讲，再次强调青蒿素的发现是所有参与研究的人员的功劳。

10 日下午约四点半，诺贝尔颁奖典礼在斯德哥尔摩音乐厅隆重举行，瑞典王室成员、政府人员、诺贝尔奖委员会及社会各界人士 1500 多人出席了颁奖典礼。

诺贝尔生理学或医学奖评委会代表汉斯·弗斯伯格用瑞典语宣读了颁奖辞，介绍了屠呦呦的获奖成就，高度评价了她为世界医学作出的杰出贡献："在 20 世纪 60 年代和 70 年代，屠呦呦参与了中国一个开发抗疟药品的重要项目……青蒿素的发现带动了世界对抗疟新药品的研制，这种药品已经挽救了上百万人的生命。"

接着，颁授典礼开始，瑞典国王古斯塔夫亲自为屠呦呦颁发了 2015 年度诺贝尔生理学或医学奖证书、奖章。在悠扬的音乐声中，佩戴亮黄色丝巾，身着紫色上衣、蓝色套裙，上衣前襟别着一枚闪亮的印有中草药青蒿图案的屠呦呦，神情庄重地从古斯塔夫国王手中接过了获奖证书、奖章，成为中国首位获得诺贝尔生理学或医学奖的科学家。全场嘉宾一致起立，向屠呦呦致敬，并报以热烈的掌声。

屠呦呦此次获奖，创造了"三个第一"：诺贝尔奖第一次颁发给一名亚洲女科学家；中国科学家第一次在本土进行科学研究并获得诺贝尔奖；中国中医药成果第一次获得世界科学界的最高奖项。

屠呦呦通过孜孜不倦的探索，让古老的中医焕发了新的活力，为世界献上了一份厚礼——青蒿素，为拯救生命、维护人类健康作出了不可磨灭的贡献，让所有中国人感到自豪、骄傲！

因为屠呦呦获得诺贝尔奖，国内掀起了一股"屠呦呦热"，众多媒体纷纷采访她。宁波开明街 26 号被当地政府作为文物保护起来，人们争相前往参观；屠呦呦早年写的书信被人传到网上拍卖；屠呦呦所著的《青蒿及青蒿素类药物》一书供不应求，价格涨了好几倍依然难以买到。

面对荣誉和外界的赞誉，屠呦呦保持着一贯的淡定，平静地接待每一家采访她的媒体、每一位访问她的人。她一再向来访者强调：青蒿素的发现，是所有科研人员的功劳，青蒿素药物的成功研制、生产和临床应用是在团队大协作推动下完成的，是中国科学家的集体荣誉。

屠呦呦认为，荣誉的根本问题是责任，荣誉多了，责任也就大了。她希望将更多的精力投入科研工作，将中医药这个"伟大宝库"中更多有价值的成果发挥出来，为人类造福。

在屠呦呦身上，我们看到了中国科学家的美德与情操、担当和勇气。她用自己的实际行动诠释了什么是真正的科学精神，什么是真正的爱国情怀。默默耕耘、无私奉献、淡泊名利、谦逊退让，是屠呦呦在数十年科研经历中始终保持的做人本色！

屠呦呦名言

★ 没有行不行，只有肯不肯坚持。

★ 一个科研的成功不会很轻易，要做艰苦的努力，要坚持不懈、反复实践，关键是要有信心、有决心来把这个任务完成。科学研究不是为了争名争利，科技工作者要去掉浮躁，脚踏实地！

★ 没有大家无私合作的团队精神，我们不可能在短期内将青蒿素贡献给世界。

各界赞誉

★ 屠呦呦老师多年艰苦奋斗、执着地进行科学研究，围绕国家需求，克服困难、一丝不苟，取得了令人瞩目的成绩。

——中国工程院院士 张伯礼

★ 她（屠呦呦）的研发对人类的生命健康贡献突出。她的研究跟所有其他科研成果都不同，为科研人员打开了一扇崭新的窗户。

——2015 年诺贝尔生理学或医学奖评委 让·安德森

王永志：矢志铸就强国梦

王永志（1932—2024），辽宁省昌图县人。

身份：航天技术专家，中国工程院首批院士，国际宇航科学院院士。

成就贡献：长期致力于中国战略导弹和运载火箭的总体设计与研制工作，参加和主持了6个导弹型号、2个运载火箭型号和"神舟"系列飞船的设计研制工作；担任国家科技重大专项载人空间站工程实施方案编制组组长，主持制订了实施方案，为我国国防现代化建设和载人航天事业作出了杰出贡献。

荣誉奖项：全国科学大会奖，国家科学技术进步奖特等奖，解放军专业技术重大贡献奖，国家最高科学技术奖，解放军一级英模奖章，最美奋斗者，共和国勋章。

破解导弹发射难题

1932年11月17日，王永志出生于辽宁省铁岭市昌图县的一个贫农家庭，父亲按族谱辈分为他取名"永禄"，小名"德宝"。穷人家的孩子早当家，和当时大多数穷苦的农村孩子一样，德宝从小就跟随父亲下地干活，承担着家庭责任。

德宝6岁时，虽然已到了上学的年龄，但由于家境贫寒，父亲不愿送他去当地的小学读书。德宝心中很难过，多次哭着央求父亲送他上学。德宝的大哥王永山很心疼弟弟，就瞒着父亲悄悄带他到当地小学报了名。学校老师从王永山口中了解到德宝是哭闹着要上学的，被他的好学精神感动，于是说到："有志者事竟成，你爱好读书，志向远大，我为你改个名，就叫'永志'吧！"从此，"王永志"这个名字伴随了他一生，从求学时代到科研生涯，王永志一路高歌前行，不断谱写人生壮丽的华章。

入学后，王永志非常珍惜来之不易的学习机会，非常勤奋。初中三年，学习总成绩每年在班上都排第一，1949年初中毕业时，他被学校保送到沈阳市的东北实验学校（今辽宁实验中学）读高中。1950年6月，朝鲜战争爆发，战火烧到鸭绿江边。由于东北实验学校离沈阳机场不远，王永志时常看到苏制米格–15战斗机从沈阳机场飞向天空，看见志愿军飞行员起飞迎敌、搏击长空的飒爽英姿，深受鼓舞，于是将自己的理想寄予"空中"，立志投身国防，研制先进的战斗机，保卫祖国的蓝天。

1952年，王永志如愿以偿地考入清华大学航空系（1952年因院系调整并入北京航空航天学院）飞机设计制造专业，迈出了他航空航天生涯的第一步。1955年，王永志被学校派往莫斯科航空学院航空系留学深造，学习飞机设计专业。1957年，王永志服从国家需要，改学火箭和导弹设计专业，成为当时留苏学生中唯一一个研究火箭和导弹的留学生。

1960年夏，王永志在莫斯科航空学院火箭教研室主任米申的指导下，专攻洲际导弹设计，完成了毕业论文《洲际导弹设计》，获得米申的高度评价。米申勉励王永志道："这是你第一次当洲际导弹的'总设计师'，希望这不是你最后一次当总设计师。"

1961 年，王永志从莫斯科航空学院毕业，怀着航空报国的梦想返回祖国，被分配到由钱学森担任院长的国防部第五研究院（以下简称"五院"）工作，开始投入我国第一代火箭与导弹的设计研制工作中。

五院是我国成立的第一个导弹研制机构，钱学森精心挑选了 72 名青年技术人员进行重点培养，这 72 人当时被称为"72 贤人"，王永志为"72 贤人"之一。他到基层锻炼了两年，回到五院后立即被委以重任，担任一分院总体设计室设计组组长。

1964 年，王永志跟随试验队伍来到甘肃酒泉发射基地，第一次参加导弹发射任务。此次要发射的是由中国自行研制的首枚中近程导弹"东风二号"，因为在 1962 年进行首次发射时失利，技术人员对其进行了两年的改进，这次将再次发射，重新接受检验。

时值 6 月下旬，在烈日暴晒下，地处戈壁滩地带的酒泉发射基地地面温度迅速上升，达 40℃以上。工作人员为导弹的火箭推进剂加注燃料，但是推进剂在高温的炙烤下体积膨胀，燃料贮箱内无法灌进足够的燃料。燃料不足，火箭飞行距离有限，因而导致导弹射程不够，无法飞抵预定区域。

"东风二号"即将进行第二次发射，上级对这次发射寄予了很高的期望。所有参与发射工作的人员都焦急不已，研讨会开了一次又一次，专家们提出一个又一个解决方案，但都无济于事。

王永志也在紧张地思索着，寻找解决问题的办法。他取来笔和纸，耐心、细致地计算因戈壁滩高温导致燃料密度变化后的推进剂配比。经过一夜的严密计算，他总结出一个很特别的解决办法：卸掉 600 千克燃料！这一办法的特点就在于反其道而行之，减少燃料以恢复最佳推进剂配比，燃料虽然减少了很多，但火箭质量也随之减轻了不少，火箭能够飞得更快、更远，飞抵预定地点，从而命中目标。

第二天在开讨论会时，王永志将自己的想法向大家进行了说明。然而大家反应冷淡，没有人认同他"离经叛道"的想法，认为减少燃料与提高射程是南辕北辙、异想天开。有人甚至嘲讽道："本来火箭射程就不够，你还要往外倒燃料？"

王永志没有气馁，鼓起勇气连夜敲开了发射现场最高技术决策人钱学森的门。钱学森热情地接待了他，微笑着请他说明卸掉600千克燃料的原因。王永志自信地说到："'东风二号'导弹以液氧作为氧化剂，以酒精作为燃烧剂。液氧是恒温的，酒精遇热会膨胀，不仅影响燃料加注，还会在消耗过程中改变推进剂配比。往燃料贮箱内添加的燃料越多，加入的酒精也越多，导弹上的无效重量就越大，导弹不堪重负，就无法飞远……"

钱学森一边听一边思考，听完王永志的解释后，他眼里闪烁着光芒，连连点头，说"有道理"。又沉思了几分钟，钱学森走到王永志身边，拍了拍他的肩膀说："行，我看你这个办法行。"

在新一轮的讨论会上，钱学森一言九鼎，当众拍板道："王永志的意见正确，就按他的建议办。"

1964年6月29日，减负后的"东风二号"导弹在酒泉发射基地腾空而起，顺利飞抵预定区域，戈壁滩上响起了阵阵欢呼声，人们为"东风二号"的成功发射欢呼雀跃，相互庆祝。王永志在这次发射中崭露头角，受到钱学森的赏识，被提拔为五院一分院总体设计室副主任。

1978年，在钱学森的提议下，王永志升任为我国第二代战略导弹总设计师。其后，王永志主持研制的几个型号导弹都试射成功，因为才能突出、贡献巨大，他被任命为我国运载火箭系列总设计师和地地导弹系列总设计师，成为我国运载火箭和战略导弹领域的领军人物。

18个月研制"长二捆"

1986年，对于西方国家的航天界来说，这一年是一个灾难年。这年1月28日，美国"挑战者"号航天飞机在发射升空73秒后突然爆炸，机上7名宇航员全部罹难；2月22日，欧洲"阿里安"火箭第二次发射失利；4月18日，美国"大力神34D"运载火箭在起飞8.5秒后发生爆炸；5月3日，美国"德尔塔"运载火箭在起飞71秒后发动机突然熄火而自毁；5月30日，欧洲"阿里安"火箭在进行第18次发射时，因第三级发动机点火失败而发生爆炸……

一连串的航天事故使得西方航空界陷入危机，国际运载火箭和商业卫星发射市场出现真空。一直关注世界航空发展动态的王永志，决定抓住这一千载难逢的机遇，将中国火箭推入国际市场，为中国航天产品进军国际市场打开通道。

然而，当时我国的火箭运载能力（火箭进入预定轨道的有效载荷重量）只有1.4吨，而世界商业火箭的运载能力都在2.5吨以上，国产火箭无法满足发射国际通信卫星的需求，必须尽快研制出运载能力强的火箭，承揽国际大型卫星发射业务。

1986年3月，航天工业部第一研究院研究员黄作义找到时任中国运载火箭技术研究院院长的王永志，向王永志提出了研制中国新一代火箭的方案：在"长征二号丙"火箭（以下简称"长二丙"）上捆绑 4 个助推器（即"长征二号 E"捆绑火箭，以下简称"长二捆"），使火箭运载能力从 2.5 吨提高到 8.8 吨，这样就可以承揽美国休斯公司的卫星发射业务。

黄作义的想法与王永志不谋而合，王永志立即让黄作义拿着三张草图去美国与休斯公司商谈合作事宜。黄作义到美国后与休斯公司进行了磋商，休斯公司最终同意用中国的火箭发射卫星。1988 年 11 月，中国长城工业公司与美国休斯公司正式签订卫星发射合同，合同规定：中方负责发射由美国制造的澳大利亚通信卫星（以下简称"澳星"），于 1990 年 6 月 30 日前进行一次成功的卫星发射试验，否则就终止合同，并且要赔偿 100 万美元。

1986 年 12 月底，"长二捆"的研制工作正式启动，王永志作为整个工程的总指挥，与设计师、技术人员进行了反复了商讨、论证，制订了切实可行的技术方案。此时离休斯公司提出的进行一次成功的卫星发射试验的截止时间只有 18 个月了。

按常规的研制进度，"长二捆"卫星至少需要四五年才能研制完成，18 个月的研发时间实在太短。一旦到时卫星没有研制出来，不能按时履行合同，不仅王永志个人名誉将受损，而且中国发射美国卫星失败的消息传到世界，将会给中国带来严重的政治负面影响。

在火箭研究院召开的讨论会上，领导问王永志："钱花了没搞成，将会影响国家声望，到时候降你三级，你还干不干？"

"别说三级，降我几级我也干。中国人不比别人矮一截，别人能搞的，我们也能。只要中央支持，我保证按时把火箭立在发射塔上！"王永志拍着胸脯，立下军令状。最终，在中央的支持下，中国火箭研究院向银行低息贷款 4.5 亿元，用于研制"长二捆"。

王永志不顾风险，决定研制"长二捆"，承揽休斯公司的卫星发射业务，除了要为中国的火箭打开国际市场，还有其他方面的原因。

当时，国家正在深入进行经济改革，改革的浪潮也波及国防工业，国家拨给火箭研究院的经费从原先的几亿元降至几千万元，整个火箭研究院一共有 3 万多名员工，几千万元用于支付员工的工资都比较困难，更不用说开展科研活动了。作为院长，王永志不仅要解决全院员工的工资问题，还要为全院的发展方向日夜筹划，肩上的担子非常重。在这种情况下，王永志决定另寻出路，为全院开辟"财路"，他认为财路就是"做自己最擅长也最该做的事——搞火箭，发卫星，打入国际市场"。

另外，王永志一直有三大航天梦想：一是把导弹送到世界上任何需要的地方，二是把卫星送入太空的不同轨道，三是把中国人送上太空。前两个梦想，他认为已经基本实现，而第三个梦想，瓶颈卡在需要有 8 吨以上运载能力的火箭。所以他决定研制"长二捆"，为中国的载人航天事业奠定基础。"这件事，风险大，意义更大。所以，我甘愿冒险。"王永志这样对别人说。

时间紧，任务重，王永志以背水一战的精神带领全院员工投入研制"长二捆"的战役中。王永志让人在研究院里悬挂"心系'长二捆'，成功壮国威""绝不让研制'长二捆'的列车在我们这里误点"的巨幅标语，以激励大家士气，调动大家研制"长二捆"的积极性。

为了确保"长二捆"能够按期研制出来，王永志将任务细化成一个个小任务，层层下达到各个小组，并明确了任务完成时间。一次，在总装二级振动试验火箭时，车间主任掰着手指头算了又算，将时间压了又压，咬咬牙对王永志说："我只要一个半月。"

王永志笑着说："哪有一个半月，只给你 18 天。"压力也是动力，车间主任带领工人们日夜加工，竟然按时完成了任务。

王永志与大家夜以继日地忙碌着，研究院整夜灯火通明，员工们两班倒，仪器设备日夜不停地运转。在这 18 个月里，大家齐心协力，顽强拼搏，用 3 个月完成了 24 套共计 44 万张图纸的设计工作，用 12 个月建起了地下深 10 米、地上高 51 米的大型火箭振动试验塔，用 14 个月建起了直径 14 米、重 400 吨、承载能力 1000 吨的大型发射台。

1990 年 6 月 29 日，"长二捆"火箭提前一天屹立在西昌卫星发射中心的发射塔上，等候发射。王永志与工作人员以勤劳、汗水和智慧，创造了 18 个月成功研制一枚新型火箭的国际新纪录。

1990 年 7 月 16 日，随着一声惊天动地的巨响，"长二捆"直冲云霄，成功地将一颗 7.4 吨重的"澳星 B"模拟星和一颗搭载卫星送入轨道。8 月 14 日、28 日，"长二捆"又先后将"澳星 B1""澳星 B3"成功送入预定轨道。至此，王永志团队顺利完成了与美国休斯公司合作的卫星发射任务，为中国航天界赢得了荣誉，在中国航天史上谱写了崭新的历史篇章。

运筹中国载人航天工程

王永志在带领团队为"长二捆"火箭发射任务奋力拼搏时，还承担着另一项重要的航天方面的工作——参与国家"863 计划"的制订，王永志的命运又开始与中国载人航天工程紧密联系在一起。

1986 年，中央正式批准《国家高技术研究发展计划纲要》（即"863 计划"），超前部署开展大型运载火箭和应用卫星等航天技术攻关，立项实施载人航天等重大工程，中国航天事业大踏步赶上了时代潮流。

不久，国家成立了"863 计划"航天技术领域专家委员会，中国载人航天工程的论证工作由此拉开帷幕，王永志也被选为专家委员会的成员。

在论证会上，对于中国载人航天工程应采用何种方案，大家意见不一，争论不休。有人主张采用"航天飞机方案"，有人主张采用"飞船方案"。王永志结合中国的航天科研现状，提出了"早上快干"的建议，认为当前研制航天飞机难度较大，应当先研制飞船，明确表达了自己对"飞船方案"的支持，之后他便投入对"飞船方案"的深入研究和完善中。

1989 年，载人航天工程论证工作接近完成，"863 计划"航天技术领域专家委员会在报告中提出了开展载人航天活动前期需完成的 4 项基本任务：以飞船起步，完成突破载人航天基本技术；进行空间对地观测、空间科学及技术试验；提供初期的天地往返运输器；为载人空间站工程积累经验。

1991 年 3 月，王永志和其他专家向专家委员会提交了题为《以飞船为基础组建空间实验室的构想》报告，随后又和专家们一起开展了技术方案的论证工作。按照之前的讨论，载人航天工程的基本任务之一是为空间站的建设积累经验，但在一次论证会上，王永志提出了不同的看法："飞船顶多飞 7 天，空间站可能用 10 年、20 年。仅凭飞船的研制经验就敢贸然发射空间站吗？不行。"他建议增加一个过渡环节，先研制一个过渡飞行器。

1991 年 6 月，中央专委原则上同意"863 计划"航天技术领域专家委员会关于发展我国载人航天的目标设想，我国载人航天工程开始进入准备实施阶段。1992 年 1 月，王永志被任命为载人航天工程技术与经济可行性论证组组长，主持拟定了载人航天工程七大系统——航天员系统、飞船应用系统、载人飞船系统、运载火箭系统、发射场系统、测控通信系统和着陆场系统的技术途径和主要技术方案。同年 8 月，王永志代表论证组先后向中央汇报了载人航天工程主要技术方案和"三步走"的发展战略。

"三步走"发展战略，第一步是设计飞船留轨舱；第二步是利用飞船技术研制一个空间实验室，突破航天员出舱活动、交会对接、大组合体控制、再生生保系统、低轨道长寿命电源、推进剂转注、可维修设计等一系列关键性技术问题；第三步是建立空间站。王永志反复强调，第二步至关重要，必不可少，如果不走第二步，直接建设空间站，一旦出现意外，代价会很大，要付出高昂的成本，与中国的国情不符，通过第二步可以验证第三步建设空间站的各种单项技术，为第三步的成功实施铺好道路。

1992 年 9 月，中央批准了载人航天工程"三步走"战略，正式决定实施载人航天工程。同年 11 月，王永志被任命为中国载人航天工程总设计师。这一年，王永志 60 岁，花甲之年的他接过中国载人航天工程的帅印，带领科研人员为实现中国飞天梦全力拼搏。

中国载人航天试验比苏、美等国晚了近 40 年，起步晚，起点低，王永志和团队面临着一个又一个的困难：飞船飞行轨道设计尚未完成，飞船主着陆场实地勘察尚未进行，是否进行搭载动物试验尚未达成共识……作为总工程师，王永志坚定信念，迎难而上，带领团队解放思想，同心协力，开拓进取。

进行载人航天试验，最重要的是安全可靠。国际上通行的做法是，在将航天员送上太空之前要进行多次动物搭载试验，苏联、美国曾用猴子、黑猩猩和狗等动物进行载人航天试验。但是对当时中国的载人航天工程来说，沿用苏联、美国的试验方法将会付出巨大的经济成本，而且过程漫长。中国载人航天事业要想快速发展，就要有所创新，有所突破。创新就要冒险，那么航天员的生命安全又如何保障？

王永志组织召开了一次会议，与科研人员商讨问题的解决办法。他郑重地对大家说："我是总师，我责无旁贷。""连万分之一的可能性也要排除，必须确保万无一失。"他的目标就是"安全地把中国人送进太空，再安全地返回祖国大地"。

最后，大家一致同意用"假人"进行试验。于是在"神舟三号""神舟四号"飞船上，出现了一位特殊的乘客——一个重70千克的模拟人。模拟人穿着航天服，坐在飞船座椅上模拟演示航天员在飞行过程中的各种身体动作，如脉动、心跳、呼吸、饮食和排泄等，然后将各种生理参数传输给地面信息接收站。"假人"试验为后面进行真正的载人航天试验奠定了基础。

在王永志的带领下，广大科研人员奋力拼搏，克服了一个又一个难关：制订了具有自主故障诊断和逃逸控制能力的"长征二号F"运载火箭的研制方案，制订了陆海基S波段统一测控通信网方案，研制出了三舱飞船，完成了七大系统方案设计……

十一载呕心沥血，一朝飞天梦圆。2003年10月15日，"神舟五号"成功发射，航天员杨利伟乘飞船遨游太空，圆了中华民族的飞天梦，我国成为世界上第三个独立掌握载人航天技术的国家。

2005年，"神舟六号"成功发射，完成了多人多天飞行试验，圆满实现了载人航天工程第一步任务目标。之后，王永志又参与组织制订我国载人空间站工程实施方案，在许多重大技术决策上发挥了重要作用。2022年，中国空间站如期完成了建造，载人航天工程"三步走"战略目标圆满实现。

王永志名言

★ 我们的载人飞船一起步，就比美苏晚了三四十年，但我们要横空出世，一起步就赶超到位。

★ 这辈子其实只想说一句话：能参与国家和民族几件大事是我的荣耀。

★ 我这辈子只干了三件事，研制导弹、送卫星上天、送中国人进入太空。

各界赞誉

★ 在中国航天界，王永志是一位"常胜将军"。在40多年的航天生涯中，他领导指挥的所有发射任务全部成功。在他和老一代航天人的努力下，中国载人航天工程用10年时间跨越了国外40年的航天发展历程。

——《中国科学报》

★ 王永志是航天技术专家，是中国载人航天工程的开创者之一和学术技术带头人。40多年来在中国战略火箭、地地战术火箭以及运载火箭的研制工作中作出了突出的贡献，特别是在载人航天工程中做出了重大贡献。

——中华人民共和国科学技术部

陈景润：哥德巴赫猜想第一人

陈景润（1933—1996），福建省福州市仓山区城门镇胪雷村人。

身份：数学家，中国科学院院士。

成就贡献：主要从事解析数论方面的研究，1973年发表了"1+2"的详细证明，这一研究成果被称为"陈氏定理"，被认为是哥德巴赫猜想研究中的一座重要里程碑，至今仍在哥德巴赫猜想研究中保持世界领先水平；完成了论文"塔里问题"，改进了华罗庚在对垒素数论中的结果；担任多所大学的教授和博士生导师，培养了一大批优秀的数学人才，为推动中国数学科研事业的发展作出了重要贡献。

荣誉奖项：全国科学大会奖，国家自然科学奖一等奖，"100位中华人民共和国成立以来感动中国人物"之一，改革先锋奖，最美奋斗者。

痴迷数学的"书呆子"

陈景润从小体弱多病，沉默寡言，性格内向，但很爱看书，尤其喜爱看数学类的书籍。在还没上小学时，他就拿着哥哥、姐姐的课本学习，遇到不懂的地方便向他们请教，直到弄懂为止。

1939 年 9 月，7 岁的陈景润进入福州城南仓山的三一小学，开始了他的小学生涯。在学校，他从不调皮捣蛋、惹是生非。放学回家后，除了做作业，他就是捧着书本学习，还常常向哥哥、姐姐请教学习方面的问题。

陈景润的学习方法与众不同，读书如同"吃书"。他常常将书本一页一页地撕开放在衣袋中，以便随时拿出来阅读。他绞尽脑汁地想从那些简单的文字中读出更多的含义，似乎要将每一个文字和符号都吞进肚子里，让它们发酵、繁衍，再得到新的知识。他这一独具特色的读书习惯成了他日后成功的秘诀。

一年级的时候，陈景润的成绩在全年级名列前茅，老师们都很喜欢他。到了二年级，陈景润的表现更加优异，有时还在课堂上向老师提出一些超越本年级知识水平的问题，让老师们惊叹不已。渐渐地，老师讲授的知识已经无法满足他的求知欲。

1941 年 4 月，日军进逼福州，陈景润随同在闽侯县邮政局工作的父亲来到三元（今福建省三明市）居住，于 9 月转入三元县三民镇中心小学（今三明市三元区实验小学）三年级读书。

1942 年 9 月新学期开始时，经学校同意，9 岁的陈景润跳了一级，提前升入五年级。

在读小学时，陈景润对国文课不感兴趣，只想考个中等分数便了事，这也是他后来不善于文字表达、写的文章不易被人看懂的原因之一。 算术则是他的强项，也是他唯一的爱好，每次考试都稳拿高分，但他对算术知识的追求已远远超出了课本内容。

小学算术题既经典又有趣，简单的正整数和分数的四则运算可以演绎出许多有意思的难题，对培养小学生的思维能力非常有效。 陈景润对这些难题产生了浓厚的兴趣，他将老师提出的问题牢牢记在脑海中，在回家的路上边走边思考。 他不喜欢同龄人玩的那些游戏，常常刻意避开同学，到无人的地方思考和演算，享受着解题的乐趣。

1944 年 7 月，陈景润以优异的成绩从三民镇中心小学毕业，于次年年初进入三元县立初级中学（今福建省三明市第一中学）念初中。 在三元中学，陈景润仍然痴迷于数学课程，默默地、笃定地在数学的海洋中遨游。 陈景润对于数学的痴迷让他无暇关注生活琐事，因此经常不修边幅，加上不合群，他没少遭到同学们的排挤和嘲笑。 在同学们的眼里，陈景润是个沉浸在自己世界的"怪人"。

上初中后，陈景润白天认真听老师讲课，放学回家后便钻到题目堆中演算习题，到了晚上还点着煤油灯继续演算。

有一次，他被一道数学题难住了，左算右算，一直算到深夜还是没能将题目解出来。 他想起数学老师陆宗授就住在附近，于是决定去向他请教，不料出门时不小心将同屋的哥哥陈景桐吵醒了。

"景润，这么晚了还不睡，你要去哪儿？"哥哥睡眼惺忪地问。

"我有一道数学题算不出来，想去请教陆老师。"陈景润回答。

"明天再去吧，这么晚了，老师都休息了。"哥哥劝道。

"不行……如果今晚算不出来，我睡不着。"为了避免吵醒其他家人，陈景润压低声音说，"我今晚一定要弄清这道题是怎么解的。"虽然他的声音很小，但还是把父亲吵醒了。父亲问清楚事情的缘由之后，叹了口气说："让他去吧，以景润的脾气，不算出来他是不会睡觉的。"

第二天，陈景润父亲特地去学校向陆老师道歉，但陆老师不但没有责怪陈景润，反而夸奖他："你别怪孩子，他这种钻研的劲头十分难得，我喜欢这样的学生，他以后一定会有一番作为的。"

1948年2月，陈景润进入福州英华中学（今福建师范大学附属中学）读高中。如同小学、初中时一样，他仍然痴迷数学，热衷演算数学题。每当遇到难解的数学题时，陈景润总是不厌其烦地一遍遍运算，实在弄不明白，他便去请教老师，直到弄懂为止。他高中时演算的数学题，有的连数学老师也难以解答。

在英华中学，陈景润遇到了第一个将他引入哥德巴赫猜想殿堂的导师沈元。沈元当时是陈景润的班主任兼数学、英文老师。在一次上数学课时，沈元讲授整数的性质，中间给学生们讲了一则数学故事。

大约两百年以前，也就是1742年，有一位名叫哥德巴赫的德国中学教师提出一个猜想：凡是大于2的偶数一定可以表示为两个素数之和。比如，4=2+2，6=3+3，8=3+5……哥德巴赫本人对许多偶数进行了运算验证，都说明他的猜想是正确的，但他却无法进行逻辑证明。于是，他写信向当时著名的数学大师欧拉请教，欧拉花了很多年去演算，但是直到去世也没能证明出来。

从此，这道世界难题吸引了成千上万的数学家，但始终没有人能将其攻克。德国有一位名叫兰道的数学家认为，这是一个以现代人的智力解决不了的问题。

沈元在讲完故事后，略显严肃地说："我们中国人对数学自古便有很深的研究，在推算上也很有天赋。比如，南北朝著名的数学家、天文学家祖冲之，演算出来的圆周率比西方要早 1000 多年；还有南宋数学家秦九韶撰写的《数书九章》，里面提出的一次方程式解法比西方早 500 多年。但由于各种历史原因，明清以后我国的数学理论研究逐渐落后了。如今，中国数学发展的重担就落到你们的肩上了。"

陈景润被哥德巴赫猜想深深吸引，他将沈元讲的话牢牢地记在心里，这成了他日后奋力摘取哥德巴赫猜想这颗数学"明珠"的动力。

厦门大学的"爱因斯坦"

1950 年，陈景润考入厦门大学数理系。进入厦门大学，陈景润一向拘谨的内心世界生出了从未有过的兴奋与喜悦，他利用学校得天独厚的教学环境和优越的教学条件，全神贯注地投入学习中，迅速积累起丰富的高等数学知识。

周末，同学们大都相约去郊区游玩，但陈景润没有跟随同学们去欣赏如画的风景，参观名胜古迹，而是把课余时间都用在了学习上。除了吃饭和睡觉，他的活动范围几乎只限于宿舍、食堂、教室和阅览室。

厦门大学离市区不远，但陈景润很少去市区，如果需要买东西，他就让进城的同学帮他代买。据他的同学回忆，当时的陈景润只买蓝色、黑色的衣服，因为他觉得这两种颜色比较耐脏，可以不用经常洗换，这样就可以节省出不少时间用来学习。在厦门大学，他穿着十分简单，一年四季都穿蓝色或黑色的中山装，戴一顶学生帽，脚穿一双万里胶鞋。

除了衣着外，同学们对陈景润印象深刻的还有他在校园里时刻出神思考的模样，不管是走路还是吃饭，他总是捧着书本在思考，对周遭的一切浑然不觉。有一次，他边走路边思考问题，一不小心碰到了电线杆，他竟然下意识地跟电线杆说了句"对不起"。还有一次，他坐在校园的长凳上看书，天空突然下起了雨，他因为看书太入迷竟然没有察觉，结果浑身被雨淋透，如同落汤鸡一般。

同学们背地里都叫他"爱因斯坦"，因为他不盲目相信权威，就算是课本里的一些定理，他也会亲自去证明。他曾经尝试证明"三角形两边之和不一定大于第三边"。在同学们眼中，他是个思想、行为都很荒诞的"怪人"。但是现在看来，正是因为他有独立思考的习惯，加上勤奋和执着的精神，后来才能在数学研究中取得辉煌的成就。

在厦门大学，陈景润的生活可以说单调到了极致。为了避免学习思路被打断，他只有饿到难以支撑时才去吃饭，吃完饭就以最快的速度洗碗，洗衣服也只是将衣服用水简单泡一下便晾起来。后来还发生过一件趣事：他当众保证每天洗脸、刷牙。

当时，厦门属于前线，经常会响起刺耳的防空警报声。每当防空警报声响起时，师生们便纷纷跑进防空洞。陈景润从小有"分解"课本的习惯，就算在防空洞里，他依旧不忘学习，从口袋里掏出写满数学符号的卡片，静静地待在一旁阅读。

陈景润对数学情有独钟，将精力几乎都放在了学习数学上。每次参加班级的学习讨论会，他也不发言，只是坐在座位上看书或是演算习题。

在一次学习讨论会上，陈景润悄悄握着笔在纸上演算习题。突然，教室里响起一声"陈景润"。他瞪着一双茫然的眼睛环顾四周，不知道发生了什么事。主持学习讨论会的学生指着他说："你每次参加讨论会都不发言。今天你说说，你有哪些错误要改正？"

陈景润惊慌失措，急忙站起来说："我发言，我发言。我……我保证以后每天洗脸、刷牙。"

同学们听了，哄堂大笑起来，陈景润红着脸站在那里，不知道大家为何发笑。

1952年，厦门大学数理系的数学组独立成为数学系。当时的数学组只有4名学生，陈景润便是其中之一，老师却有5名。

数学组的学生少，老师们在教学上一丝不苟，陈景润全身心地投入数学学习中。其他同学只做老师指定的习题，陈景润则把所有习题全部演算一遍，再找课外的习题做。别人做10道题，他要做几十甚至上百道题。他总是随身带着笔和纸，只要有空，不管在什么地方，都会拿出笔和纸来演算。

在厦门大学，陈景润经常学习到忘我的程度。他买了个手电筒，在宿舍熄灯后，他就躲在被窝里打开手电筒看书、学习。老师劝他注意身体，他却说："饭可以不吃，但书不能不念。"

在厦门大学的前两年，陈景润学完了全部基础课程，随后用一年时间学习了数论和复变函数论两门课程。这两门课程把他引入一个崭新的数学天地，使他掌握了将来从事数学研究工作的重要工具，也确定了他的主攻方向——数论。

当时讲授数论的是李文清教授。讲课时，李文清系统地介绍了初等数论及其发展史，利用一些数学大师在自然数研究中取得的杰出成就来激励学生，并用各种待解的数论问题来激发学生的学习热情。

在世界数学史上，自然数中有一系列悬而未决的问题，李文清针对其中3个著名问题——"费马大定理""孪生素数猜想"和"哥德巴赫猜想"发表了评论。他激励学生说："如果你们在座的哪一位同学解决了其中一个问题，就算对数学有了不起的贡献。"

这是陈景润第二次听说哥德巴赫猜想，他陷入沉思，暗暗下定决心，要不断地积累知识和才智，有朝一日去"啃啃"这些"硬骨头"。

征战哥德巴赫猜想

1953 年秋，为了响应国家号召，发展国家的科研教育事业，正在读大三的陈景润提前从厦门大学数学系毕业，被分配到北京市第四中学，当了一名数学老师。

由于性格内向，不善表达，加上福建口音很重，陈景润讲课时学生们很难听懂他所讲的内容。学校只得安排他为学生批改作业，但他仍然无法适应。这一年他时常生病，竟然住院 6 次，做了 3 次手术。1954 年冬，陈景润被学校停职，回乡养病。1955 年 2 月，厦门大学把他召回，让他担任数学系助教。在厦门大学助教期间，陈景润完成了论文"塔里问题"，改进了华罗庚在对垒素数论中的结果，引起了华罗庚的关注与赏识。

1957 年 9 月，经华罗庚推荐，陈景润被中国科学院调入数学研究所，在华罗庚创办的以哥德巴赫猜想为中心的数论讨论班任实习研究员，从此揭开了他生命中曲折而璀璨的一页。

在进入数学研究所后，陈景润开始向哥德巴赫猜想发起冲刺，他每天的生活就是不停地演算。

清晨，他从自己住的小屋中走出来，拎着竹皮暖瓶到食堂打一壶开水，买两个馒头和一点咸菜，回到小屋匆匆吃过早餐后，就坐在桌边开始演算。中午，当人们从食堂散去之后，陈景润才拿着饭碗，拖着疲惫的身体走进食堂，买点剩下的饭菜，匆忙吃完后又回到小屋继续演算。晚餐之后，他在小路上散一会儿步，然后一头钻进小屋里演算，直至凌晨才倒在床上睡去。

不久，陈景润旧病复发，肺结核、腹膜炎一起向他袭来，啃噬着他那瘦弱的身躯。他强打起精神继续运算，突然一阵头晕眼花，一头栽倒在床边，昏了过去。同事们将他送进医院治疗，他醒来后，医生告诉他必须住院治疗，但他摇摇头说还有重要的事情要做，不能住院。医生拗不过他，只得给他开了药，叫他过两三天再来复查，但他并没有如约前来就诊。

攀登数学高峰的强烈愿望鼓舞着陈景润，他从夏天熬到秋天，又从秋天撑到冬天，撑着病体艰难地演算着。有段时间，他持续好几天高烧，浑身发抖，但他仍然舍不得花时间去医院，因为他觉得最宝贵的就是时间，他要和时间赛跑。

由于长期患病，陈景润的身体极度虚弱，走起路来随时都有摔倒的危险，可当仍然他看到那一摞摞草稿纸时，似乎又看到了希望。他忍着病痛的折磨，继续演算，论证哥德巴赫猜想。

辛勤的汗水浇灌出成功之花，历经数年探索，陈景润终于迎来了胜利的曙光——他证明了哥德巴赫猜想1+2。

1966年5月，中国科学院主办的《科学通报》第17卷第9期发表了一篇论文简报，报道了陈景润关于哥德巴赫猜想1+2的研究结果。不过，《科学通报》上只有一页简单的摘要，没有发表陈景润的论文全文，国内外很多数学家并不相信陈景润的研究成果，因而数学界毫无反应，没有出现一点波澜。

陈景润所写的论文长达 200 多页，无法在数学期刊上发表，必须将其简化，写出具体、明晰的论证过程，才能在期刊上刊出，只有让中外数学家了解其论证过程是科学、严谨、正确的，才能得到认可。但是要把 200 多页的论文简缩成可以在期刊上发表的论文并非易事，既是一个重新创作的艰难过程，也是思想和方法的创新。陈景润凭借顽强的毅力，反复修改、核对论文，历经 6 年时间，在 1972 年冬终于写完了近 10 页的证明"1+2"的论文。其间他所付出的艰辛是常人难以想象的，回忆起自己修改论文的情况时，陈景润曾说："我考虑了又考虑，计算了又计算，核对了又核对，改了又改，改个没完。我不记得究竟改了多少遍。科学的态度应该是最严格的，必须是最严格的。"

1973 年 4 月，中国科学院主办的《中国科学》英文版第 16 卷第 2 期全文发表了陈景润关于哥德巴赫猜想的论文——《大偶数表为一个素数及一个不超过二个素数的乘积之和》（简称"1+2"）。

陈景润在证明哥德巴赫猜想 1+2 时创造性地使用了一种新的加权筛法，这一关键性的证明让全世界研究数论的人都没有想到。数学界人士普遍认为，用已有方法证明哥德巴赫猜想 1+2 几乎是不可能的，而陈景润对筛法加以改进，另辟蹊径，创造了奇迹。

陈景润的论文正式发表后，依然没有得到数学界人士的重视，直到第二年才在国际数学界引起强烈反响。外国学者纷纷给予高度评价，阐述陈景润的研究成果在学术上的重要意义，并将其称为"陈氏定理"。

最早对陈景润的论文做出反应的是英国数学家哈伯斯坦和德国数学家黎希特。1974 年，他们在其即将出版的数学专著中专门增加了一章，标题就是"陈氏定理"。该章的开头写道："本章是为了证明陈景润惊人的定理，我们在前 10 章已经付印后才注意到这个结果，从筛法的任何方面来说，它都是光辉的顶点。"

1975 年，美国数学会派著名数学家麦克莱恩率领代表团到中国科学院访问，中国科学院科研人员向美国数学会代表团介绍了陈景润的哥德巴赫猜想 1+2 的研究成果。美国数学会代表团在回国后，向美国数学会递交了一本厚厚的访华报告，报告专门用了一段文字介绍陈景润的工作："在中国数学研究所，华罗庚的一批学生在解析数论方面做出了出色的成绩。近年来，那里所得到的杰出成果是陈景润的定理，这个定理是当代在'哥德巴赫猜想'研究方面最好的成果。"

1977—1979 年，美国著名的数学杂志《数学评论》先后 4 次报道了"陈氏定理"，称"陈景润著名的论文是筛法理论的顶点"。苏联数学家也在苏联著名的数学杂志上多次报道陈景润的论文。1978 年和 1982 年，国际数学家联盟两次邀请陈景润出席世界数学家大会作报告，并将陈景润的研究成果收录在该组织编辑的《数学家指南》中。

陈景润关于哥德巴赫猜想 1+2 的证明，是世界哥德巴赫猜想研究史上的一座重要里程碑，它挑战了数论领域 250 年智力极限的总和，将数百年来人们未能解决的哥德巴赫猜想的证明大幅推进了一步，被国内外公认为是迄今为止哥德巴赫猜想研究中最辉煌的成果。

陈景润在数学方面的贡献并不仅限于哥德巴赫猜想 1+2。他是一位高产的数学家，创造了许多鲜为人知却具有世界水准的数学成果。他对素数分布问题、华林问题、圆内与球内整点问题、算术级数中的最小素数问题等一系列重要数论问题都进行了深入的探讨，且均有杰出的贡献，取得了多项重要成果。他先后发表了几十篇学术论文，其中多篇创造了当时相关领域的世界纪录，而且有几项成果堪称历史性突破。

陈景润常常说自己是一棵无人知道的小草，但是我们知道，他的成就是矗立在中国数学园地上的一棵参天大树！

陈景润名言

★学习要有三心，一信心，二决心，三恒心。

★攀登科学高峰，就像登山运动员攀登珠穆朗玛峰一样，要克服无数艰难险阻，懦夫和懒汉是不可能享受到胜利的喜悦和幸福的。

★我不想名利和地位，我只希望能好好地研究数学，在这一方面有一些贡献，可以为中国人争一口气。

各界赞誉

★陈景润先生是中华人民共和国培养起来的一位杰出人才。在华罗庚等老一辈数学家的熏陶下，他从一名普通的科学青年成长为数论前沿领域国际瞩目的一流数学家，成绩卓著。

——中国科学院院士 白春礼

★陈景润是中国数论学派的主要人物，他是华罗庚在数论方面的传人。他对数学是有重大贡献，他的研究成果在历史上留有痕迹。

——中国科学院院士 王元

★陈景润的每一项工作，都好像是在喜马拉雅山山巅上行走。

——美国著名数学家 阿·威尔

王选：将汉字印刷带入光与电时代

王选（1937—2006），江苏省无锡市人。

身份：计算机文字信息处理专家，中国科学院院士，中国工程院院士。

成就贡献：计算机汉字激光照排技术创始人，中国新闻出版行业计算机化奠基人，致力于文字、图形、图像的计算机处理研究，主持发明了汉字激光照排系统、世界首套中文彩色照排系统，使中国印刷业从落后的铅字排版跨进了世界最先进的技术领域，告别了铅与火，进入光与电的时代，为中国乃至全球印刷业带来了革命性的变革；在推动计算机信息技术应用、培养计算机信息技术人才队伍方面取得了令人瞩目的成就。

荣誉奖项：首届毕昇印刷奖，联合国教科文组织科学奖，国家最高科学技术奖，"100位中华人民共和国成立以来感动中国人物"之一，改革先锋，科技体制改革的实践探索者，最美奋斗者。

实验室里的"拼命三郎"

王选出生于上海的一个知识分子家庭，童年和少年时代在上海的百年名校南洋模范学校度过。在南洋模范学校，王选受到了良好的教育，积累了丰富的知识，塑造了优异的品格，也培养了社会活动能力和团队合作精神，这些都为他日后在事业上取得成功奠定了坚实基础。

1954 年，王选以优异的成绩考入北京大学数学力学系。1956 年，为响应党中央"向科学进军"的号召，北京大学在数学力学系设立了计算机数学专业。王选敏锐地看出计算机数学将来会有广阔的发展前景，于是果断选择了计算机数学专业。

1958 年春，王选大学即将毕业，开始在学校进行实习。此时他的老师张世龙与空军第三研究所合作，计划改进"北大一号"计算机。张世龙见王选勤奋好学、思维敏捷，是个值得培养的好苗子，于是决定让王选负责"北大一号"的具体设计工作。

在接受任务后，王选深感责任重大，全力以赴地投入工作中。每天天没亮他就起床，赶到计算数学实验室开始研究。跟他一起工作的还有从空军第三研究所调来的 3 位研究人员。大家经过几个月的努力，使"北大一号"的运算器和控制器顺利通过了调试，但由于当时我国生产的存储器磁鼓质量不过关，这台计算机只能做一些简单的加减运算，最后没有投入实际使用。不过，这次实习使王选对计算机逻辑设计和调试有了完整、翔实的认识，动手能力也有很大的提高。

1958 年夏，王选大学毕业，因为在校成绩优异，实习表现也很突出，他被留校，在无线电系担任助教。8月，北大决定研制一台每秒达1万次定点运算的中型计算机——"红旗机"，并组建了研制"红旗机"的"红旗营"，以张世龙为营长，负责总体构思及制订主要的电路方案。王选也加入了"红旗营"，任营参谋，参与"红旗机"逻辑设计、整机调试工作。

王选以满腔热情投入工作中。他每天工作超过14个小时，工作最紧张时甚至连续40个小时没有睡觉，熬了两个通宵，回到宿舍连衣服都没脱便倒在床上睡着了。但不管多累，只要一走进机房，他就立马容光焕发，精神百倍，工作起来特别卖力。同事们见他这副拼命的样子，都笑称他是"拼命三郎"。

经过近两年的奋斗，在没有经验可以参考和借鉴的情况下，王选终于完成了"红旗机"的逻辑设计。张世龙看了他交上来的设计书后，忍不住夸赞道："这么复杂的设计，只出现了两个小错误，实在是太难得了！"

接着，"红旗机"进入全面组装阶段，王选负责运算器的组装工作。这是一个艰巨的任务，10个机箱和大衣柜一般高大，需要用几百个插件、成千上万个电子管、数万个焊点、几十千米长的接线，将运算器、控制器、存储器等元器件组合起来。王选不厌其烦地画接线器、布板、做插件、焊接焊点，对工艺要求十分严格。有时即使两个机架之间的线走得稍微长了点，看起来不太美观，他也会马上进行调整，直到满意为止。

一个暑假后，"红旗机"组装完成，接下来进行联机调试。王选全程参与联机调试工作，在实验室待的时间也越来越长，经常在实验室一待就是一天一夜。熬完通宵回到宿舍，他坐在床上还没脱衣服，就睡着了。这样的日子持续了整整一年，王选没有休过一天假，满脑子只想着工作。为了设计理想的测试数据，他总是随身带着一个小本子，在走路或吃饭等上菜的时候，一旦有什么好的想法，就拿出小本子及时记下来。

在调试的过程中，因为国产元器件的电路制造工艺不过关，王选和同事们遇到了各种各样的麻烦，常常解决了这个问题，又冒出那个问题，跟打地鼠似的，总也打不完。王选想出了一个办法，叫"捉鬼"。方法是，拿着小锤子，轻轻敲打计算机后面的插件，遇到有虚焊点的地方，一敲打机器就会马上停止运行，这样就"捉到了一个鬼"，然后把出问题的插件拔出来修理。

这些焊接点有上万个，每一个都要进行检查，工作量很大。王选又太认真，一个都不愿意放过。大家分成日夜两班，每天工作 12 个小时以上。王选实在是太累了，有一次，同事们突然听到他说："阿咪，快下来！"大家有些莫名其妙，纷纷看向他，只见他手指着一个方向，可是，那里什么也没有。就在这时，王选浑身激灵了一下，如同大梦初醒一般，又恢复了正常。原来是他太缺觉了，都犯迷糊了。大家赶紧劝他回去睡一觉。

靠人工"打鬼"，效率实在是太低了，王选后来专门设计了一个用来检查的软件，这也是他设计的第一个被正式使用的软件。

1960 年 5 月 1 日，王选和同事们终于收获了劳动的果实，"红旗机"轻松算出了一个 10 次多项式，答案完全正确。

直到此时，王选心里才长长地舒了一口气，后来他用"摸爬滚打"来形容这次研制工作，同时也深刻认识到培养动手能力的重要性。他说："一定要在年轻的时候养成自己动手的习惯。一个新思想和新方案的提出者往往也是第一个实现者，因为开头人们总会对新思想提出怀疑，而只有发明者本人才会不遗余力，承受一切艰难困苦，百折不挠地予以实现。"

这次研制工作，使王选在团队中崭露头角，大家都认为他"脑子最灵活，记忆力最好，工作起来最玩命"。

发明汉字激光照排系统

王选因为研制"红旗机"过于拼命，健康受到了影响，经常头晕眼花，胸闷气短，呼吸困难。经治疗病情仍不见好转，从 1962 年起，他不得不停止了学校的工作，待在家中养病。

当时，我国印刷行业仍在使用"以火熔铅、以铅铸字"的传统铅字排版印刷术，不仅严重污染环境，而且效率极其低下。更为严重的是，印刷厂很多工人经常出现不同程度的铅中毒，身体健康受到了很大的伤害。

为了改变我国印刷业的落后面貌，实现汉字高效、环保地排版和印刷，使中华文明得到持久的传承和发展，1974 年 8 月，在周总理的亲自布置下，四机部（今电子工业部）、一机部（今机械工业部）、中国科学院和新华社等机构联合设立国家重点科技攻关项目——"汉字信息处理系统工程"（以下简称"748 工程"）。748 工程分为汉字精密照排系统、中文情报检索系统和中文通信系统三个子项目。

当时，王选的妻子陈堃銶正在北大教研室工作，她在北大印刷厂听说了"748 工程"后，回家跟王选提了一下。王选对其中的子项目汉字精密照排系统非常感兴趣，预感这个项目有着巨大的市场价值，前景不可估量，决定尽快将其研制出来。

王选立即行动起来，拖着病体奔走于北京大学图书馆和中国科学技术情报所之间，查阅资料，了解国外印刷技术的研究现状和发展趋势。经过一段时间的研究，王选认为首先要解决的难题是如何将汉字字形信息存储进计算机里。

汉字常用字就有五六千个，总量更是达数万之巨，而且字形复杂。印刷时，汉字又有宋体、黑体、仿宋、楷体等10余种字体，每种字体还有大概20种大小不同的字号，要想让计算机准确识别它们是一件很困难的事情。当时，很多外国专家都认为计算机时代将是汉字的末日，甚至断言：汉字不废除，中国就不能进入现代文明。

王选听了非常气愤，他相信一定能找到解决问题的方法，发誓要将汉字精密照排系统研制出来，为祖国争口气。久病虚弱的他，每天拿着一张椅子，坐在院子里一边晒太阳，一边拿着放大镜看报纸，仔细观察报纸上每个汉字的笔画和结构。在放大镜中，汉字被不断放大，并且被分解成了横、竖、撇、捺等笔画，这些笔画继续放大，最后变成了一个个小黑点，组成了黑压压的点阵。

看着看着，王选脑子里忽然闪过一个念头："计算机的世界由0和1构成，所有的数据在存储和运算时都要用二进制数来表示。如果把汉字写在方格纸上，凡是有笔画经过的地方就记为'1'，没有笔画经过的地方则记为'0'，这样一来，每一个汉字就成了'0'和'1'组成的数字化点阵，计算机就可以识别了。"

王选大致算了一下，报纸上的正文一般是用5号字，一个5号字大约需要划分为$100 \times 100 = 10000$个方格，也就是10000个由0和1信号组成的点阵；文章标题使用的大号字则需要1000×1000以上的点阵。

为了对汉字信息进行压缩，并且保证字形缩放后的质量，之后一年多的时间，王选忍受着由胸闷咳嗽引起的疼痛，没日没夜地进行研究。陈堃銶也全力配合王选开展研究，她到北大印刷厂找来字模稿，将字模稿上的汉字字形放大到坐标纸上，再描出字形的点阵，然后统计笔段。她发现每个汉字的横、竖、折等基本部分是比较固定的，变化的是头和尾，而头和尾的样式也不是很多。

王选和陈堃銶商量后认为，可以在笔画的轮廓上选取合适的关键点，用直线将关键点相连成折线来代表汉字的轮廓曲线。继而他又发现，如果使用这种方法，汉字横、竖、折等规则笔画在缩放后会变得粗细不均。

经过苦苦思索，王选终于找到了解决问题的办法：用参数方法（引入与研究对象相关的参数作为分析和综合的媒介，从而解决问题的数学方法）描述汉字横、竖、折等规则笔画的长、宽、起笔、收笔的笔锋，并在坐标纸上对笔画起始位置进行标注，从而确定其形状和位置，控制笔画在变倍时的质量。

功夫不负有心人，经过艰苦的探索，王选终于攻克了汉字字形信息的计算机存储和复原这一世界性难题，开创性地以"轮廓加参数"的数学方法来描述汉字笔画，将汉字的字形信息压缩到原先的 1/500 至 1/1000，并实现变倍复原（通过数学模型和算法对文字、图像进行缩放和复原的过程，以恢复文字、图像的原始细节和清晰度）时的高速和高保真，使得汉字字形信息可以在计算机中高效存储和复原，解决了汉字在计算机中的存储和显示问题。

1975 年 9 月 20 日，陈堃銶通过软件验证了王选的技术方案，在计算机中模拟出了"人"字的第一撇。随后，他们又试验了"方""义"两个完整的汉字，也成功了。夫妻俩喜极而泣！

汉字在计算机中的存储和显示问题解决了，接着，王选又开始考虑如何将压缩后的汉字字形信息快速、准确地从计算机中还原输出。

当时，国外照排系统流行的是第二代光学机械式照排机和第三代阴极射线管照排机，而国内从事汉字照排系统研究的五家科研团队，有两家选择了研制二代照排机，三家选择了研制三代照排机，在汉字存储方面则都选择了模拟存储技术。

王选经过反复比较研究，认为模拟存储技术没有前途，决定跨过二代照排机和三代照排机，直接研制世界上尚无商品的第四代激光照排系统，将字模以数字点阵的形式存储在计算机中，输出时用激光束在底片上直接扫描感光成字，制版印刷。王选的这一大胆决定，使日后的中国印刷业从铅板印刷时代直接迈入激光照排时代，跨越了国外照排机 40 年的发展历史。

王选把自己的技术方案写成了书面报告，向北大领导汇报，北大领导极为重视王选的报告，立即从各单位抽调人员成立会战组，协作攻关。1976 年，国家批准了王选的技术方案，将汉字精密照排系统研制任务下达北大，王选当选为技术总负责人。

自从研制激光照排系统之后，王选的身体竟然奇迹般地好转了，他以一种近乎狂热的执着投入研究，开始设计微程序，用微处理器来实现字模生成、形成版面、选读字模并实现对照排机的控制。王选还设计了分段生成字形点阵并缓冲的方案，使得字形复原的速度达到了每秒 150 个字。

1980 年 9 月 15 日，王选率领团队成功输出了我国第一本用国产激光照排系统排出的汉字图书——《伍豪之剑》。这本书只有 26 页，全文大约 1.5 万字，讲述了中华人民共和国成立前周恩来总理在情报战线上惩处叛徒的经历，以示对周总理开启 "748 工程" 的纪念。

1981 年 7 月，激光照排原理性样机顺利通过了国家部级鉴定，这个原理性样机后来被称为 "华光 I 型机"。之后，王选带领团队，陆续研制出华光 II 型、III 型和 IV 型激光照排系统。1988 年，王选又设计出了 710 字 / 秒的高速复原汉字字形的超大规模专用芯片，使庞大的汉字信息能够自如地在计算机中存储和输出。

王选发明的激光照排系统被誉为"汉字印刷术的第二次发明"，使中国印刷业发生了翻天覆地的变化，从落后的铅与火时代直接迈入光与电时代，为全体中国人争了光，为中华民族赢得了巨大的荣誉！

掀起四次"告别"浪潮

面对成功，王选并没有停下前进的脚步，仍在不断改进华光激光照排系统，1985 年设计了页面描述语言，1986 年组织进行了网络、数据库和资料检索方面的开发，1989 年又开始进行分色、挂网等技术研究。

1991 年 3 月，王选带领团队研制出北大方正电子出版系统——方正91 型系统。之后，王选又带领团队不断改进方正 91 型系统，研制出第五代照排控制器方正 93、第六代照排控制器方正 PSP。到 1993 年，国内 99% 的报社和 90% 以上的黑白书刊出版社和印刷厂都采用了激光照排系统。这一年，北大方正电子出版系统的营业额达 4 亿元。

与此同时，王选还致力于帮助出版印刷行业解决多年来存在的一些老大难问题，从而掀起了"四次告别"的浪潮。

一是告别报纸传真机，实现报纸的异地同步印刷出版。

报纸不能异地同步印刷出版，是困扰报社多年的一大难题。1989 年，全国只有三四家大报在外地设有代印点，向外地传版主要靠传真或飞机。但是用报纸传真机传版会出现失真的问题，而用飞机运送的速度又比较慢。

怎样才能让外地读者看上当天印刷的高质量报纸呢？经过仔细的分析、研究，王选决定跨过报纸传真机和飞机，利用计算机页面描述语言把报纸版面上的文字、图片等元素转换成数据，通过卫星传送到相应的代印点，从而解决传版失真、速度慢的问题。随后，王选带领团队马不停蹄地开展研究，开发出了基于 BDPDL 页面描述语言的卫星远程传版技术。

1991 年 8 月 29 日，《人民日报》在北京和《湖北日报》之间首次进行了报纸卫星实地远传试验，获得成功。传送一个版面只用了 5 分钟，而且和原版一模一样，没有任何失真之处。到 1992 年年底，采用卫星传送数据技术的《人民日报》平均 2 分钟就能传完一版，这就使全国大部分地区读者在同一天都看上了《人民日报》，极大增强了《人民日报》外地发行的时效性，扩大了发行量。不久，报纸传真机就退出了出版业。

二是告别纸与笔，实现新闻采编流程的电脑化管理。

王选一直很感激新闻媒体长期以来对汉字激光照排系统的报道和支持，所以他想要用一件新发明来回报新闻媒体。一个偶然的机会，王选看到了一则关于《纽约时报》信息库系统的消息，判断未来的报社一定是建立在计算机网络基础上，通过信息存储和检索系统实现新闻采访、编辑和印刷出版的一体化。王选立即行动，带领团队研制出了新闻采编流程计算机管理系统。

1994 年前后，全国近 200 家报社采用了王选团队研制的新闻采编流程计算机管理系统，采编、组版、广告制作、检索、网上发送等环节实现了全球任意地点的协同工作。后来，王选团队研制的这个系统发展成"报业数字资产管理系统"，被我国报社普遍采用。

三是告别胶片，用计算机直接制版。

1979 年，王选产生了用计算机直接制版的想法。传统的制版方法是用紫外线照射经过激光照排机感光的底片，把底片上的图像转到 PS 版上，这是一个模拟过程，难免造成图像质量的损失。而用计算机制版可以将版面的文字和图像信息直接输出到版材上，版材经过自动处理后，就可以直接上胶印机印刷，免除了输出底片、人工晒 PS 版等工序，既提高了印刷质量和效率，又降低了成本。

1999 年，王选率领团队成功研制出方正直接制版系统，首先在《羊城晚报》投入使用。如今，我国绝大多数报社和印刷厂都实现了计算机直接制版，胶片印刷基本上被淘汰。

四是告别电子分色机，实现图文合一的彩色出版。

在 1991 年以前，我国报社想出一页彩色版面，必须使用电子分色机，先用分色机把彩色图片制成黄、蓝、红、黑 4 张色片，再将图片和文字拼贴在一起，不仅工序复杂、耗时长，而且精确度也较低。王选认为电子分色机已经不能适应出版市场的新形势，最终将被开放式的桌面彩色出版系统所取代，所以决定研制图文合一的彩色出版系统。

1992 年 1 月 21 日，王选团队研制出北大方正彩色出版系统，在《澳门日报》投入使用，输出一页彩版仅需 20 多分钟，后来又缩短为 2 分钟，成本也比传统工艺节省 75% 以上，在世界上第一次实现了彩色照片和中文的合并处理与输出。

1994 年 1 月 5 日，王选团队又研制出更为高级的彩色桌面出版系统，开始进军画刊、彩色杂志等领域，很快便占据了 80% 的华文报业市场。

四次创新也是四次历史性的跨越。王选团队推出的一系列技术革新成果，选择的都是最先进、最有前途的技术方向，使得我国新闻出版行业日益繁荣起来，书刊的平均出版周期由 300 天缩短到 100 天左右，出版品种、报纸信息量都大幅增加，时效性也增强了。

2001 年，在中国工程院组织的"20 世纪我国重大工程技术成就"评选活动中，"汉字信息处理与印刷革命"仅以一票之差位居"两弹一星"成就之后。2002 年，65 岁的王选荣获"国家最高科学技术奖"。

王选名言

★ 从事有趣的、富有挑战性的设计，本身就是一种愉快的享受。

★ 献身科学的人就没有权利再像普通人那样生活，必然会失掉常人所能享受的不少乐趣，但也会得到常人享受不到的很多乐趣。

★ 我一生之所以取得一些成功，也是因为我并没有斤斤计较于能得到多少报酬和名誉、地位，而是很看重事业，能为事业的价值去克服困难。一个人的乐趣并不在于成功以后得到的荣誉和地位，而在于克服困难和挑战的过程。

各界赞誉

★ 王选院士最突出的是他的创新精神，在世界上他首先用激光照排技术实现了印刷革命，使中国在这一领域领先于国际水平。

——中国工程院院士 倪光南

★ 王选老师的不断创新的思路，不畏权威、坚忍不拔的意志以及善于发挥团队作用的合作精神，终于使他克服重重困难，成功地研制了激光照排技术，并导致印刷业的一场技术革命，这是我国自主创新科技事业的一座丰碑。

——北京大学原校长 许智宏

林俊德：献身核事业的将军科学家

林俊德（1938—2012），福建省永春县人。

身份：爆炸力学工程技术专家，少将，中国工程院院士。

成就贡献：长期从事空中爆炸冲击波、地下爆炸岩体应力波、爆炸地震波、爆炸安全工程技术、强动载实验设备与实验测量技术等研究工作，是中国爆炸力学与核试验工程领域著名专家；研制出钟表式压力自动记录仪，在中国第一颗原子弹爆炸试验时准确测得核爆炸冲击波数据；研制出高空压力自动记录仪，在中国第一颗氢弹爆炸试验中成功采集到氢弹核爆炸威力数据；先后建立起十余种地下核爆炸应力波测量系统，并将地下核爆炸应力波测量技术向核试验地震核查技术拓展；参加了中国全部核试验任务，为中国国防科技事业的发展、壮大作出了卓越贡献。

荣誉奖项：国家科技进步奖，国家技术发明奖，"两弹一星"突出贡献科技专家，一级英模勋章，"2012年度感动中国十大人物"之一，最美奋斗者，"2018年全军挂像英模画像"之一。

哈军工的"林疯子"

林俊德出生于福建省永春县山区的一个贫苦家庭，在国家的资助下念完了初中和高中。

在永春县一中读初中时，林俊德从历史课上了解到旧中国屡遭外国欺侮的原因之一是工业落后，没有强大的武器。于是他立志将来造出属于中国人自己的先进武器，保卫国家安全，抵御外敌入侵。1955年，林俊德考入浙江大学机械系，学习机械制造专业。大学期间，林俊德的学费和生活费均由国家承担，他将党和国家的恩情铭记于心，刻苦学习知识，以便将来报效党和国家，为国家的繁荣富强贡献自己的力量。

1958年，大学三年级的林俊德和同学张文斌接受了机械系领导交给他们的一项科研任务——设计、制造一种新型液压马达。他们二人从没见过液压马达，依靠一张苏联液压马达总装示意图，仅用三周时间便成功研制出了一台液压马达，随后又研制出了浙江大学历史上第一座液压试验台。液压马达是林俊德人生中的第一项科研成果，他的科研才华在这时便已经开始表露出来。

在浙江大学学习期间，林俊德不仅系统地学习了专业知识，掌握了丰富的专业理论，还养成了脚踏实地做学问、兢兢业业搞科研的良好习惯，为他后来从事中国核试验事业奠定了坚实的知识和思想基础。

1960年9月，林俊德以全班最高分的成绩从浙江大学毕业，被分配到国防部国防科学技术委员会下的研究所工作。之后，上级安排林俊德等 12 名科技干部到哈尔滨军事工程学院（以下简称"哈军工"）进修，学习核爆测量课程。

林俊德大学学的是机械制造专业，现在要学的是核爆测量专业，这样他就完全改行了。核爆测量专业对于他来说是个全新的、陌生的领域，其中的课程如空气动力学、电子学、冲击波理论等之前从未接触过，一切要从头学起。按正常的教学进度，学完所有课程的年限是 5 年，但上级要求林俊德等人在两年内学完。

时间短，任务紧迫，林俊德以百倍的努力投入学习。在哈军工两年的学习生活中，他经常去的地方只有三个：宿舍、教室、图书馆，每天除了学习还是学习。看到他在学习上表现出来的这股"疯劲"，战友们既感到吃惊，又对他很佩服，就给他取了个外号——"林疯子"。

林俊德后来回忆说："领导派我到哈军工核武器系进修两年，实际上是重新学一门专业和英语。两年中，我学了十多门课，门门课都学有所成。我在浙大原来学的是俄语，学英语我是从 ABC 开始学起的，但一年后就能比较顺利地阅读英语专业书了。"

凭着初步掌握到的英语、俄语知识，林俊德认真阅读了学校图书馆里美、英、苏三国 20 世纪 30 年代以来所有出版的有关力学和仪器的期刊，还制作了很多资料卡片，翻译了许多重要文章。这段时间的苦读，为他后来从事核试验事业打下了坚实基础，使他能够闯过一个又一个的难关。

1962 年 12 月进修结束时，林俊德各门课程的成绩都是优秀，被哈军工评为"1962 年度先进工作者"。

核爆炸试验立首功

早在 1962 年 8 月，二机部（中华人民共和国第二机械工业部）就向中央提交报告，提出了"在 1964 年，最迟在 1965 年上半年实现第一颗原子弹爆炸"的两年规划，得到中央的批准。1963 年 7 月，核试验基地研究所在北京成立，林俊德被分配到冲击波研究室担任组长，负责研制测量核爆炸冲击波的压力自动记录仪。

当时，美国和苏联在原子弹技术方面对中国实施封锁，国内有关测量核爆炸冲击波压力自动记录仪的资料奇缺，林俊德刚走出大学校门不久，既不知道冲击波测量仪器是什么样子，也不知道它是怎样去测量冲击波的。面对重重困难，林俊德没有退缩，凭着一股初生牛犊不怕虎的闯劲，带着小组成员从零开始，辛勤探索，刻苦攻关。

要成功研制出压力自动记录仪，首先需要解决的是压力自动记录仪的动力问题。林俊德为此查阅了很多资料，走访了很多单位，但是仍然没有找到解决问题的办法。一天，林俊德外出办事，在坐公交车时无意中听到了从电报大楼传来的钟声。他茅塞顿开，想出了一个利用钟表发条的驱动做动力，设计钟表式压力自动记录仪的方案。

回到研究所后，林俊德到商店买来一些闹钟、秒表和发条，还有螺丝刀、锉刀等工具，拆开闹钟、秒表，分析它们的结构，研究它们的功能。最终，他通过对闹钟的闹铃结构和高射炮弹定时引信的分析，找到了问题的解决方案，成功研制出中国首台测量核爆炸冲击波的钟表式压力自动记录仪。

1964 年 6 月，林俊德和核试验研究所的其他参试人员奔赴新疆罗布泊核试验基地马兰，进行我国第一颗原子弹爆炸试验的准备工作。林俊德和小组成员将 30 台压力自动记录仪按照预定的方案在试验区各处分散埋设好。

1964 年 10 月 16 日 15 时，罗布泊炸响一声惊雷，我国第一颗原子弹成功爆炸，一朵巨大的蘑菇云腾空而起，向着高空中快速旋转、升腾。就在蘑菇云还在翻腾之际，林俊德和同事们穿着厚重的防化服迅速跃出地下室。只见林俊德手脚麻利地取出在地下室上面埋设的两台压力自动记录仪，紧紧抱在怀里，然后坐上汽车，穿越核爆炸沾染区，以最快的速度向核试验指挥部驶去。他的一些同事则乘着吉普车，向一个个测试点飞驰而去……

与此同时，原子弹爆炸试验现场总指挥张爱萍兴奋地向远在北京的周总理汇报："总理，我们成功了，原子弹爆炸成功了！"

周总理听了，心情也十分振奋，但他仍然谨慎地询问张爱萍："你们怎么证明是核爆炸，而不是一般的化学爆炸？"

此时美国的间谍卫星正在罗布泊核试验基地上空盘旋，可以测量到中国这次原子弹爆炸的规模，如果我国公布的数据出现了差错，将有损国家的尊严，所以周总理向张爱萍提出了上述问题。

张爱萍回答："我们看到了巨大的蘑菇云。"

周总理却说："光有蘑菇云还不够，你们有确切的数据吗？"

听了周总理的话，张爱萍一时答不上来。尽管核爆炸试验指挥部的所有专家都认定这次原子弹爆炸是核爆炸，但是在没有拿到原子弹爆炸的关键性数据的情况下，张爱萍也无法给予周总理一个确切的答复。

正当张爱萍感到为难之际，林俊德赶到核试验指挥部的速报工作帐篷里。他顾不得脱下身上的防护服，急忙从怀中取出两台压力自动记录仪，递给负责数据分析的技术员。技术员从压力自动记录仪里小心翼翼地取出记录冲击波波形的玻璃片，放在测量显微镜下仔细观察，最后读出如下数据：

> 距爆心 × 千米处，每平方厘米压力 × 千克，
>
> 冲击波超压峰值达到 × 千帕，
>
> 冲击波作用时间超过 × 秒，
>
> 计算结果：核爆炸当量为 × 万吨。

技术员将数据报告递给张爱萍，张爱萍迅速看了一遍，拍了拍站在一旁、满身尘土的林俊德，高兴地说到："太好了，你们立了大功，压力自动记录仪立了大功，我马上向总理报告。"

此时，防化兵侦察分队已经到核爆沾染区进行辐射侦察作业；防护回收取样队也在规定时间内取回了全部测量仪器。从陆续报告到指挥部的测量数据也能看出，这次原子弹爆炸是真正的核爆炸。

张爱萍终于有了底气，他再次向周总理汇报："从多方面的数据来看，这次原子弹爆炸是核爆炸，爆炸当量是 2 万吨。很理想，很成功。"

在这次测量原子弹爆炸产生冲击波的 7 种仪器中，林俊德项目组研制的压力自动记录仪测得的数据是最佳的。对此，核科学家吕敏后来评价道："在第一颗原子弹爆炸试验中，有不同单位的技术人员，尝试用不同的办法来测定冲击波参数，进而判断核爆炸威力。当时，林俊德他们的压力自动记录仪给出的数据，显然最具有说服力，为测定我国第一颗原子弹爆炸威力作出了重要贡献。"

在这次原子弹爆炸试验结束后，因为林俊德项目组研制的压力自动记录仪记录的相关数据最完整，也最精确，核试验党委会给林俊德项目组记了集体二等功，林俊德本人也被记了二等功，成为基地研究所第一个因为科研成果成功应用于核试验而荣获二等功的青年科学家。

"不近人情"的将军

林俊德将国防科研事业视作自己的生命，将自己的一生都奉献给了中国的国防科研事业。

1993 年，林俊德被任命为核试验基地总工程师，同时被授予专业技术少将军衔。2001 年 11 月，林俊德被当选为中国工程院院士。

"驱驰名节重，淡泊素心存。"这是林俊德的一位老战友在评价他时所写的诗句。正如诗中所写的那样，林俊德一生坚守做人底线，严于律己，清廉俭朴，守正奉公，表现出了一名将军的崇高风范。

林俊德为人耿直，说话办事总是直来直去，说一是一，说二是二，从来不会拐弯抹角、弄虚作假。这也使他有时看起来刻板较真、不近人情。他自己也曾感叹道："我不善于交往活动，只能实事求是搞科学。"他觉得自己身上最大的缺点是说话直率，总是得罪人，不懂人情世故，不会"做人"。

2012 年春节刚过，林俊德给核试验基地司令员写了一封言辞激烈的近 5000 字的长信，直言不讳地谈及自己对于基地爆炸力学技术发展的科研设想和技术思路。基地司令员了解他的性格和为人，对他的犀利言语并没有感到不悦，还与他一起探讨他所提出的建议，并当场表态将尽快组织人员、安排经费去落实相关事项。林俊德紧绷着的脸这才露出了笑容。

不管担任多高的职务，林俊德都对自己严格要求，从来不会利用职位为自己谋取私利，更不允许家人利用他的名声和地位，要求组织给予特殊的照顾和待遇。他总是要求家人要清清白白做人，干干净净做事。

在林俊德的儿子还小的时候，有几次跟他去办公室，看到电脑很想玩一下，林俊德却严肃地对儿子说："公家的东西不要动。"

1989年，为方便与林俊德进行工作上的联系沟通，单位给林俊德家里装了一部电话。林俊德对家人说："这部电话是办公用的，基地也许会有什么紧急事情打进来，你们不要随便使用。"当时他的儿子正在外地上学，但他一直都坚持给儿子写信，从来没有用这部电话跟儿子联系过。

林俊德还坚持不给自己配学术秘书，说公文包就是他的"秘书"。在研究室，凡事他都亲力亲为，自己动手收拾整理东西，打扫卫生，直到72岁高龄时他仍坚持这样做。研究室的协理员要帮他整理，他却说："这些事情我都能做，做这些事也是一种休息。研究所和研究室都是这个传统，我不能搞特殊。"

事后，协理员去找研究室主任，建议道："院士按照待遇可以配公务员，别让林院士这么辛苦了。"

研究室主任了解林俊德的脾性，回答道："几十年了，林院士做什么事都是亲力亲为，还是不要勉强他了。"

林俊德的母亲住在老家土木结构的老屋中，房屋漏风漏雨，靠近卧室的一侧全由木头支撑。当地政府考虑到林俊德对中国国防事业作出了巨大的贡献，打算为他母亲盖一栋"将军楼"。林俊德知道后，连忙打电话给当地政府，要求停建"将军楼"："母亲在老屋住得习惯自在，没必要重建。况且全国那么多将军，每个将军都在家乡修个'将军楼'，岂不是浪费很多钱！"村里要给他家修一下门前的路，他也拒绝了。

林俊德的妻子黄建琴在核试验基地工作了20多年，但马兰周边的景点她几乎都没有去过。在退休后，她一直在家里打理家务，照顾孙子，很少回马兰基地。有时她也很想与丈夫一起出去走走，顺便让整天只知道工作的丈夫放松一下。

2005年夏天，林俊德手头的工作暂时告一段落，没那么忙了，便打电话给妻子，让她到马兰来，说是要同她一起到外面去转转。黄建琴十分高兴。基地领导听说后，为他们推荐了旅游路线，并为他们安排了陪同人员。林俊德很乐意地接受了基地领导提出的关于旅游路线的建议，但坚决拒绝让人陪同。他对基地领导说："我个人旅游，哪能让公家买单，你们要这么做，我就不去了。"

基地领导劝了他很久，他才勉强同意让单位派车接送他们夫妻两人。到了旅游景点，所有费用他都自掏腰包，并且不让司机跟随他出行。旅游回来后，基地说要给他补助一些食宿费用，他坚决不同意，还拿了1万元上交单位，作为这次出行的车费。

林俊德晚年身患重病时，曾就工作上的一些事项与基地司令员进行了一次长谈，最后他坦诚地对司令员说："我这一生，从来不愿给组织添麻烦，我的老伴、孩子也都是本分人，今后有饭吃、有衣穿就行了，除非有天大的难事找你，否则你不要过问，影响不好。"

林俊德对党忠诚，对事业执着，对同志友爱，对自己严格，无论社会如何发展变化，他都始终坚持自己的做人原则，保持自己的做人本色。他的妻子和基地副政委侯力军等人，都说他"做人的原则始终停留在'两弹一星'的火红年代"。

林俊德名言

★ 人生是短暂的，事业是长久的。

★ 我宁愿有质量地过一天，也不愿意无质量地躺无数天。

★ 人的能力有限，时间有限，但只要努力，都能体现出自己的价值。

★ 一辈子支持我的就是诚恳，不侵害别人利益，对别人宽容，对自己严格。

★ 我的这份荣誉既属于我个人，更属于与我朝夕相伴的团队。

各界赞誉

★ 以智殉国，铸就中华民族的铜墙铁壁。至死攻坚，绽放成死亡之海的倔强马兰。

——2012年度"感动中国人物"评委会

★ 大漠，烽烟，马兰。平沙莽莽黄入天，英雄埋名五十年。剑河风急云片阔，将军金甲夜不脱。战士自有战士的告别，你永远不会倒下！

——2012年度"感动中国人物"颁奖辞

黄大年：为国锻利器，叩开"地球门"

黄大年（1958—2017），祖籍广西大新县，广西南宁人。

身份：战略科学家，地球物理学家，地球探测技术专家。

成就贡献：长期从事海洋和航空移动平台探测技术研究工作，探测地下油气和矿产资源，以及地下和水下军事目标，研制出中国首台万米大陆科学钻探工程样机、无缆自定位地震勘探系统工程样机、航空重力梯度仪原理样机、无人机航磁探测系统样机等地球深部探测仪器设备，填补了中国地球深探领域的多项技术空白，将中国推进到了"深地时代"，为中国巡天、探地、潜海和国防安全作出了卓越贡献；倡导成立吉林大学新兴交叉学科部，用全新的教育模式为中国培养了一批博士生和硕士生，为发展中国教育事业作出了重大贡献。

荣誉奖项：全国教书育人楷模特别奖，全国五一劳动奖章，最美奋斗者，人民教育家，"感动中国2017年度人物"之一，"逝世的十位国家脊梁"之一。

"振兴中华，乃我辈之责"

黄大年出生于广西南宁一个知识分子家庭，在父母的教育引导下，从小就对科学知识有着强烈的渴望。少年时代的他崇尚英雄人物，做出了惊人的壮举，曾经奋不顾身抢救落水同学，不顾危险拦截火车，阻止了交通事故的发生。中学毕业后，黄大年进入广西地质队，做了一段短时间的地球物理堪探工作，经受了人生最初的磨炼，并确立了献身中国地质事业的梦想。

1977年，国家恢复高考，黄大年以优异的成绩考入长春地质学院（现吉林大学朝阳校区），就读于地球物理系，从此与地球物理结下了不解之缘。

黄大年非常珍惜来之不易的大学学习机会，将心思全都用在了学习上，如饥似渴地汲取知识的营养。上课时他全神贯注地听老师讲课，下课后就跑进学院地质宫二楼的阅览室里，复习课文、查资料、做习题……到了晚上，他匆匆吃过晚饭后，又回到教室，继续开始紧张的学习。

当时，地球物理系的老师时常在晚上到教室去给学生们释疑解惑。黄大年总是经过思考再提问，他提的问题非常尖锐，有时老师当场不能解决，还要回去查找资料，再回来答复他。之后，黄大年又把自己经过思考总结出来的内容和同学们一起分享，相互交流、探讨。

在长春地质学院学习期间，黄大年注重德、智、体全面发展，不仅努力学习专业知识，还积极参加学校的体育、文艺活动，是学校中的活跃分子。他的大学同学张贵宾后来回忆说："黄大年给我的印象很深，课堂上聚精会神，舞台上歌声洪亮，运动场上是足球健将。他精力充沛，对同学热情友善，大家都很喜欢这位阳光帅气、聪慧机敏、热情奔放的青年。"

当时，长春地质学院时常放映反映城市知识青年响应祖国号召，自愿到边疆支援祖国建设的电影《年青的一代》。这部贴近地质工作者生活、反映青年知识分子朝气蓬勃精神面貌的电影，在长春地质学院的学生中间引起了强烈反响，"到祖国最需要的地方去"成了他们强烈的愿望。片中插曲《勘探队员之歌》创作于1952年，传唱大江南北，曾激励了一代又一代的地质工作者，现在同样激励了黄大年和他的同学们。歌曲唱道：

是那山谷的风，

吹动了我们的红旗。

是那狂暴的雨，

洗刷了我们的帐篷。

我们有火焰般的热情，

战胜了一切疲劳和寒冷。

背起了我们的行装，

攀上了层层的山峰，

我们满怀无限的希望，

为祖国寻找出丰富的矿藏。

……

黄大年和同学们在田野、山间实习的时候，总是会唱起这首《勘探队员之歌》。

年轻的黄大年，意气风发、朝气蓬勃，满怀报国热情向地球科学的殿堂奋力进军。"做一名优秀的地球物理学家，把地球探个通透明白。"这是黄大年在大学期间树立的人生理想。

1982年1月，黄大年以优异的成绩从长春地质学院毕业。毕业前夕，黄大年在同学毛南翔的留念册上郑重地贴上了自己的照片。那是一张1寸的黑白照片，24岁的黄大年长着一头乌黑浓密的头发，一双大眼睛透出坚毅的光芒，俊朗的脸庞充满青春的气息。在照片上方，黄大年用钢笔写下一句简短有力的誓言："振兴中华，乃我辈之责！"

黄大年在青年时立下的这句誓言，影响了他的一生。从此，他将这句誓言牢记心中，鞭策自己努力奋斗、报效国家，用一生践行了自己的誓言。无论是在长春地质学院教学，还是在英国留学，或是归国后夜以继日地搞科研，人生的每一环，都能看到他一颗滚烫的爱国心，深厚的报国情，坚定的强国志。

中国"深地时代"拓荒者

在大学毕业后，黄大年留校任教，一年后又考取了本校地球物理系硕士研究生，毕业后继续留校任教，从助教升为讲师。黄大年教学兢兢业业、认真负责，想方设法提高教学水平，出色地完成了一系列教学科研任务，获得学校优秀教学成果一等奖、地矿部科技成果二等奖，1991年被破格晋升为副教授。

1992 年，黄大年因为工作表现出色获得"中英友好奖学金项目"全额资助，被教育部派往英国利兹大学地球科学系攻读博士学位，于 1996 年获得博士学位后回国。1997 年经国家批准，他再次前往英国，在英国剑桥 ARKeX 航空地球物理公司工作，从事针对水下隐伏目标和深水油气的高精度探测技术研究工作，先后担任研发部主任、博士生导师、培训官，取得了一系列成果，成为一名深受国际同人称赞的著名地球物理学家。

2009 年 12 月，黄大年毅然放弃在英国的优厚待遇，怀着一腔爱国热情回到母校吉林大学（长春地质学院于 2000 年并入吉林大学），出任吉林大学地球探测科学与技术学院教授，兼任吉林大学移动平台探测技术中心主任。

从 2010 年开始，黄大年被国家委以重任，先后担任国家"863 计划"中的"高精度航空重力梯度探测技术"首席专家，深部探测技术与实验研究专项第九项目"深部探测关键仪器装备研制与实验"首席科学家，带领团队为祖国巡天、探地、潜海、铺路、筑桥，锻造利器。

高精度航空重力测量技术是一项战略尖端技术，是以飞机为载体，综合应用航空重力梯度仪、重力加速度计等仪器测定近地空中重力加速度的重力测量技术，主要用于一国的军事防御和资源勘探。使用航空重力梯度仪等航空重力测量设备，移动平台如同安装了"千里眼"，可以透视地下矿藏和潜伏的目标，探测精度和效率非常高，对一国的地下、海下资源探测及国土安全维护起着重要的作用。

20 世纪 90 年代，美、英等国开始应用航空重力梯度探测技术进行地下资源勘探和军事防御，并且对中国严密封锁这一技术。有着强烈民族自尊心的黄大年决心突破美、英等国的技术封锁，自力更生，依靠中国自己的力量探索航空重力梯度探测技术，研制航空重力测量仪器。

黄大年立即行动，首先跑遍了国内所有与航空重力梯度仪研究有关的科研机构，以摸清"家底"，然后便把自己关进办公室，夜以继日地思考、分析、论证、推算……经过艰难的探索，黄大年梳理出了航空重力梯度仪的研制思路，以及需要解决的相关问题。随后，他以吉林大学为中心，组织全国优秀科研人员数百人全力攻关。

在黄大年的领导下，我国航空重力测量技术的研究取得了突破性的进展，黄大年团队研制出了航空重力梯度仪样机，仅用5年时间就走完了外国需要20多年才能走过的路程。重力梯度仪的研制从最初的只停留在理论研究阶段，发展到工程样机研制阶段，在测量精度及数据获取能力上，研发速度与国际速度相比缩短了近10年，在算法上与国际水平不相上下。

2016年，黄大年团队关于航空重力梯度仪的研究成果入选国家科技创新成就展。2022年，由黄大年发起开展的航空重力梯度仪研制项目顺利通过国家评审，标志着我国成为世界上掌握航空重力梯度仪核心技术的少数几个国家之一。

在地球深部探测方面，我国的研究工作起步较晚，直到20世纪90年代，我国地球深部探测的关键设备九成依然依靠进口，国内中档可用的设备还占不到10%，而且这不到10%的设备里还有不少是外国的核心技术和关键部件。与欧美国家的地球深探水平相比，我国地球深探水平落后近30年，矿产资源勘探深度平均只有400多米，油气开采平均深度不到4000米，辽阔的"海洋国土"也亟待探测、开发。

为迅速提高我国的地球深探水平，黄大年创造性地提出了"红蓝军路线"：购买国外最先进的地球深探设备，对其关键部位和插件进行升级改造，让自己的"蓝军"直接进入外国"红军"的心脏，一举站到巨人的肩膀上，进行创新升级，赶超对方。为此，黄大年引入了项目管理系统，搭建了一个庞大的移动平台综合数据处理解释一体化软件平台——地球物理和钻探数据库，以对地球深探设备的探测结果进行实时、全面、深度的分析。

随后，黄大年带领团队日夜兼程、马不停蹄地研制地球深探专项设备，攻克了一系列难关，取得了一个又一个成果。

2013年10月，"地壳一号"万米钻机研制成功，于次年4月在位于松辽盆地的松科二井现场实施开钻作业。2014年下半年，移动数据平台综合数据处理解释一体化软件平台的24个插件完成，整个系统实现了更新换代。

2018年6月，"地壳一号"万米钻机钻井深度达到7018米，创造了亚洲国家大陆科学钻井深度新纪录，该钻井也是国际大陆科学钻探计划（ICDP）成立22年以来实施的最深钻井。这意味着我国地球深部探测的"入地"计划取得了重大的阶段性进展，地质钻探装备与技术达到了世界先进水平，中国正式迈入了"深地时代"。

海归赤子科技报国的楷模

"振兴中华，乃我辈之责"，黄大年在青年时代立下的这一誓言一直在他耳畔回响着。自从回国后，黄大年就将生活让位于工作，以"把每一天都当成生命最后一天"的态度投入工作中。

黄大年心中始终有一种忧患感、不安全感，为了让中国的地球深探技术尽快赶上并超过世界先进国家的水平，他选择燃烧自己的生命。黄大年曾经对别人说："我活一天赚一天，哪天倒下，就地掩埋。"他的这种惜时不惜命的拼搏精神，也为他赢得了"拼命黄郎"的绰号。

"拼命黄郎"的一天，是这样度过的：

每天天刚亮，"拼命黄郎"就像陀螺一样旋转不停，开启了他一天的拼命工作模式。

早晨起床，匆匆洗漱，喝一大杯咖啡，就匆匆赶往地质宫507室办公室。

上午，坐在办公桌前，或是埋首在小山似的资料中审读报告、研究问题；或是打开电脑，整理材料，进行分析、论证、总结，并制订下一步工作计划。

中午，大家去食堂吃饭，他盯着电脑喊一声"麻烦给我带两个烤玉米"。没有烤玉米，他就从背包里掏出面包，就着开水喝几口充饥。

下午，学生、校内外科研机构的人员及相关单位负责人在办公室门口排起长队，找他请教问题，审阅报告，签订合同，他不厌其烦，一一处理。

半夜，他匆匆赶往机场到外地出差。如果不出差，他就待在吉林大学地质宫507室办公室里，独自一人埋头工作，屋里的灯光也是每天从夜里亮到凌晨两三点才熄灭。

黄大年的名片上虽然只印有"吉林大学教授"这一头衔，但实际上他兼任众多职务，承担了国土资源部、科技部、教育部等部门的很多工作，为这些单位提供专业咨询，进行课题评审，提出项目决策，任务极为繁重。就连黄大年团队里的成员，也搞不清楚他到底担任了多少职务，承担了多少工作。

在黄大年办公室的墙上，张贴着一张延展到天花板的巨大表格，上面密密麻麻地写了黄大年的工作内容：到吉林省某地进行地方产业转型调研；赴西北地区指导地方开展科技建设；去沿海经济发达地区联系相关机构进行科研合作；去某市参与地球深探专项工程的单位指导科研工作；到国外参加地球物理学术会议；教育部"长江学者奖励计划"评审……

回国7年，黄大年有超过三分之一的时间在出差，他出差有个独特的习惯，就是订半夜的航班。因为他不肯浪费白天的宝贵时间，订半夜的航班，他可以借机在飞机上休息、入眠。

每次出差回到办公室，黄大年就把会议吊牌随手挂在衣柜上层的横杆上，几年下来，横杆上挂满了大大小小、五颜六色的会议吊牌，每一个都是他奔波劳碌的见证。黄大年的秘书则说，这些只是黄老师所用会议吊牌中的一小部分，可见黄大年参加会议多么频繁。有人曾专门做过统计，黄大年平均每年要出差130多天。

黄大年虽身为中科院院士评审专家，但他自己却不是院士，学校领导和同事都劝他尽快申报院士，他却不以为然，回答道："我没有时间，评院士要花很多时间整理东西，还是把手头的事情先做好。"

对于"拼命黄郎"黄大年来说，恨不得将一分钟当成两分钟用，他将时间用到了极致，将自己的生命发挥到了极限。

长年累月的超负荷工作使黄大年的健康严重透支，他多次在出差途中、会场上晕厥。2017年1月8日，黄大年因患胆管癌，治疗无效，溘然长逝，年仅58岁。

回国7年间，黄大年带领团队创造了多项"中国第一"，填补了我国巡天、探地、潜海领域的多项技术空白，极大地提高了我国在地球深部探测重型装备方面的自主研发能力，加速了我国地球深部探测进程，叩开了"地球之门"，为我国深地资源探测和国防安全建设作出了不可磨灭的贡献。

在58载的短暂人生中，黄大年以只争朝夕的精神投入科研工作中，谱写了一首矢志创新的奋斗之歌，树起了一座勇攀高峰的精神丰碑。他用毕生努力实现了爱国之情、强国之志、报国之行的统一，展现了一名新时期海归科技人员的奉献精神和崇高品格，是当代海归赤子科技报国的楷模。

黄大年把毕生精力奉献给了国家，以深厚的学术造诣、辉煌的成就和高尚的品德筑就了一段感人至深的生命历程，留下了一座弥足珍贵的精神富矿。他心有大我、至诚报国、生命不息、拼搏不止的精神，将激励广大科研人员、爱国青年投身振兴中华的滚滚时代洪流中，为实现中华民族伟大复兴砥砺前行，奋勇拼搏！

黄大年名言

★振兴中华，乃我辈之责！

★对我而言，我从未和祖国分开过，只要祖国需要，我必全力以赴。

★中国要由大国变为强国，需要有一批"科研疯子"，其中能有我，余愿足矣！

★人的生命相对历史的长河不过是短暂的一现，随波逐流只能是枉自一生，若能做一朵小小的浪花奔腾，呼啸加入献身者的滚滚洪流中推动人类历史向前发展，我觉得这才是一生中最值得骄傲和自豪的事情。

各界赞誉

★ 黄大年是享誉国内外的卓越科学家、无私的爱国者、杰出的人民教师、中国共产党的优秀党员，是当代海归赤子科技报国的先锋楷模。

——中国工程院院士 李元元

★ 他（黄大年）是最单纯的赤胆忠心的海归科学家，单纯到为了祖国和科学事业的发展从不计较个人得失、倾注全部精力。他是一代人的楷模，是中国知识分子的楷模，是460万留学生的楷模！

——中国科学院院士 施一公

★ 作别康河的水草，归来做祖国的栋梁，天妒英才，你就在这七年中争分夺秒，透支自己，也要让人生发光，地质宫五楼的灯源自前辈的薪传，永不熄灭。

——2017年度"感动中国人物"颁奖辞